丸山眞男

『日本政治思想史研究』を読む

橘川俊忠 著

日本評論社

●目　次

凡例

一　本書に使用したテキストは、東京大学出版会刊『日本政治思想史研究』新装版（一九八三年）である。『日本政治思想史研究』からの引用については、すべてページ数を付した。

一　引用にあたって、現代かな遣いに直し、漢字も常用漢字を用い、丸山が付した強調傍点などは省略した。必要な場合には本文で指摘している。

一　取り上げられている思想家の原典からの引用は、テキストからそのまま引用したもの、各全集（たとえば、『本居宣長全集』、『荻生徂徠全集』、『安藤昌益全集』など）、『日本思想大系』（岩波書店）の該当巻などから適宜引用したものが混在しているが、引用原本についての注記はできるだけ簡略なものとし、ページ数などは省略した。

一　読みやすさを考慮して、漢字はできるかぎり常用漢字を用い、適宜ふりがなを施した。ふりがなは、引用原本の文章につけられているふりがなを優先したが、著者の判断で付加したものもある。とくに『本居宣長全集』からの引用は、原本はカタカナなので、著者が付加したものはひらがなで区別した。

一　原典引用については、原典の雰囲気を伝えるため原則として旧仮名遣いのままとした。ただし、引用した原本の表記が、それぞれの編者・校訂者の方針によって異なるため、不統一の場合があるが、論旨に影響がないと思われるので、引用原本の表記のままとした。また、原文が漢文で、読み下しているものについても、引用原本のままとした。

一　出典とした著作の表題は、もっとも一般的であると思われるものに統一した（たとえば、『たまかつま』『玉かつま』→『玉勝間』）。

第*1*講　読みはじめる前に──思想に接する作法

なぜ丸山はいまでも問題にされるのか

丸山眞男がこの世を去ってから、すでに二〇数年が経過していますが、いまでも賛否両方を含めて丸山眞男を論じる著作が出版され、いろいろなところで、折に触れて言及されています。こういうことは、研究者の没後の状況としてはめずらしい部類に属します。日本では、研究者が亡くなると、世間的にはアッという間に忘れられ、その研究業績も顧みられることがなくなることが普通だからです。

では、なぜいまでも丸山が問題にされるのでしょうか。この問題に答えるためには二つの側面から考察する必要があります。一つは、丸山が現実政治に対して積極的に発言する思想家であった側面です。丸山は自分のことを思想家と呼ばれることを必ずしも喜ばなかったと思います。しかし、評論家では軽すぎる気がしますし、古い言い方ですが政論家と呼ぶのが近いかもしれませんが、その言論が大きな社会的影響力をもったという意味で思想家と呼んでもよいでしょう。

その思想家としての丸山が、思想家として最初に注目を浴びたのは、戦後すぐに発表した「超国家主義の論理と心理」（一九四六年。『超国家主義の論理と心理』二〇一五年、岩波文庫所収）という論文でした。この論文で丸山は、天皇制国家の政治構造とそれを支えた軍人・官僚・政治家の病理を斬新な方法・視覚から鋭くえぐり出し、敗戦をどう反省したらよいのかに悩んでいた人々から、明確な方向性を示したとして受け入れられたのです。その後丸山は、戦後革新的知識人の代表的論客として政治的問題について積極的に発言をつづけました。その場合、丸山の問題意識は、戦後、制度として実現された民主主義をいかに国民の内面に定着させるか、冷戦下のきびしい国際情勢のなかでいかに平和を確保しつづけるかにありました。丸山が、戦後民主主義のオピニオン・リーダーとされる所以です。

そうした言論活動が、保守・右翼からの批判・攻撃を浴びることになりました。また、丸山の特定の教条や党派性に依らない自由な自立した知識人としての発言は、革新・左翼からの批判を受けることもありました。とくに一九六〇年代後半から、戦後日本への反省・見直しが論じられるようになると、丸山は戦後日本の代表であるかのように扱われ集中的に批判されたのです。現在でも、戦後日本の問題が論じられる——右からの批判のほうが優勢のようですが——場合、必ずといっていいほど丸山が持ち出されるわけです。それだけ丸山の影響力が大きいということでしょう。

つぎに、丸山が注目される二つめの側面ですが、それはいうまでもなく日本政治思想史の研究者だということです。丸山は、大学を卒業すると同時に東大法学部助手になり、南原繁《なんばら》（一八八九〜一九七四）の下で研究生活をはじめますが、最初は西洋の政治学をやりたかったようです。しかし、南原の強い薦めもあり、日本の政治思想の研究を専門とするようになったということです。そのあたりの事情は『丸山眞男回顧談』（二〇〇六年、岩波書店）を参照してください。

これから読みはじめる『日本政治思想史研究』の諸論文は、助手、助教授時代いわゆる戦時体制下での研究成果として執筆されたものです。この諸論文は、丸山のいう「タコつぼ文化」の弊害でしょうか、文学部日本史系の日本思想史研究者からはあまり評価されなかった時期もありましたが、現在では、国内外を問わず日本思想史の研究者であれば一度は精読する研究上の古典となっています。

こうして研究者として出発した丸山は、それ以後最晩年に至るまで日本政治思想史の研究をつづけました。研究の中心は、時代的には近世・近代にありましたが、次第に古代・中世にも視野を広げ、後年には日本思想史の通史を構想するようになったようです。丸山の著作中もっとも広く読まれていると思われる『日本の思想』（一九六一年、岩波新書）において、「日本には思想史の通史はない」と断言していた丸山が、通史を書こうというのですから大いに期待し、注目もしていましたが、残念ながらその課題を達成することなく亡くなられてしまいました。痛恨の極みというほかはありませんが、その構想の一端は『丸山眞男講義録（全七冊）』（一九九八〜二〇〇〇年、東京大学出版会）、とくに四、五、六、七冊でうかがうことができます。

個人的なことになりますが、第六冊の講義は一九六七年、第七冊の講義は六八年に行なわれていますが、私は学生時代に受講しました。いま講義録を読んでみますと、その当時どこまで理解していたのか覚束ない限りです。二〇歳を過ぎたばかりの学生には講義は高度過ぎたのかもしれません。毎回の講義をフォローするのがやっとで、年度をまたいだ講義全体の構想にはとうてい思いが及ばなかったのが正直なところです。

それはともかく、丸山がはっきりと通史の構想をもつようになったのは、最初「原型」といい、つぎに「古層」といい、最後に「バッソ・オスティナート（執拗低音）」といった、日本の思想の変遷の過程につねに作用してやまない、その根底にある「何か」を明確につかんでからのことでしょう。その「何か」を明確に対象化することなしには、思想も流行の表層を漂い、外来の思想を受容することには長けていても、思想的経験として蓄積されず、それゆえに創造性に欠けるという日本の思想状況の宿痾《しゅくあ》ともいうべき傾向を克服することはできないと丸山は考えたのでしょう。

この丸山の着想が、最初に論文として発表されたのは「歴史意識の古層」という論文だったと思います。この論文は、筑摩書房から一九七二年に刊行された『日本の思想6　歴史思想集』という資料集の解説として執筆されたものですが、久々に発表された論文であることもあって、世間的にも相当な注目を集めました。思想史の研究論文というより、一般に日本文化論として受け止められたといってもよいかもしれません。

たしか一九八〇年前後だったと思いますが、丸山に私淑していた安東仁兵衛（当時『現代の理論』編集長、一九二七〜九八）氏の誘いで本当に久しぶりに丸山と会食の席をともにしたことがありました。そのとき、生意気にも「先生の古層論は、歴史的変化を無視した宿命論になってしまうのではないでしょうか」と質問したところ、丸山はキッとなって「そういう批判はよく受けるが、事実は否定できない。欠陥を対象化できなければ、その欠陥はいつまでたっても克服できない」とおっしゃられたのが、強烈にいまでも印象に残っています。

いずれにしても、丸山の思想史が、たんなる教養史や教義の解釈史、学派・系譜の研究ではなく、文化や社会の構造に深く絡む研究であったことが、専門研究者の枠を超え、ものを考えようとする多くの人々の関心を引いたし、いまでも引きつづけているのだと思います。丸山の、論旨の的確さ、文体の明確さ、巧みな類型化など表現上の工夫もその一助となっていることもまちがいありません。なにしろ、国語の教科書にもその文章が採用されているほどですから。

というわけで、丸山が、いまなお読まれ、論じられている状況について述べてきましたが、これから読み進めようという『日本政治思想史研究』についていうと、正直にいって専門の研究者以外にはあまり読まれていないというのが現実ではないでしょうか。管見の限りですが、丸山論と称する多くの著書が刊行されていますが、この著作は、古典ですから触れられることはもちろんありますが、全体を本格的に論じているものはほとんどないといっても過言ではないようです。古典というものは、一般的にはよく知られてはいても、あまり読まれなくなる宿命にあるのかもしれません。また、学術研究論文という形式が、研究者ではない読者を遠ざけている面もあるでしょう。

しかし、この著作は、何といっても丸山の処女作といってもよい論文集です。若いときに書いた論文ですから、まちがいや不十分な点があることも否定できないでしょう。しかし、処女作には、若さゆえの大胆さや、これから世に出ようという気概が込められていることもあります。また、そこには、その思想家あるいは研究者の一生を貫いて作用しつづける初発の問題意識がもっとも鮮明に表現されていることも少なくありません。その意味で、処女作こそもっとも注意深く読まれなければならないのではないでしょうか。

とくに丸山の場合、戦時下というきわめて緊張を強いられる時期に、また無内容な「日本精神」が高唱され、権力が人々の内面にまでズカズカと侵入してくる時期に、それと決定的に対峙することになるかもしれない日本思想史に関する論文を書いたわけですから、それなりの覚悟もあったでしょうし、緊張感もあったはずです。あとでお話しするように、丸山は、その時代の雰囲気に敏感にならざるをえない個人的な経験もあったから、なおさらそうだったに違いありません。丸山の思想をできるだけ深く理解しようとするなら、この著作を見過ごすことはできないはずです。

論文執筆時の時代状況

さて、これからいよいよ読み進めるわけですが、その前に知っておかねばならないこと、注意しなければならないことがいくつかあります。

まず、知っておかなければならないこととは、丸山がこれから読み進める論文を執筆していた時期の時代状況と丸山がその時代状況とどうかかわったのかということです。もちろん、丸山の全体像や個人史を描くことが目的ではありませんから、彼の生い立ちや、性格などについてはここではあまり触れませんし、時代状況の説明も論文を読むうえで必要なかぎりの概略にとどめます。

丸山が、東京帝国大学法学部助手になり、本格的に近世儒教史の研究に取り組みはじめた一九三七年七月には、盧溝橋《ろこうきょう》事件が勃発し、日中戦争が開始されました。日本は、本格的な戦時体制に突入していったわけです。その影響は東大にも及んできました。翌年二月には第二次人民戦線事件と呼ばれる言論弾圧事件が起こります。共産党はすでに壊滅状態でしたが、労農派と呼ばれた非共産党系の社会主義者が狙われた。経済学部の大内兵衛《ひょうえ》（一八八八～一九八〇）、有沢広巳（一八九六～一九八八）などが逮捕された。つづいて河合栄次郎（一八九一～一九四四）のような自由主義者も狙われ、その著作がつぎつぎと発禁処分を受け、彼は三九年一月「平賀粛学」によって大学を追われることになりました。「平賀粛学」というのは、河合への攻撃をきっかけに、経済学部内の右翼教授も追放しようという東大の平賀譲学長を中心とした動きだったようですが、結果としては大学の自治をみずから放棄することになってしまったのです。

さらに、この年一二月には、津田左右吉《そうきち》（一八七三～一九六二）が東大の講義で右翼の学生グループから執拗な非難攻撃を浴びるという事件が起こります。この事件は、丸山も直接関与させられています。津田は当時早稲田大学の教授で、東大には特別に請われて開設されたばかりの「東洋政治思想史講座」を非常勤講師として担当していました。その講義の最終日に、美濃部達吉（一八七三～一九四八）の天皇機関説事件を起こしたことで有名な蓑田胸喜《みのだむねき》の原理日本社につながる日本学生協会という右翼学生組織のメンバーが集団で押し掛け、長時間にわたって津田を追及するという事態になりました。津田が、日本には中国の儒教の影響はほとんどない、儒教を日中共存の紐帯にするというのは虚妄だという見解をその著書で発表していたことが、問題視された。日中共同で「東亜新秩序」を建設しようという「支那事変」の意義を否定するのか、という言い分だったようです。

　このとき津田の講義を聴講していた丸山は、一人で教壇の前に飛び出し、津田を擁護し、講師控室まで押し掛けてきた右翼学生に応戦したといいます。そのあたりの様子は、さきにあげた『丸山眞男回顧談』や「ある日の津田博士と私」（『丸山眞男集　第九巻』一九九六年、岩波書店）を参照してください。そのなかで丸山は、吊るし上げ状態から救出した津田と降り出した雨のなかを歩きながら「本当にみじめな感じでした。なんて嫌な時代になったと思った」と述懐していますが、本当の実感だったと思います。

　当時、丸山は思想犯取り締まりに当たる特別高等警察と憲兵隊の監視を受けていました。それは、丸山が第一高等学校二年生のときのある事件以来つづいていたそうです。ある事件とは、丸山が唯物論研究会主催の講演会に出席して、本富士署に検挙・拘留され、きびしい取り調べを受けたという事件です。唯物論研究会というのは、戸坂潤（一九〇〇～四五）や三枝博音《さえぐさひろと》（一八九二～一九六三）などのマルクス主義者が中心となって、唯物論の学術的研究を標榜して一九三二年一〇月に創立された組織で、丸山が出席したのは翌年四月の創立記念第二回講演会で、講演者のなかに発起人の一人であった長谷川如是閑《にょぜかん》（一八七五〜一九六九）がいた。長谷川は丸山の父（丸山幹治）の友人でもあり、面識もあったことから、丸山は講演会に出席した。ところが、講演会は、長谷川の講演がはじまるや否や中止させられ、参加者のなかから何人もの検挙者が出た。丸山もその一人だったというわけです。

丸山は、相当の関心をもってマルクスや社会主義者の著作・文献を読んでいましたが、マルクス主義者でもなければ、共産党員でもありませんでした。また、長谷川如是閑も自由主義者として知られる評論家でしたが、それでも特別高等警察の弾圧の対象になった。なにも具体的な行動をしたわけではないにもかかわらず、特定の「思想」をもっている、あるいはもっていると疑われるだけで「取り締まり」の対象になり、何年間も監視下に置かれる、そういう時代でした。

このときの体験が丸山にとっていかに衝撃的であったかは、それから五〇年以上もたって行なわれた聞き取りにおいて、留置場の様子、取り調べの経過などが具体的かつ鮮明に語られていることからも推測されます（前掲『回顧談』参照）。また、その衝撃は、丸山の思想史研究の問題意識の底流に流れつづけたといってもよいように思われます。実際、その影響は『日本政治思想史研究』の諸論文のなかにもうかがわれますが、その点については読み進めるなかでお話ししたいと思います。

時代状況と思想

ところで、なぜ著作や論文を読むときに、それが書かれた時代状況や著者とのかかわりについて考えなければならないのかということについて検討しておきましょう。というのは、この問題は、思想史研究の方法論にかかわる問題であるばかりでなく、丸山の思想史の特質を考えるうえでも重要な意味をもっているからです。

一般に、文学も含めた人文・社会に関する著書・論文を読む場合、それが書かれた時代や著者の生い立ち・性格などを考慮しながら読むということは、程度の違い――たとえば一般の読者と専門研究者――はあれ、当然のことだと思われるかもしれません。言葉や文章は、社会の変化やそれを使う人によってその意味が変わってきますから、著書や論文の意味やその社会的役割を知るためには、そうした考慮が必要になるからです。

しかし、いつでもそのように読まれてきたわけではありませんし、いまでもそうされているともいえないでしょう。宗教の経典などは永遠の真理が書かれているものとして、その経典が成立した時代状況を考えることなしに読まれてきました。また、著者の人格は絶対化され、尊崇の対象とされ、その「人間的」要素を検討することが、経典の理解に必要だともされてきませんでした。現在では、宗教学者や歴史学者たちは、経典の成立した時代状況や教祖の出自・性格などを分析し、経典の歴史的・人間的側面を研究の対象にするようになってきていますが、信者たちは、いまでもそういう経典の読み方はしていないのではないでしょうか。

また、われわれが小説などを読むとき、人間としての共通感情でとらえられる場面や筋に感情移入して鑑賞するのが普通であって、時代状況などにはあまり注意を払わないと思います。さらに、企業経営や人事管理などに関する教訓書、たとえば「経営者のための論語」のようなタイトルの付いた本に至っては、『論語』の任意の部分を切り取って、現代人にも役に立つ教訓として提示するという形のものが圧倒的に多い。そこでは、『論語』の歴史性は簡単に超越されてしまうか、無視される。

あるいは、過去の著作や論文のなかに現代の問題を解決するための情報を求めて、それがないとすると、過去のそれらを無価値なものとして退けてしまうか、現代で問題になっているテーマが論じられていないといって批判するというようなことも起こりがちです。現代人は、過去の人々に対して、すべての面でとはいいませんが、少なくとも知識や情報の点で優位な立場にあります。過去の人々にとっては、未知の将来に属することについて、現代人は、すでに起こってしまったこととして結果を知りうる立場にあるからです。その現代人の立場から、過去を裁断する、あるいはないものをないといって批判するというのはフェアとはいえないでしょう。そういう「ないものねだり」は、自分たち自身の歴史性を自覚しない現代人の傲慢といってもよいかもしれません。

現代の思想史研究においては、そういう読み方は、現代の読み手の恣意を歴史に持ち込むものとして排除されるべきものとされています。しかし、実際には、現代の読み手の恣意を排除するのは困難な課題です。歴史性を問題にするといっても、それにはそれで問題がないわけではないからです。ここで歴史性といっているのは、時代状況や個人の生い立ちを含めていっているのですが、それらのすべてを知ることはできないという制約があります。この制約があるかぎり、読み手の恣意を完全に排除することは不可能というしかありません。さらに、読もうとするテキスト自身が、その著者自身が歴史性を負っている存在であることを考えれば、テキストについてのその意味を一義的に決定することは不可能です。つまり、絶対に正しい唯一の解釈というものはありえないということです。

丸山は、思想史研究について、楽譜と演奏者の関係の比喩を用いて説明することがよくありました。すなわち、思想史研究者にとって研究の対象とする思想家の著書や論文のテキストは、演奏者にとっての楽譜にあたるというわけです。〈作曲者－楽譜－演奏者〉という関係において、作曲者は自分の頭のなかにある音楽を楽譜という形で定着させ、客観化します。演奏者はその楽譜を読み、作曲者の意図を想像し、自分の解釈を加えて演奏します。その場合、楽譜は演奏者にとって大きな制約となりますが、その制約は必ずしも完璧なものではありません。音の高低、長さ、強弱などは、波長、時間、デシベルなどの単位を使って数値化し、厳格に指定することは可能かもしれませんが、それでも楽器の種類とその質、演奏者の技量までコントロールすることは不可能でしょう。第一、楽譜が作曲者の頭のなかの音楽を完全に表現しているという保証はないわけですから、演奏者の解釈、主観が、演奏という音楽活動において重要な要素になるわけです。そこに音楽のおもしろさがあるといってよいかもしれません。

思想史の研究は、もう少し複雑だと思いますが、この楽譜と演奏者の関係に似ています。優れた演奏者によって良い音楽が演奏されるように、優れた研究者によってテキストの優れた読解がなされ、テキストの意味が鮮明になり、歴史状況と突き合わせることによって著者の意図を越えた歴史的役割や新しい意味が発見されることもあります。そのためには、テキストをそれが書かれた時代状況のなかでできるだけ正確に読むと同時に、時代状況を越えた歴史的時間のなかで読み直すという二重の視点で位置づけるという作業が必要になります。ミクロな視点とマクロな視点、あるいは短期的視点と長期的視点とをもつといってもいいですし、現在を意識しつつ過去を見るといってもいいですが、思想史研究者はそういう複眼的視座に立つことが求められるということです。そういう視座をもっているという意味で、丸山は優れた読み手であり、研究者だと思います。

ただ、時代状況や生い立ちを考えるという場合、陥りがちな誤りがあることにも注意しなければなりません。その一つは、思想の内容や性格のなにもかもを、その思想家の出身階層、生い立ち、時代状況から説明してしまおうとする誤りです。彼は貴族の出身だからとか、ブルジョアの出だからとかという批判が典型的です。丸山の場合も、彼の父親が有名なジャーナリストであり、彼自身も東大の出身であるから、エリート的貴族意識をもち、愚民観から自由ではなく、庶民を知らないというような批判を受けたことがありますが、そういう視点が思想の一面の性格を浮かび上がらせることはあるとしても、論理として組み上げられている思想の意味をとらえる方法としてはきわめて不十分であるといわざるをえません。読むに値するほどの思想であれば、そこには出身や生い立ちからくる動機を越えた独自の論理の構造があるはずであり、思想史研究は、その論理の構造それ自体をまず正確に把握することが必要だからです。

アテネの民主制は、奴隷制度の基礎の上に成立していたものであるから意味がない、といえるでしょうか。ホッブズの社会契約論は、絶対君主の権力を正当化しようとしたものだから学ぶべきものはなにもないということでよいのでしょうか。たとえ、限られた奴隷主階級のなかで成立したにせよ、民主制という制度・思想が現実に存在し、機能していたという事実は、今日の民主主義にとっても大きな意味をもっていることを否定することはできません。また、ホッブズの理論が、彼の意図を越えて、近代民主主義の理論としての社会契約論の形成に大きく貢献したことも否定しえない事実です。思想を、思想の論理の外部の要因に帰着させて説明する、あるいは評価するというのは、きわめて安易な発想であり、そもそも思想というものを考えることを放棄してしまっているといわざるをえません。丸山は、そういう発想を、「基底還元論」という言葉できびしく批判していますが、その説明がわかりやすいために研究者といえども意外に陥りやすい誤りなので、つねに自戒することを忘れてはいけないと思っています。

それからもう一つ、歴史性の論理を持ち出してくるときの問題について指摘しておきたいと思います。これは特定の思想家やその思想を批判するよりも擁護しようとするときに陥りがちなことですが、批判されるべき論点や知識の欠如を歴史性のせいにしてしまうということです。時代がそうであったからしかたがないというういい方は、認めるべき限界を時代という外部的要因に帰せしめてしまうという点では、さきに述べた誤りと等しいことになります。すべてを擁護しようとするのではなく、限界は限界として承認したうえで学ぶべき点を学ぶという姿勢が重要なのではないでしょうか。

以上、思想というものに対する対し方について述べてきましたが、もう一つだけそれに関連して述べておきたいことがあります。それは、丸山が「本質顕現論」という言葉で表現している問題です。歴史のなかには、それを貫通して存在する本質的なものがあって、ときにそれがなにかで覆い隠されることはあっても、必ずふたたび現われてくるという発想です。日本の思想史上の問題でいえば、日本には「日本精神」「大和魂」ないし「尊皇精神」という民族の本質的精神があって、それが外来思想の陰に隠されることがあっても必ず不死鳥のように発現してくる、だからその本質的精神をいかに発揚させるかが思想の問題であるという主張がその典型です。実証不能な本質の存在を前提にした主張は、信仰の問題として議論することはできても、思想史という歴史の問題としては検討するに値しないと思います。どれほど本質の発現の事例を時間の経過にしたがって並べても、そこには質的な意味で変化のない事象が並列されているだけであって、それを歴史と呼ぶことはできません。

丸山が、『日本政治思想史研究』に収録されている諸論文を執筆していた時代は、まさに「本質顕現論」的日本思想論が思想界で猛威をふるっていた時代でした。その意味では、思想史の論じ方、思想史の方法論というものがそれだけで政治的意味をもつ時代であったといっても過言ではありません。したがって、丸山の諸論文、とくにこの時期の諸論文を読む場合、近世思想についての内容的分析だけではなく、思想史の論じ方、思想史の方法論の問題にも十分注意を払って読まなければならないと思います。

振り返ってみれば、学生時代に講義やゼミナールで丸山の謦咳《けいがい》に接して、もっとも強く影響を受けたのは、思想の論じ方、思想というものに接するときの「作法」とでも呼ぶべきものであったような気がします。

それでは、次回から、その「作法」をどれほど貫けるかをみずからに問いつつ、『日本政治思想史研究』を本格的に読み進めたいと思います。

第2講 近世儒教の成立

中国儒教史の特性

第一論文「近世儒教の発展における徂徠学の特質並にその国学との関連」で扱われている中心テーマは、本論文「むすび」の言葉を借りれば、近世「儒教思想の自己分解過程を通じての近代意識の成長を、思惟方法の変容という観点から見ること」(p.183)にあります。したがって、このテーマを追究するにあたって、まず自己分解過程に入る前の儒教がどんなものであったかを明らかにしておく必要があります。丸山のこの論文も、中国における儒教を一瞥《いちべつ》するところからスタートしています。儒教は、古代中国で成立し、その後日本に輸入された思想ですから、どんなに短くてもそこからスタートせざるをえないわけです。

丸山は、冒頭にヘーゲル『歴史哲学』から引用しながら、中国史の特質を「停滞性」「反覆性」に見出し、中国の社会と国家についてつぎのように総括しています。すなわち、「家父長の絶対的権威の下に統率された閉鎖的な家族社会があらゆる社会関係の単位となり、国家秩序もまたその地盤の上に階序的に構成され、その頂点に『父としての配慮』をもった専制君主が位する」、そしてその「王朝も蛮族の侵入という様な外からの衝撃によって脆《もろ》くも崩壊する」が、「新しい王朝も全く同じ基礎の上に成立し全く同じ構成をとることによって全く同じ運命を繰返す」(p.5) と。

このようなヘーゲルに全面的に依拠した中国を「持続の帝国」とする見方は、現在では通用しないと思いますし、丸山も一九五二年に書かれた本書「あとがき」で自己批判しているところです。ただ、その自己批判が、「カッコ付の近代を経験した日本と、それが成功しなかった中国とにおいて、大衆的地盤での近代化という点では、今日まさに逆の対比が生れつつある」(p.371) という認識にしたがってなされているとすれば、そこにも問題があるといわざるをえません。「あとがき」が書かれたのは、人民中国誕生から間もなくのことですから、そこに希望を見出そうとしたことは理解できますが、今日の高度成長過程にあって社会的矛盾が深刻化しつつある中国の現状をみるとき、あと知恵であることは承知のうえで、簡単には首肯できないところです。それにしても、現在日本のメディアに氾濫している嫌中・反中の言論・情報を目にするとき、客観的妥当性のある中国像を日本において獲得することの困難さを思い知らされます。若かったとはいえ丸山ですら時代の動向にしたがった中国像しかもちえなかったとすれば、問題の困難さを自覚するところから出発するしかないというべきかもしれません。

それはともかく、丸山が前述のように中国の社会・国家の構造の持続性について述べているのは、儒教との適合関係を指摘するためでした。「子の父に対する服従をあらゆる人倫の基本に置き、君臣・夫婦・長幼（兄弟）という様な特殊な人間関係を父子と類比において上下尊卑の間柄において結合せしめてその厳重なる『別』を説く儒教道徳」（p.6）が、紀元前後の漢帝国にもっともふさわしかっただけではなく、二〇世紀までつづいた清王朝に至るまで国教的権威を保証されたのは、そうした社会・国家の構造が再生産されつづけたからであり、それが再生産されつづけるかぎり儒教はそれに対抗するに足る思想体系をもちえず、新たな近代意識を準備・形成する思想を生みだしえなかったというわけです。

残念ながら、ここにも問題があります。古代中国で発生した儒教と清代の儒教との違いがあまりにも簡単に無視されていることです。たしかに、7ページの注で、戦国時代の抗議的性格を帯びていた儒教が、漢以後権力を正当化する正統教学へと変質したことは述べられていますが、その変化も儒教に最初から内在していたモメントが発展したにすぎないとされ、それ以後本質的な変化はなかったというのは、あまりにも単純すぎると思います。とくに、宋代における新儒学（宋学、朱子学）登場の意味は、もう少し考える必要があったのではないでしょうか。かなり大胆な比較になりますが、新儒学の登場は、ヨーロッパ中世のキリスト教におけるスコラ神学の形成に比較しうるような内容があったとも考えられるからです。この点は、あとでもう少しくわしく触れます。

「まえがき」の入り口で、中国史や中国儒学史の専門家ではない、まだ若い研究者であった丸山に過大な要求を突きつけているようで気がひけますが、いま現在われわれが同じ主題を考える場合に注意すべき問題を提起しているわけで、けっして批判のための批判として述べているわけではありません。また、中国史や中国儒教史についての不十分な認識が、本論文で丸山が設定した日本近世思想史上の問題を論じるにあたって致命的な欠陥となっているとまではいえないと思います。ただ、同じ言葉・概念を使っていても、時代・場所によってその意味は異なることがあることを認識していた丸山が、その視点を中国思想史に対しては貫いていないように思われる点が残念に感じられます。

近世日本社会と儒教①——儒教適応の客観的条件

さて、これからいよいよ日本の話に入ります。日本に儒教が伝来したとされるのは、応神天皇の一六（二八五）年、王仁《わに》が百済《くだら》から漢字『千字文』と『論語』をもたらしたのが最初ということになっていますから、近世までに千数百年の歴史があることになります。朝廷に五経博士という役職が置かれ、博士家《はかせけ》という儒教を家学とする貴族の家柄も決まっていたので、少なくとも平安時代以来、朝廷のなかでは統治の学として影響力をもっていたことはたしかでしょう。しかし、その影響が全社会的規模に達するのは近世に入ってからといえます。

そこで、いくつか考えるべき問題が出てきます。第一の問題は、外来思想である儒教の日本社会への適応性の問題です。丸山がいうように「儒教のごとくその思想を生んだ社会の特殊的な条件に深く浸透されている思想は、それが普遍化されて異った歴史的＝社会的構成に於て適用される場合には著しい抽象化を蒙《こうむ》り、極端な場合にはただ言葉だけの共通性が存するにとどまる様なこととなる」(p.8) とすれば、その要因が近世における儒教の変質にも影響を及ぼしていないか検討する必要があります。第二に、なにゆえに近世初期において儒教がその思想的影響力を飛躍的に高めることになったか、またその程度はどれほどのものであったかという問題です。第三は、儒教が飛躍的に影響力を高めたという場合、その儒教が朱子学であったのはなぜかという問題です。

丸山は、本論文において第二の問題についてはかなり詳細に、第三の問題は第二の問題に関連するかぎりで論じていますが、第一の問題については、さきに引用した個所以外にはほとんど触れていません。丸山論文を読むというのが趣旨ですから、第一の問題は後回しにして第二の問題から検討しましょう。

近世になって儒教が飛躍的な発展を遂げた理由について、丸山は客観的条件と主観的条件の二つの側面から考察しています。客観的条件として「徳川封建社会の社会的乃至《ないし》政治的構成が儒教の前提となった様なシナ帝国の構成に類型上対比しえたため、儒教理論が最も適用され易い状態に置かれた」(p.8) ことをあげ、主観的条件として「近世初期において儒教がそれ以前の儒教に対して思想的に革新された」(同) ことをあげています。

まず、客観的条件についてですが、丸山は近世封建社会の特質として、兵農分離・武士の城下町への集住、細分された身分編成をともなう階統制的な家臣団の形成、士に対する農工商の身分的な絶対的分離と士の絶対的優越をあげ、そのような身分制的社会構成が、儒教が理想としていた中国周（前一〇二三〜前二五五）代の封建制度の社会構成と類型的に類似していたことを指摘します。周の封建制度は、天子・諸侯・卿・大夫・士・庶民という身分構成によって成り立っていたとされていますので、近世の身分編成との類似はあったと思います。大名を諸侯と呼び、大名領国を藩と呼び、家老を大夫《たゆう》と呼ぶ（忠臣蔵で大石内蔵助《くらのすけ》が大夫と呼ばれているのを思い出してください。といっても若い人は知らないかもしれませんが）のは、たしかにそうした類似があり、近世の人々もそれを意識していたことを示しています。

さらに、戦国の争乱が終息し、武士が戦闘者としてよりも民政の担当者としての役割を求められるようになったことも、儒教受容の要因としてあげています。また、都市に集住し、家産官僚化が進んだため、人格的な情誼《じょうぎ》・情緒にもとづく君臣関係も変質を余儀なくされ、そこでは心情に依拠しない客観的な倫理としての儒教による君臣道徳が適合したこと、そして身分の高下にしたがって衣裳・敬称・車馬など生活様式のすみずみに至るまで繁雑極まる差等を立て、その「別」を厳重にすることによって身分制度は整備されていったが、それは「礼儀三百威儀三千」といわれる儒教の「礼」の体系と観念によって合理化されえたこと、さらに武士の家族形態が、親権・夫権をもつ当主の家父長的権力の強力な統制下にあり、それが儒教の家族倫理に適応したことを列挙しています。

こうしてあげられた客観的諸条件は、大筋では納得のいくものだと思います。ただ、それは通説的などというか教科書的なというか、いままで常識的に受け入れられてきた近世像を前提にした場合のことであって、現在さまざまな角度から問題が提起され、修正が加えられつつある近世像――まだ整合的な日本史全体のなかに明確な位置づけを与えられた近世像が形成されているとはいえないけれども――を考慮すると問題があると思います。それについては、さきにあげた第一の問題を検討するときに取り上げたいと思います。

ただ、ここでは、時間の問題について検討しておきます。というのは、丸山があげたような客観的条件が近世初頭の段階ですべて出揃っていたと受け取ったとするならば、それは誤解だからです。丸山が、時期の問題についてどのように考えていたのかは、短い「まえがき」での叙述ですからはっきりしませんが、私見では、そうした条件がほぼ整うのは元禄（一六八八～一七〇四）期ではないかと思います。江戸幕府が開かれてから約百年の年月が必要だったわけです。

元禄期が、その意味で画期であったことを示す興味深い事件がありました。忠臣蔵の名で知られる赤穂藩浪人四七人による「仇討《あだうち》」事件です。この事件を例に、少し脇道にそれるようですが、近世社会と儒教の問題について考えてみましょう。丸山も、本論文で荻生徂徠《おぎゅうそらい》（一六六六～一七二八）の思想を論じる際に、この事件に触れているので、むだにはならないはずです。

忠臣蔵といっても、若い人にはなじみがないかもしれないので、簡単に事件の概要を紹介します。元禄一四（一七〇一）年、播州赤穂（現在の兵庫県赤穂市）城主・浅野内匠頭《たくみのかみ》が、幕府から勅使《ちょくし》饗応《きょうおう》役に任ぜられます。浅野は、旗本高家《こうけ》肝煎《きもいり》・吉良上野介《きらこうずけのすけ》の指導を受けますが、どういう理由からか明確ではないのですが、勅使饗応の当日、江戸城内松の廊下で吉良に切りつけ負傷させます。幕府は、勅使饗応の場を汚し、抜刀禁止の江戸城中で刃傷《にんじょう》に及んだことを重視し、浅野には切腹を命じ、吉良にはお咎《とが》めなしという処分を行ないました。藩主が切腹ですから、当然赤穂藩は取り潰しということになりました。藩士は浪人を余儀なくされることになったわけです。幕府の処置をめぐって藩士は分裂します。藩主の「仇討」を主張する者、お家の存続・再興を願う者、見切りをつけ赤穂を去る者、対応は分かれました。結局、藩士一六〇人余りのうち四七人が、江戸の吉良邸に武装して切り込み、吉良上野介を殺害し、「仇討」に成功したという事件です。

この事件は、近世では近松門左衛門（一六五三〜一七二四）によって劇化されて以来、歌舞伎・講談の演目となり、明治以後も小説、演劇、映画、テレビドラマで人気のあるテーマとして取り上げられ、赤穂事件・忠臣蔵を対象とする日本文化論まで書かれています。これほど、取り上げられつづけた事件はほかにはないのではないでしょうか。私も、この事件とその取り上げられ方、論じられ方について調べたことがあるので、話しだせばきりがなくなりそうなので、儒教受容と近世武家社会の関係についての問題に限定して論じることにしましょう。

まず注目すべきは、藩士の対応が、分裂していたという点です。「仇討」を主張した者は、片岡源五右衛門に代表される藩主に近侍《きんじ》していた武士、堀部安兵衛に代表される新規に取り立てられ、藩主に恩義を感じている者が中心でした。彼らは、藩主への個人的忠誠、藩主との情誼の関係を中心に君臣関係をとらえていましたから、理由の如何を問わず藩主の無念を晴らすことが仇討となると考えたようです。お家の存続・再興を願った者は、譜代家老・大石内蔵助に代表されます。彼らにとっては、藩主個人への思いよりも、大名家という組織体を守ることのほうが優先されているわけです。見切りをつけた代表格は、芝居では悪役にされている大野九郎兵衛でしょう。彼は、財政家としての手腕を買われて雇われた一代家老でした。彼にしてみれば、破綻した藩にいてもしょうがないということだったかもしれません。

こうした家臣団の異なる対応は、それぞれ個人的事情によることもあるでしょうが、この時期まで戦国時代的君臣関係観が命脈を保っていたことと同時に、家産官僚的に制度化された君臣関係が藩という組織内部に相当深く浸透していたという事実を示しているように思います。この事件以後、武士が意思を統一して集団で武力行使に及ぶという事件は影を潜めますから、君臣関係の変質と儒教的君臣道徳の優位とが対応していったとみていいでしょう。

つぎに、勅使饗応という儀礼の場が重視されていたという点と高家という儀式・典礼を職務とする旗本が設定されていたという点も重要です。もともと幕府や大名の武家組織は、戦国時代の戦闘集団を平時に転化したものですから、「庄屋仕立て」と卑下されるほど粗野なものでした。そこで幕府は、室町時代以来の名族を旗本に取り立て、高家として儀式・典礼を整備させました。高家は、旗本ですから石高は小さいのですが、官位は高かったので、石高は大きくても官位の低い小大名に対して権威的に振る舞うこともあったようです。浅野の刃傷事件も、吉良のいじめが原因だという説（これは実証されていない）が一般化したのも、そうした背景があって、それが納得しやすかったせいだと考えられます。

また、天皇・朝廷と将軍・幕府の関係が安定してくるのも元禄前後の時期です。天皇即位時のもっとも重要な儀式としての大嘗会《だいじょうえ》が復興されましたし、禁裏《きんり》御料も一万石加増されています。近世の武家社会の階統制も、主従制原理、朝廷の官位のシステム、石高にもとづく家格、役職・権限の体系など複数の要因が絡む複雑な構造をもっていますが、このころまでには相互の関係も一応整理され、一つの体制として整備されてきました。武断政治から文治政治への転換といわれますが、軍事力中心の統治から制度・儀礼による統治へと支配方式の重点が移動したわけです。

こうした幕藩制武家社会の変化は、儒教の体制的浸透とも対応しています。湯島の聖堂すなわち孔子廟ができたのが元禄期で、将軍綱吉はみずから論語などの講義をしています。ただ併設の学問所は、林家の私的なそれで、正式に幕府学問所となるのは寛政（一七八九〜一八〇一）期まで待たねばなりませんでした。また、このころから各大名も儒教を主要な教科とした藩士教育のための藩校を設置しはじめますが、それが全国的に広がっていくのはもう少しあとの時期になります。

以上に述べてきたように、丸山の指摘した客観的条件とは、近世初期に一挙に現われたわけではなく、幕府成立後百年近い年月を経て、徐々に実現されてきたことに注意してください。そして、儒教が適応したといっても、非儒教的要素は依然として残りつづけたことにも注意が必要です。さらに、客観的条件が整っていく過程は、儒学者たちが、自分の描く儒教の理念にしたがって現実を解釈し、時代のイメージを作り上げ、それが客観的に事実そのものではないにしても、そのイメージにしたがった制度の実現を働きかけつづけた結果という側面もあったことも考えなければならないと思います。

たとえば、近世の身分制度を表現する言葉としてだれでも思い浮かべるのは「士農工商」という言葉でしょう。ところが、近世に士農工商という身分制度を規定した法令は一度も出されたことはありませんでした。また、現実の身分関係において、士農工商の境目はそんなに明確なものではなく、農が工商よりも上位にあるという説明も、儒教の農本主義的思想の反映すぎないといってもよいくらいです。儒学者たちが中国古代文献にある身分制度を理想として、現実にそれをあてはめて使いはじめ、それが近世に一般化し、常識化し現代にまで至っているというのが実態です。士農工商という観念が、現実をそれに近づける効果を発揮したといってもよいかもしれません。

ここでは、客観的条件といっても、それは長期にわたる問題であり、限定された領域において実現されたにすぎないことを確認しておきたいと思います。

近世日本社会と儒教②——儒教適応の主観的条件

それではつぎに主観的条件の検討に移りましょう。丸山によれば、主観的条件には二つの問題領域があります。一つは、新しい儒教とそれを担った儒学者の問題と、儒教をみずからの支配の思想・イデオロギーとして受け入れた側の問題の二つです。

まず前者について、丸山は「すぐれて教学としての意義をもち、その研究も特殊なサークルを脱して独立の儒者によって多少とも公開的になされたこと」（p.11）に近世儒教の特徴があるとし、そうした儒教への革新をもたらした人物として藤原惺窩《せいか》（一五六一～一六一九）とその弟子林羅山《らざん》（一五八三～一六五七）の二人をあげています。「教学としての意義」をもつとは、一つの体系的思想として世界観から日常の実践に至るまで自己完結性をもっていることであり、そうした儒教として宋学が近世初頭に台頭してきたというわけです。

あとでくわしく触れますが、宋学（程朱学、朱子学ともいう）とは、中国の宋（九六〇～一二七九）代に登場した新しい儒教で日本には鎌倉時代にはすでに渡来していました。しかし、それは、禅宗寺院のなかで仏教的に解釈され、とくに禅宗の教義の一部として伝承されるにとどまっていました。また、それ以前からの儒教は、内容的には宋学以前の漢（前二〇二～二二〇）代、唐（六一八～九〇七）代の経典の訓詁《くんこ》・注釈を主とするもので、朝廷の博士家の独占物でしかありませんでした。「特殊なサークル」とは、そうした寺院や朝廷という枠のことをいいます。藤原惺窩も林羅山も、もともとは仏門に入り、そこで禅宗と宋学を学んでいましたが、のちに還俗《げんぞく》して儒者として自立しました。

儒者として自立ないし独立するとは、僧侶をやめ、蓄髪し、儒服（深衣道服《しんいどうふく》ともいう、儒者独特の服）を着るなど姿かたちを改め、公然と儒教を講ずるようになることです。わかりやすくいえば、儒者が一つの職業として独立するということを意味します。これは、それまで家学として儒教の経典解釈を独占してきた貴族から激しい反発を浴びることでもありました。実際、林羅山は、勅許《ちょっきょ》もなしに巷間で勝手に講義をしたということで、清原秀賢という貴族から訴えられています。また、近世は儒者だけではありませんが、学芸をもって職業的に自立した「知識人」が、ある程度「層」として存在できるようになり、その知識人のあいだで一定程度の知識・技芸の交流が、書籍・書簡・研究会などの形でできるようになりました。俳諧連歌の「連」や「社中」、学塾・寺子屋などの広がりを想像してみてください。「多少とも」という限定詞付きではあっても、研究が「公開的」になされるようになったことが、これから検討するような儒教内部の思想史的展開を可能にした条件であったことも重要な意味をもっていたと考えるべきでしょう。

それはともかく、近世初頭の儒教の問題に戻すと、戦国時代末から天道というような観念が、戦国武将の行動を評価する基準として使われるようになっていましたが、これはある程度儒教的観念が社会的に浸透していたことを示していると思われます。また、戦国大名たちがもっとも手を焼いたのは一向一揆を代表とする宗教勢力であったことも、彼らに脱世間的宗教に対抗しうる思想的拠点を求めさせ、それが儒教という世俗内倫理に関心を向けさせる一因になったとも考えられます。

さらに、朝鮮からの影響も考えなければならないでしょう。この点は、丸山ものちに自分の不十分さを認めていますが、本論文ではまったく触れていません。当時の朝鮮は李王朝（朝鮮王朝。一三九二～一九一〇）の時代でしたが、「崇儒廃仏《すうじゅはいぶつ》」を掲げ、儒教を国教としていました。儒教、とくに朱子学が盛んで、戦国時代に当たる時期には、李退渓《イ・テゲ》という儒学者が出て、大きな学派を形成していました。また、秀吉の朝鮮出兵までは通信使が日本にも来ており、通信使に随行してきた儒学者と日本の学者が交流することもありました。藤原惺窩もその交流のなかで朱子学についての理解を深めたようです。さらに、惺窩は、秀吉の朝鮮出兵によって捕虜として連行された李退渓学派の儒者・姜沆《カン・ハン》と出会い大きな影響を受けています。近世初頭の儒教の自立について藤原惺窩の役割が大きかっただけに、この点は看過できないと思います。そして、このことは、近世初頭の儒教において朱子学が中心であったことの有力な根拠の一つになったともいえるでしょう。

つぎに、儒教を受け入れた側の状況について検討しましょう。この点について丸山は、徳川家康の例を引いて論じるにとどまっていますが、その要点をまとめてみましょう。家康は、幕府を開く以前から儒教に関心を示し、藤原惺窩から儒教の講義を受けていたこと、惺窩の推薦で弟子の羅山を側近に採用し、政治顧問的役割を果たさせたことなどをあげ、その関心が「馬上をもて天下を得給ひしかども……馬上をもて治むべからざるの道理をとくより御会得」(p.12)していたので「聖賢の道を御尊信」(同)したという『徳川実紀』の逸話をあげています。つまり、馬上すなわち軍事力で権力を奪取しても、軍事力だけでそれを維持することはできないから、儒教による支配の必要性を認識していた、というわけです。『徳川実紀』というのは後世(文化〔一八〇四〜一八一八〕年間)の編纂物ですから、そのまま信ずることはできないかもしれませんが、家康が儒教に相当な関心をもっていたことはたしかでしょう。さらに、『実紀』には、湯武放伐論についての羅山との対話についての記事もありますが、そこでは家康は、放伐を肯定する羅山に賛意を示したということを引いて、家康が、「江戸幕府の正統性の拠点を模索していたかもしれない」(p.13)として、丸山は「朱子学は彼(家康)によって庇護されるべき充分の適格性を具えていた」(同)と結論づけています。

しかし、この論拠は少し弱い感じがします。根拠としている資料の問題もさることながら、近世を通じての将軍・幕府と天皇・朝廷との関係を考えると、むしろ天皇によって征夷大将軍に任ぜられることを重視していたと考えられますし、湯武放伐論によって将軍権力の正統性を主張したとまではいえないからです。また、近世の儒者の多くは湯武放伐には批判的であったということもあります。いずれにしても、近世の支配階級全体が、儒教をみずからの支配を正当化する唯一の根拠として全面的に採用したことはないですし、家康に対する羅山の儒者としての影響力も過大評価することはできません。家康は、羅山に剃髪《ていはつ》つまり僧侶の体《てい》をすることを命じ、羅山もその命にしたがわざるをえなかったのです(このため羅山は、批判者から「曲学阿世」という非難を浴びることになりました)。

武家社会における儒教の受容は、なんといっても君臣関係の倫理綱常を裏づける教学としての儒教、為政者としての武士に存在根拠を保証する儒教、宗教勢力への対抗思想として現世主義に立つ儒教、とくにキリスト教排撃の先頭に立つ儒教という要因が大きかったのではないでしょうか。

近世日本社会と儒教③——外来思想としての儒教の問題

これまで、丸山の議論を中心としながら儒教の近世日本社会との適合性の問題に焦点を当ててきましたが、ここで丸山の論文からは離れることになりますが、儒教の外来性というか不適合の面について簡単に言及しておきたいと思います。というのは、本論文の限界と意義を確認すること、それによって論文の意義をより深くとらえることが可能になると考えるからです。

まず指摘しなければならないのは、中国儒教、とくに漢唐以後の儒教の基盤となった制度との相違です。中国においては、漢唐以後、儒教は国教としての地位を与えられ、国家統治機構の一員となるためには科挙という儒教を中心としたきびしい試験に合格することが求められました。中国の統治機構は、きわめて単純化して図式的に示せば、神にも等しい地位にある天、天の命を受け地上世界を統治する皇帝（天子）、皇帝を補佐し統治を担う士大夫（科挙に合格した文官）、その下に位置づけられた軍人たる武官という形で構成され、その統治を貫く理念が、仁を中核とする徳による統治すなわち徳治・仁政という儒教的観念でした。儒教は、統治機構の構成原理から統治理念にいたるまで浸透していたといってもよいでしょう。したがって、儒者の社会的地位も高く、政治的影響力も大きかったわけです。

つぎに社会生活上の習慣の相違もあります。中国社会では血縁にもとづく親族組織が大きな力をもち、そこでは長幼の序、長上を敬うということが大切にされました。血縁は擬制化されることなく、実質的意味をもっており、姓はその象徴ですから、異姓養子の禁（姓の異なるものは養子に迎えてはならない）、同姓不婚（同じ姓の者同士は結婚できない）という習慣は厳重に守られていました。また、その習慣を守るか守らないかは、文明と野蛮とを区別する標識としての役割も与えられていました。

儒教は、そういう中国の統治機構・社会に基盤をもち、それに深く浸透した思想であったわけですが、近世日本の場合は相当事情が異なります。統治機構の点でいうと、形式化しているとはいえ、頂点には天神の子孫を唱える天皇が位し、軍人・武士の長たる征夷大将軍が実質的な全国統治権を掌握し、各地方の統治も大名を長とした藩という武士の組織が民政も担当しました。科挙の制度もありません。統治理念として徳治・仁政が語られることがあっても、軍事優先の発想は消えることはありませんでした。武士が、戦闘のための武器である刀を手放さなかったことを思い出してください。そこでは、文よりも武が優先され、儒者の社会的地位もあまり高いとはいえないことになります。

社会生活上の習慣の点でも大きな相違があります。日本では、血縁にもとづく親族組織が社会の基礎構造を成しているといわれますが、血縁はかなり擬制的性格を帯びています。親族組織を「家」という名称で呼びますが、実際にはその「家」は家産を維持するための組織である側面が強く、「家」の存続自体が目的となっている場合が少なくありません。姓も変化します。徳川氏はもともと松平姓であったことを想起すれば十分でしょう。したがって、異姓養子も同姓不婚も、姓が変わってしまえば意味はありませんから、禁止されてはいません。

公平のために一言すれば、丸山は、このような近世幕藩制の構造の問題について、一九五九年に発表された「開国」(『丸山眞男集　第八巻』一九九六年、岩波書店)では「戦国の凍結」という表現を用いてより詳細に分析していますが、ここでは本論文を読むことが目的なので、この点については紹介のみにとどめておきます。

それはともかく、儒者にとって、このように自分が真理と考えて受け入れた儒教思想と日本の現実が乖離している状況はどのような問題を突きつけることになるのか、ここで具体的例をあげて少し考えておきたいと思います。

本論文のメインテーマである荻生徂徠より少しあとの世代（約三〇歳年下）になりますが、東北仙台藩の儒者に芦東山《あしとうざん》（一六九六〜一七七六）という人物がいました。東山は、百姓身分の出身ですが、学才を買われて藩命によって京都に出て、崎門派《きもんは》（山崎闇斎〔一六一九〜八二〕の学派で、もっとも厳格な朱子学派）の三宅尚斎（一六六二〜一七四二）・浅井義斎（?〜一七一七）に学び、室鳩巣《むろきゅうそう》（一六五八〜一七三四）とも親交を結びました。東山は、仙台藩儒に取り立てられて以後、朱子学の原理に忠実に行動し、主君の仁徳の涵養と儒教道徳教化のための学校の設立を目標とし、主君に対する諫言《かんげん》と学校設立・運営のための上書をたびたび提出しました。その提案の一部は実現されたものの不満の残るものであったため、私費で学校を建設しようとまでしました。藩儒とはいえ、下級武士にも及ばない切米五両七人扶持の奉禄という待遇の東山が、主君に対してきびしい諫言・上書を提出してすむはずはなかった。東山は、藩主・伊達吉村によって蟄居《ちっきょ》を命じられ、二四年間にわたる幽閉生活を余儀なくされました。

仙台藩は代々、神道・儒教・仏教のどれにも偏らず、この三つをそれぞれ使い分けながら統治することを基本方針としてきました。この方針と、儒教による統治を理想とし、その実現を目指す東山の立場が衝突せざるをえなかったわけです。統治と社会の現実と儒教的原理の衝突は、儒者の待遇の点でも現われていました。東山は、上書のなかで儒者が尊敬されず、その学問が重んじられないのは、儒者の身分が低く、奉禄も不十分で威儀を整えることができず、借金をしても返済できないような礼に反せざるをえない状態に置かれていることに原因があるとして、その待遇の改善を訴えています。こうした状況は、仙台藩だけに限られた特殊な状況ではありませんでした。藩主や世子（世継ぎ）の侍講として高禄で迎えられる儒者もいないわけではありませんが、それは高名な一部の儒者に限られ、大部分は東山が嘆くような状況に置かれていたのが実情です。

このように、朱子学であれ、陽明学であれ、儒教と近世日本の現実とのあいだには、どうしても適合できない部分がありました。その不適合に対して儒者の態度はさまざまに分かれます。完成された体系としての儒教にのみ関心をもち、解釈に専念して現実を見ようとしない者、現実を教義に照らして遅れていると判断して現実の欠陥を指摘し、批判するだけの者、知識としての儒教に満足して先に進もうとしない者、儒教を生活の手段とし儒者としての自己保身に走る者、儒教を断片化し、それに合った現実しか見ようとしない者、儒教と他の教義たとえば仏教や神道と安易な折衷を試みる者、こういう現実と思想との関係について緊張感を欠いたタイプが多かったにちがいないと思います。現代でも、思想と現実の関係については、その思想が外来のものであればなおさら同じような現象が観察できるのではないでしょうか。

しかし、教義と現実との乖離の問題を深刻な思想的問題として主体的に受け止め、思索と実践の両面で真剣に模索をつづけた本当に思想家と呼ぶにふさわしい者もいました。芦東山のように、みずからの信ずる教義を実現するために身の危険を顧みず実践に務めた者、山崎闇斎のように教義の正確な理解に全力を傾注し、そのうえで別の教義に移行していった者もそういう思想家に属していました。丸山は、そういう思想家のなかで、儒教の思想体系を前提にしつつ、教義の内容の革新に主体性をもって取り組んだ思想家を取り上げ、そこに新しい思想的展開がみられるかを検証しようとしたわけです。

丸山は、近世儒教の思想的展開過程について、第一節「まえがき」の末尾に「それは儒教の内部発展を通じて儒教思想自体が分解して行き、まさに全く異質的な要素を自己の中から芽ぐんで行く過程」(p.14)であり、しかもその「変革は表面的な政治論の奥深く思惟方法そのもののうちに目立たずしかし着々と進行していた」(同)と書いています。ここでは、「内部発展」という言葉と「思惟方法」という言葉の二つに注目してください。新しい外から来た思想に置き換え、新しさのゆえに発展・進歩と誤認する、いまでもなくなっていない思考パターンに対して、また政治的結論の基礎にある論理に潜む可能性に注目することなく結論・立場のみを攻撃する姿勢に対して、丸山の思想史の方法がどれほど異なっているかをこの二つの言葉が示しています。第3講以下では、その二つの言葉をキーワードに、どのように思想的展開が具体的に分析されているかを検討したいと思います。

第*3*講

朱子学的思惟様式とは何か

朱子学の成立

さて、これからいよいよ本題に入ります。まず、朱子学がどのように成立したのかを整理しましょう。朱子学とは、その名のとおり南宋の朱子（一一三〇〜一二〇〇）が大成した儒教の新しい思想体系をいいます。その淵源は、北宋の周濂渓《しゅうれんけい》（一〇一七〜七三）にさかのぼります。濂渓は、『太極図《たいきょくず》』および『太極図説』を著し、宇宙の根元・初元に「太極」なるものの存在を設定し、そこから宇宙万物生成の原理を説き、つづいて程明道《ていめいどう》（一〇三二〜八五）・程伊川《いせん》（一〇三三〜一一〇七）兄弟（合わせて二程子という）、張横渠《おうきょ》（一〇二〇〜七七）などが出て、理・気・性などの概念が整理・精緻化され、朱子に至って、宇宙論から日常の実践倫理に及ぶ一大思想体系が形成されました。

こうした宋代の動きを、漢唐の訓詁学に対して新儒教の登場といいますが、それを促した要因は、唐から宋にかけて、中国社会が古代的社会から中世的社会へと変化したことをあげる研究者もいます。また、この時代は、中国仏教の最盛期で、儒教も対抗上世界観的レベルでの体系化を迫られており、仏教とくに禅宗系の方法を取り入れ、儒教流に読み換えていったという事情もあったようです。しかし、この問題は中国思想史の問題ですし、丸山論文を読むという課題からははずれますし、丸山もあまり触れていないので、ここでは立ち入らないことにします。

ところで、丸山は、朱子学の特色を、「道統の伝を高唱し、従来の五経（易・書・詩・礼楽・春秋）中心主義に対して四書（論語・孟子・大学・中庸）によって孔・孟・曾・子の根本精神を把握する義理の学であろうとすること」（p.20）と、「宇宙と人間を貫通する形而上学を樹立したこと」（同）の二点をあげています。後者については、あとで検討することにして、前者について、儒教の基礎的知識になりますが、若干説明しておきましょう。

まず、五経《ごきょう》ですが、『詩経』・『書経』・『易経』・『礼記』・『春秋』の五つの経典をいいます。これに『楽経』を加えて六経（「りくけい」と読み慣わされてきました）という場合もありますが、『楽経』は早くから散逸し、大部分が失われたために一般には五経といわれるわけです。これらの経典は成立年代も異なりますし、儒教の経典に組み入れられる事情も異なります。『詩経』は、中国古代の民謡を集めたもの、『書経』は、堯舜など古代聖王の事跡を録したもので、孔子はこの二経を中心に講義をしています。『春秋』は、孔子が春秋時代の歴史を編集し批評を付したもの、『礼記』（「らいき」と読み慣わされてきました）は、孔子以前の時代から事実・慣習として礼の体系があり、孔子もたびたび論及していますが、経典として整備されたのは前漢のころとされています。『易経』は、もともと卜筮家《ぼくぜいか》の経典でしたが、宇宙万物の生成・運動を説くものとして儒教的に解釈され、漢代には儒教の経典として扱われるようになりました。前漢の武帝（在位、前一四一〜前八七）のときに五経博士が置かれ、これらの経典が儒教の聖典としての地位を確立し、儒教は五経の訓詁・注釈を中心として発達したわけです。

つぎに四書ですが、これは『論語』・『孟子』・『大学』・『中庸』の四つの書物をいいます。『論語』は、いうまでもなく孔子の言行録、『孟子』は、孟子の言動を集めたもので、早くから儒教の重要な経典とされてきました。『大学』と『中庸』の二著は、もとは『礼記』の一部でしたが、唐末ごろから独立して扱われるようになり、宋代に至ってそれぞれ単独の経典として位置づけられるようになりました。前二者が、言行録であって、具体的・実践的であり、教訓書的色彩を帯びていたのに対して、後二者はより理論的であり哲学的であったために、宋代にはとくに重視されたのです。

なかでも朱子は、『大学』は孔子の言葉を孔子の弟子の曾子《そうし》が敷衍したもの、『中庸』は孔子の孫の子思が著したものとして、『論語』『孟子』と並んで完全に独立した経典とし、自分の思想のもっとも重要な典拠としました。そのため、朱子学は四書中心主義といわれるわけです。また、朱子は、堯《ぎょう》舜《しゅん》禹《う》湯《とう》文武（中国古代の聖王たち）の事跡・教えを孔子が宣揚し、曾子・子思が敷衍し、孟子が紹述した儒教の精神は、いったんは失われたが、宋代に二程子が現われて発見・再興され、朱子自身もその事業を受け継いでいると主張しました。このように儒教の正しい精神が孔・孟・曾・子・二程によって継受・伝来されてきたという主張を「道統の伝」といいます。この「道統の伝」と四書中心主義とは、まさに一体の関係にあることになってきます。したがって、後論との関係でいえば、何を経典として重視するかという問題が、思想全体にかかわる問題になってくるわけです。そして、正しい儒教の精神とは、古代聖王たちが明らかにした宇宙万物の生成・運動の原理とその原理・運動に賛参する人間の踏み行なうべき道にあるとし、その具体的内容を明らかにすることが儒者たるものの務めであると朱子は主張します。これを、漢唐の訓詁学に対して「義理の学」と呼びます。

こうして宇宙論から日常の実践道徳に及ぶ壮大な思想体系が誕生することになったわけです。

朱子学説の概要

それでは、丸山のいう「宇宙と人間を貫通する形而上学」とは、どんなものだったのでしょうか。もちろん、朱子学説の厖大な体系について論じるわけにはいきませんし、とうてい力の及ぶところではありませんので、丸山の論述にしたがってごく簡単に概要を紹介することにします。

朱子学の宇宙論は、さきに指摘したように、周濂渓の『太極図』および『太極図説』が出発点となっています。濂渓は『易経』の「易に太極あり、是《こ》れ両儀を生じ、両儀四象を生じ、四象八卦を生ず」にもとづいて「無極にして太極、太極動いて陽を生ず、動極《きわま》れば静、静にして陰を生ず、静極ればまた動き、一動一静互に其根となり、陰に分れ陽に分れて両儀立つ、陽変じ陰合して水火木金土生じ、五気順布して四時行わる」（武内義雄『儒教の精神』一九三九年、岩波書店より重引）と宇宙万物の生成を説いています。朱子は、この濂渓の説を受け入れるとともに、程兄弟の理の哲学を摂取して、太極＝理と規定し、宇宙万物は形而上《けいじじょう》の理と形而下《けいじか》の気からなるとしました。

ここで丸山は、朱子の理気説の成立を「太極図説が纏《まと》っていた発出論的な色彩を希釈して一種の合理主義哲学を樹立した」（p.22）と評していますが、少しわかりにくいので説明が必要かもしれません。「発出論的な色彩」については、濂渓の説が、太極から万物生成までの時間的に配列された過程をいっているようにも読み取れるところを、発生の過程であると同時に現に存在している事物を事物たらしめている根拠すなわち時間を超越した存在根拠でもあることを、朱子が主張したということでしょうか。また、合理主義に「一種の」という形容句が付けられているのは、ヨーロッパ近代の合理主義と区別するためか、朱子の哲学がいかなる合理主義かというやっかいな問題に立ち入らないための予防線を張るためとも考えられます。

それはともかく、宇宙万物が形而上の理と形而下の気からなるとはどういうことでしょうか。まず、非常に簡単な比喩で説明してみます。ここにコップがあります。コップはどうしてできているかというと、ガラスという材料を加工してできますが、どう加工するかはコップという容器の形状についての設計図というか観念があってそれによって決定されます。したがって、コップはガラスという材料・物質とコップという設計図・観念が結合してできているわけです。この材料・物質が気であり、設計図・観念が理であるといえばわかりやすいでしょうか。

ただ、この比喩では、形ある物についてはある程度理解の助けになるかもしれませんが、理や気が春夏秋冬の四季の運行や人間の性格にまでかかわってくるとなるとややこしくなります。気は動静・凝集拡散、変合極まりない性質をもつエーテルのようなものだといいます。気が動いて活発になれば夏になり、静かになって動かなくなれば冬になる、凝集すれば形ある物となり、拡散すれば物は消滅する、その動静・凝集拡散を支配する原理が理であるともいえます。

それから、理は、太極として万物の究極的根元であると同時に具体的な個々の物に内在して性となるともいわれます。しかし、太極=理は分解されてバラバラに分散するわけではありません。個物に内在しつつ「統体」たるを失わないと主張されます。これもわかりにくいので、似た例で説明します。日本の神社と神様の関係を思い出してください。日本には同じ神様を祭った神社がたくさんあります。一つの本社と多数の分社ということになりますが、それぞれの神社に御神体があり、そこに神様がいることになっています。神様は、そのように各地にバラバラに分散していながら一つの神様でなくなることはない。これと似たような関係と考えても、当たらずと言えども遠からず、でしょう。

それから、理は「真実無妄」=絶対的善であるとも主張されます。たとえば、四季の循環は気の動静によって決定されるが、循環そのものは理によって規則性が保証されている。ときに気の動静が乱れることによって季節の変動に不順が生じることがあっても、循環そのものはけっして失われることはない。四季の循環は万物生成の根源であるから、それは善である、ということでしょうか。

以上のように、朱子は理と気という二つの概念によって、宇宙万物の生成・運動を説明しています。その場合、理の究極性・根源性を強調すれば理一元論となり、気の集散・変合によって万物の生成・運動を説明できるという立場をとれば気一元論となり、万物は理と気の結合によってなるという解釈をとれば理気二元論となります。朱子の論著を読むかぎり、一見矛盾しているかのような表現も少なくないために、理気説について多様な解釈が生じることになりました。そういう朱子の理気説の難解さ、ややこしさ、あるいは曖昧さが、朱子学分解の一要素になった可能性があります。

それはそれとして、つぎに、朱子の人性論の検討に移りましょう。朱子は理と気の概念で宇宙万物の生成・存在・運動を説いたわけですが、そのなかには当然人間も含まれています。気は動静・集散極まりないということは、気が変合によって軽重、明暗、清濁などさまざまな性質を帯びることになります。そのちがいによって具体的な物の性質が決定され、物は千差万別の種々相を呈することになります。軽く、明るい気は天になり、重く、暗い気は地になり、その天地のあいだに、鉱物、植物、動物が存在する。そして、人間は、そういう種々相を示すもののなかで、もっとも良い気を受けたために万物の霊長たる地位を与えられたとされます。

人間の場合、賦与された理は人間に内在して「本然《ほんねん》の性」と呼ばれ、気は「気質の性」と呼ばれます。本然の性は、絶対的善である太極＝理の分殊したものですから本来善なるものであり、気質の性は動静止まざる気ですから、動き方が悪ければ情欲・人欲となり濁り＝悪を生じさせ、明暗・清濁などさまざまな性格を与え、本然の性の発現を妨げることになります。ちょうど、澄んだ水が静止しているときは、きれいな月が映るのを見ることができるが、水をかき回して波立たせ、沈澱していた泥が混ぜ合わされると、月の姿が見えなくなるようなことです。ですから、本然の性が発現した状態を「明鏡止水《めいきょうしすい》」というわけです。そういう「明鏡止水」の境地に達した人、すなわち本然の性の完全な発現の状態にある人を聖人といいます。

人間一般は万物の霊長であるとして、それでは個々の人間はどうでしょうか。本然の性が等しく分殊されているという点では、すべての人間は平等です。ただ、気質の性によってその発現が妨げられ、妨げられる程度によって差等が生じます。聖人・君子から小人《しょうじん》に至るランクづけが理論化されます。これが、身分論、職分論の基礎になるわけです。しかし、本然の性は、理＝太極ですから、気および気質の性よりも根源的です。根源的ですから、そこに復す可能性はつねにだれにでも存在することになります。朱子の人性論は、本然の性＝善を気質の性の動静によって生じる濁り＝悪より根源的であるとすることによって性善説に立っているということができます。

そこで、問題は、いかに気質の性の濁りを去って、本然の性に復するかということになります。実践倫理・修養法の問題です。朱子は、さきに述べたように、『中庸』と『大学』をもっとも重要な経典として重視していました。実践倫理の点でも『中庸』の「故君子尊徳性而道問学（ゆえに君子は徳性を尊んで問学に道《よ》る）」を修養法の核心とし、「徳性を尊ぶは、心を存する所以《ゆえん》にして、道体の大を極むる所以なり。問学に道るは、知を致して道体の細を尽くす所以なり」と注釈を加えています。要するに、心を存する（存心）とは、自己の内心に省察を加え、自己の内部にある道＝理＝本然の性の全体を直感的に把握することであり、知を致す（致知）とは、知力を働かせて、万物に備わる理を細部に至るまで認識し尽くすことです。丸山は、前者を狭義の修養であり、主観的方法ととらえ、それによって人欲も消尽し、天理がつねに明らかになる境地に達することだとします。それが朱子のいう「存心居敬《ぞんしんきょけい》」であり、そこに至る具体的修養法が「居敬静座」、つまり敬とは「つつしむ」という意味で使われていると考えられますから、坐禅に近い修養法を説いていることになります。

後者を、丸山は知的探求であり、客観的方法と呼んでいます。これは『大学』にいう「格物致知《かくぶっちち》」で、「格物窮理《きゅうり》」ともいわれます。天地万物に理が分殊されているということは、人間のみならず、日月・山川・草木・鳥獣・器物に至るまで理が備わっているということですから、それらの理を一つ一つきわめていけば、統体としての理の認識に到達できるはずだというわけです。しかし、一つ一つの事物の理を個別に極めるのでは不十分で、そういう努力を久しく積み上げた結果、あるとき「一旦《いったん》豁然《かつぜん》」として統体としての理の認識に至るという非合理的跳躍が必要になるとされます。

というのは、理は太極であり、太極として宇宙万物の根源であって、宇宙万物をそのものたらしめている根拠として単一の全体ですから、個々の事物に分殊されても単一の全体であることをやめるわけではありません。したがって、その認識は個々の理の認識を積み上げるのとは質的に異なる内容をもたなければならないことになります。また、さきに述べたように、朱子によれば、理は、真実無妄＝誠であるとされ、人間に内在して本然の性となる善の善なるものとされますから、道徳的に完成した姿において具現されることになります。「窮理」といういわば自然科学的な法則性の認識と倫理的完成とを架橋するためには、「一旦豁然」というような飛躍の契機を持ち込まざるをえなかったと考えられます。

さらに、朱子学の体系には、社会論・政治論も含まれます。朱子の有名な八条目がその体系の柱になっています。『大学』には「物格而后知至。知至而后意誠。意誠而后心正。心正而后身修。身修而后家齊。家齊而后國治。國治而后天下平」（読み方自体に諸説あり、その違いが学派の違いにもなるが、ここでは明治書院の『新釈漢文大系』に依っておく。「物格《ただ》しくして后《のち》知至る。知至りて后意誠なり。意誠にして后心正し。心正しくして后身修まる。身修まりて后家齊《ととの》う。家齊いて后國治まる。國治まりて后天下平《たひらか》なり」）とあって、ここから「格物」「致知」「誠意」「正心」「修身」「斉家」「治国」「平天下」の八項目を取り出して、朱子は八条目と名づけました。こうして、個人のレベルから天下のレベルまでを貫通する論理が、「庶人」から「聖人」に至る個人の修養を起点とする論理として示されたわけです。

そして、理は時間を越えた普遍的真理ですから、歴史はたんなる時間の経過であり、理が発現するそのときそのときの現象の集積とされることになります。また、社会は、理と気を賦与された人間の集合ですが、賦与された気の質の良し悪しによって階層的に構成され、その階層は身分と表象されます。各個人は、自分の属した身分のなかで、身分に応じて最善を尽くすことが修養の目標とされます。したがって、身分秩序そのものを明確にし、身分に応じた人間の正しい有様を示すことが重要になります。これを名分論といいます。この名分論は歴史のなかに持ち込まれ、名分を正しくした実例・教訓を与えているか否かだけが問題になるわけです。記述された歴史が「鑑《かがみ》」といわれるのは、そういう意味においてであります。そこでは、時間はそれぞれ個性をもった時代によって区分され、その各時代ごとの構造・個性を明らかにしようという志向はみられません。われわれ現代人が考える「歴史」はまだ発見されていないといってよいでしょう。

以上が、朱子学の壮大な体系の概要です。それは、太極＝天理＝誠を基軸としてその周囲にすべてのものごと・事象が位置づけられ、関連づけられ、宇宙論、人性論、修養・実践論、政治論、歴史論を覆い尽くす文字どおり包括的な体系をなしています。したがって、概要は、丸山も認めているとおり、朱子学の全体系からすれば、そのほんの一端ということになります。朱子学の多様な解釈や解釈をめぐる論争も紹介されていません。また、厖大な朱子学体系にはらまれるさまざまな可能性、たとえば天理概念の自然法思想への展開、窮理の自然科学的方法への転換、人性論の平等思想への発展などの可能性が検討されるべき課題として残されているということもいえるでしょう。

しかし、ここでは、朱子学の思惟様式を抽出するために必要なかぎりでその概要を把握するという問題のレベル設定からいえば、丸山の整理した概要はほぼ十分な内容を備えているといえるのではないでしょうか。また、これも丸山自身が書いているところですが、この概要は、日本近世における朱子学批判、とくに古学派からの批判を念頭に置いて、批判の論点が明確になるように整理されています。したがって、朱子学の多面性が捨象されていたり、朱子学の完結性や固定的性格が一面的に強調されているという批判も成立しうるかもしれません。

ただ、本論文は、朱子学の全体を論じることや、そのあらゆる可能性を検討することをテーマにしているわけではありません。たとえば、天理概念の自然法観念への可能性は、幕末の国際社会との接触といった別の状況との関連において検討されるべきテーマであって、そのためには別の論文が必要になります。もし、本論文の朱子学の論じ方について不足があるとしても、そのことは、近世儒学の展開の過程に、近代的思惟の発生を見出し、その過程を跡づけるという課題の設定と論旨の展開の価値を少しも減ずるものではないということは、はっきり申し上げておきたいと思います。

朱子学の思惟様式上の特性

さて、朱子学の概要を整理・叙述した丸山は、つぎに朱子学の思惟様式の点からみた特性の検出にとりかかります。その検出作業の結果えられた結論は、つぎのように書かれています。すなわち「かくてわれわれは厖大な朱子学体系を蒸留してそこに、道学的合理主義、リゴリズムを内包せる自然主義、連続的思惟、静的＝観照的傾向という如き諸特性を検出し、こうした諸特性を貫く性格としてオプティミズムを挙げた」（p.29）と。

そこでまず、「道学的合理主義」という特性から検討しましょう。すでに概要で述べたように、天地万物はその根元に理があり、理によって動静変合が生ずるとされていました。したがって、その天地万物の動静変合を観察・究明することによって理の認識に至ることが可能になるわけです。その理の認識に至ることを究極の目標とし、そこに人間の知的活動（窮理）が至りうるとしているという意味で、朱子学は主知主義であり、合理主義であるといえることになります。しかし、その理には、誠であり、真実無妄の善であるという規定がどこまでもつきまといますから、窮理の結果到達した理も誠であり、善でなければならないわけです。

窮理の一例として天体の動きの観察――実際、朱子は熱心に天体観測に取り組んでいたそうです――の場合を検討してみましょう。日月星の運行法則性を発見しようとする場合、その法則性が理であることになりますが、それは天体の運行が正しい、誠の道にしたがっていることを証明するためであって、天体の運行に法則性を見出すこと自体が目的ではありません。逆に、法則性が証明されれば、それは人間が則《のっと》るべき規範（道）の正しさの証明であるとされます。丸山が「朱子学の理は物理であると同時に道理であり、自然であると同時に当然である。そこに於ては自然法則は道徳規範と連続している」（p.25）、さらに「物理は道理に対し、自然法則は道徳規範に対し全く従属してその対等性が承認されていない」（同）と書いているのは、自然界の法則性の発見が、道＝道徳的規範の正しさの証明のためになされるという関係を指摘しているわけです。

このように、朱子学の合理主義は、道徳規範が優位を占めているという意味で「道学的」という形容詞を付さざるをえない限界を負っていることになります。そして、この限界を超えて合理主義が合理主義として自立するためには、自然法則と道徳規範との連続を断ち切る超越的絶対者を想定するという非合理主義を呼び出さざるをえない必然性があったと、丸山は主張していますが、その問題は仁斎や徂徠を論じるところで検討されることになります。

それはそれとして、丸山はここで、歴史観の問題についても論及しています。理の普遍性を前提とした道学的合理主義の立場は、歴史上に起こった出来事も普遍的理＝道徳的善の観点から裁断することになりがちであることが指摘されています。出来事が起こった個別の状況（歴史的個性）は無視され、つねに同一の判断基準（普遍的道理）が適用されるわけで、朱子学の場合には、歴史は「名分を正す」ための実例集以上の意味をもたないことになります。この点も、のちに徂徠や宣長の批判を浴びることになります。

この歴史認識の問題は、本論文では道学的合理主義の問題を扱うついでに触れられているような印象がありますが、後論との関係でもここはもう少し独立して論じてほしかったような気がします。この段階での丸山に対してはないものねだりのような気もしますので感想にとどめておきます。

つぎに、「リゴリズムを内包せる自然主義」について検討します。これも、すでに概要で述べたように、理が人間に内在して本然の性になるという論理から演繹《えんえき》されます。本然の性は、自然かつ当然にあらゆる人間に賦与されているし、それは同時に絶対的に善なる性質をもっていますから、朱子学の人間観は性善説に立っていることになります。この善なるものが人間に内在し、その発現を妨げているものを除きさえすれば自然（おのずからしかるよう）に人間は善性を発揮することができるという発想を、丸山は「自然主義」といっています。

この「自然主義」的人性論という規定は、「当為的＝理想主義的構成」をとる人性論に対して設定された規定です。当為的＝理想主義的構成というのは、ちょっとわかりにくい表現ですが、善や道徳という倫理的基準は、人間の外部に自己の行為を判断する基準として設定されるものであり、理想（イデア）は人間が到達すべき目標として外部に存在しているとする考え方です。したがって、それは、気質の性のような蔽いを除去したからといって自然に発露してくるようなものではないのです。このような考え方に対比すれば、朱子学の人性論は自然主義ということになります。

朱子学のこのような自然主義は、性善説に立っているという意味でも、蔽いを取り除けば自然に本然の性が発現すると主張し、人はだれでも学び、努力すれば聖人になれるとする点でもオプティミズムであるといってよいでしょう。しかし、覆いを取り除くこと、すなわち気質の性から生じる情欲・人欲の惑いを去るためには、情欲・人欲をきびしく抑え込むことが求められます。あれがほしい、これがしたいとつねに欲望に振り回されている凡人たるわれわれにとって、情欲・人欲を制することがどれほど大変なことかは身をもって知るところではないでしょうか。そういう峻厳なるリゴリズム（厳格主義とも禁欲主義とも訳す）を朱子学の自然主義的オプティミズムは随伴しています。この点が、また朱子学への批判を呼ぶわけですが、その方向の一つは、「人欲」の自然性を容認する方向であり、もう一つは儒教の規範主義を自然主義的制約から純化して理想主義的構成に転化させる方向です。

三つめの「連続的思惟」とは、太極＝天理が自然界にあっては規則性・法則性として現われ、人間においては本然の性として内在し、それが誠の道として同一化されるように、自然と人間、法則と道徳とを連続してとらえる発想をいいます。それがもっとも典型的に表現されているのが『大学』の八条目で、格物は致知と、誠意は正心と、修身は斉家と連続し個人的修養の準則とされ、さらに個人的準則は治国・平天下という政治目標と連結されて、個人から天下まで同一の論理の上に連続的・直線的に結合されることになっているわけです。個人の修養が平天下、いい換えれば天下太平をもたらすというのも一種のオプティミズムです。このオプティミズムは、社会が安定しているときには論理として維持されるとしても、いったん社会が変動を開始するとその状況の変化に対して無力さが露呈してしまいます。秩序の混乱に対して、このオプティミズムは、人間の善意に期待した道徳的お説教以外の手段をもたないからです。

四番めに挙げられているのが「静的＝観照的傾向」です。丸山は、朱子の「聖人の、動静を全うして常に之を静に本づけると言える也」とか「聖人はその動くや必ず静に主たり」というような言葉を引いて、朱子学が静＝誠としてその価値を強調していることを指摘しています。その静的性格は、

「四端《したん》」の位置づけにも現われます。四端とは、惻隠《そくいん》・羞悪《しゅうお》・辞譲《じじょう》・是非《ぜひ》の四つの感情の動き、現代語にいい換えれば、同情すること、恥ずかしく思うこと、へりくだること、正しいことを正しいと思うことですが、そういう感情の動きは人間の内面に仁義礼智の四徳が本然の性として備わっているからで、それが事に触れて現われたにすぎないと位置づけられます。ようするに「端」は「端っこ」にすぎないというわけです。もっとも、「端」には、端緒というように「はじまり」という意味もあり、それを育てることによって徳に至るというように考えることもできるわけで、そういう朱子学批判も起こってきます。

また、朱子学が「守静持敬」「居敬静座」という修養法を重要視するのもその静的＝観照的傾向の端的な現われといえます。さらに、「格物窮理」にしても、実験や創造という活動や能動性に乏しく、天体観測のような観察が主になっているように、ここでも静的＝観照的性格が強い点は否めません。

最後に、丸山は、四つの朱子学の思惟様式上の特性を検出したうえで、「こうした諸特性を貫く性格としてオプティミズムを挙げた」としています。この点については、すでに述べてきたことで十分に示されていると思いますが、念のために確認しておきますと、その性格は天地万物の根元に理の存在をアプリオリに設定しているところから発しています。人間の主観的内省としての修養や窮理という客観的知的探求も、すべてはこの理の「発見」のためになされるわけですが、理が最初から存在するとされているかぎり、それは必ず発見される「運命」にあるわけで、不確定・不確実のものを求めるのとは本質的に異なります。必ず発見される、あるいは発見できるということがオプティミズムなのです。

それから、朱子学の根底にオプティミズムがあるという指摘は、本論文の構成のうえでも重要な役割を与えられていることも指摘しておかなければならないでしょう。朱子学的思惟様式の解体がはじまり、進行していく原因・根拠として、後論のように、丸山は寛文（一六六一～七三）から元禄（一七世紀後半）期の近世日本社会の変動を想定しています。さきにも述べたように、社会の変動こそがオプティミズムの限界を露呈させます。朱子学が、人間のかかわるあらゆる領域を網羅し、それを一つの理念に関連づけた完結した体系性をもっているがゆえに、ほんの一部の限界の露呈が全体系を揺るがすことにつながるとすれば、オプティミズムの限界の露呈はまさに「蟻の一穴」としての役割を担わされているといっても過言ではないでしょう。

この社会の変動と思想の変化を関連づける方法は、思想の変動を社会構造（下部構造）変動のたんなる関数とみるマルクス主義の方法と同じではないにしても、きわめて近い関係にあることは明らかです。本論文を執筆していた当時の丸山が、マルクス主義から相当に強い影響を受けていたことがうかがわれます。これは、この段階の丸山の思想史方法論の問題として確認しておいてよいことだと思います。ただし、この問題は、くわしくは丸山思想史の方法とその意義を論じるところで、最後に扱いますので、ここでは、問題の指摘だけにとどめておきます。

以上、朱子学的思惟様式についての丸山の議論を、若干の補足を交えつつ紹介してきました。このあと丸山は、近世初頭の日本儒教について概説していますが、それはむしろ朱子学的思惟様式の解体という日本近世で起こった思想ドラマに関連させて論じたほうが問題をより明確に把握することができるように思われますので、次講で扱うことにします。

第4講

近世初期朱子学と解体のはじまり

惺窩・羅山の朱子学

前講で論じた朱子学の概要と思惟様式についての記述は、丸山自身が述べているように、先学の研究によりつつ丸山がまとめた朱子学そのものの論理の概要とそこから抽出した思惟様式上の特性に関するものでした。そこで、日本において朱子学的思惟様式の解体を論じるためには、日本の近世初期に朱子学がどのように受容され、どのように論じられていたのかが、当然問題になります。

この点について、丸山は、簡単に藤原惺窩や林羅山の思想について検討し、山崎闇斎については紹介程度に触れるにとどめています。もちろん、本論文のテーマは朱子学的思惟様式の分解過程および徂徠学の登場とその国学への影響の分析にありますから、その必要なかぎりでの言及にとどめるのは当然ではあります。まして、近世儒学史とか学統・学派の研究を目的としているものでもありませんから、儒学史上の著名な人物が出てこないことも問題にする必要はないともいえます。

しかし、丸山のまとめ方には、粗略に過ぎるところもあり、問題の多様性を切り捨て過ぎている——これは意識的にそうしているかもしれませんが——ところもありますので、若干補足を加えつつ、解説してみたいと思います。

まず、藤原惺窩についてですが、惺窩は第2講で触れたように、近世儒学あるいは朱子学の祖とされている儒学者です。惺窩の思想は、丸山が引用し、分析しているかぎりでは朱子学的思惟様式の典型を示しているとしてもまちがいとはいえないと思いますが、惺窩が純粋の朱子学者かというとそうともいえません。惺窩は、その著『大学要略』において大筋では朱子の学説にしたがいながら、明代の林兆恩——陽明学の強い影響を受けている儒学者といわれています——を引用しながら、朱子とはちがった解釈を述べています。たとえば、「格物」について、格は「去る」、物は「塵」を意味するとしています。ようするに、心の塵を払ってきれいにすることで、天地万物の理を一つ一つ客観的に明らかにするという「格物窮理」とはまったくちがう解釈をしています。心の持ち様の問題にしてしまっているところに禅宗的発想を残しているといえるかもしれません。

惺窩は、前に述べたように、たしかに儒者としては社会的自立を果たしました。しかし、思想的には禅宗の影響を完全に脱したとはいいきれず、陽明学的要素もみられ、朱子学の祖とはいえないのではないか、というのが現在の定説となっているようです。

それに対して、林羅山は、惺窩の弟子ですが、師よりもはるかに朱子学に徹底しています。禅宗を含む仏教に対しても、それが人倫を排するものとしてきびしく批判し、排仏論が羅山の思想的原点になっているといわれるほどです。しかし、羅山も、初期には明らかに陽明学の影響を受け理気一元論の立場に立っていたと思われ、理気二元論が明確に主張されるようになるのは晩年に近づいてからで、丸山が引用している『三徳抄』も晩年の著作です。さらに、羅山は、引用書目をみると、中国元明代や李氏朝鮮の儒者の著作や編纂物によっているところがあり、この点後述するように山崎闇斎らの批判を受けることになります。また、羅山は、これもさきに述べたように、権力に対して妥協的なところがあり、激しい排仏論を唱えながら、家康の命令とはいいながら、剃髪し、道春と僧侶風の名を名乗ったりしています。

これについては、『羅山文集』におもしろい文章があります。「今の世に生れ古の道に反《かえ》らんとすれば、烖《わざわい》、必ずその身に及ぶの論」というものです。これは、『論語』に出てくる孔子の言葉ですが、これについて羅山は、「古今の聖王迭《たがい》に興《おこ》るや、因《よ》るところあり、損益するところあり、因るところは、万世の大経《たいけい》なり。綱常《こうじょう》これのみ。損益するところは、古今の通義なり。礼楽《れいがく》これのみ」と解説しています。つまり、礼楽すなわち制度は王朝ごとに変わるが、その王朝の代にはその王朝の制度にしたがうのだ、ということです。家康の命令にしたがったことの言い訳ではないでしょうが、羅山の歴史認識の問題を考えるうえで興味を引かれるところです。

それはともかく、もう一つ羅山については注目すべき問題があります。それは羅山が神社史や神道の研究家であり、自身「理当心地神道」という一派を立てた神道家であったということです。ここで、この問題に深入りするつもりはありません。本論文で丸山が設定したテーマとは直接かかわらないからですが、ただ、一言も触れていないのはなぜかということについて少し考えてみたいと思います。というのは、つぎに取り上げる山崎闇斎も「垂加《すいか》神道」という神道を唱え、山鹿素行《やまがそこう》（一六二二～八五）も『中朝事実』という神道を論じた著作を残しているにもかかわらず、これもほとんど論じられていないのです。これは、すこしばかり不自然な気がするからです。

丸山が、本論文を執筆していた当時は、いうまでもなく神道思想や尊皇論が圧倒的に支配していた状況でした。近世の儒学者や国学者も、その神国思想、尊皇論のゆえに呼び出され、顕彰されるのが普通でした。私の手元に昭和六（一九三一）年印刷発行の『中朝事実』がありますが、扉に「山鹿素行先生遺著　東郷平八郎閣下題字　乃木希典閣下訓点　島津巌先生訳著」とあり、翌昭和七年には二四版に達する立派な本です。まさに時代の雰囲気を表わしている。丸山がもっとも力を入れて論じている荻生徂徠などは、逆に「中国崇拝」のために非難される。そういう時代でした。丸山にしてみれば、神道論や尊皇論を論じるにしても、批判的観点など出しようもなかったのです。ですから、批判的に論じることができないなら触れないほうがよいと判断したのかもしれません。むしろ、評判の悪い徂徠を中心に据えたところに丸山の抵抗精神をみるべきだといったほうがよいかと思います。

近世初期の話に戻します。羅山は、その著書を読むかぎり、「朱子哲学の平易な解説」「『大学』の通俗解説を出ない」という丸山の批評のとおりでしょう。自立したばかりの儒学を確固たるものにするためには、権力に多少迎合することも、平易に解説することも必要だったかもしれません。しかし、のちの世代からすれば、そこに飽き足らなさを感じるのも仕方のないことです。その代表が山崎闇斎です。

闇斎派の朱子学

闇斎は、儒学の系譜からいうと海南学派から出ています。海南学派とは、南村梅軒(生没年不詳)からはじまる朱子学の一派で、土佐を中心に展開したことからそう呼ばれています。闇斎は、京都で生まれ育ち、一二歳で比叡山に入り僧侶としての修行をすることになりましたが、のちに土佐の執政・野中兼山に見出され、土佐に移り、兼山の師で海南学派の学統を継いだ谷時中《たにじちゅう》(一五九八～一六四九)について朱子学を学んだとされています。その後、京都に出て還俗し、儒者として自立し、貧窮に耐えつつ朱子学の研鑽に励んでいます。その結果、闇斎がたどりついたのは、当時の日本の朱子学が、明(一三六八～一六四四)代の「雑書」「末書」によるところが多く、字義解釈の枝葉末節に堕したり、通俗化されたりしているのをきびしく批判し、朱子そのものの原典に帰ることを主張するようになりました。

これは、儒学における原典回帰主義のはじまりです。闇斎は、徹底して原典にこだわり、朱子に対しては信仰に近い態度で、その著作も朱子の著述の厳密な校訂と編纂に終始し、まさに「述べて作らず」でした。闇斎自身の解釈は、弟子たちによる講義の口述筆記によるしかないような状態です。その闇斎の朱子学は、闇斎自身が「夫《そ》れ聖人の教は小大の序有《あり》て一以て之を貫く者は敬なり」(「蒙養啓発集序」)というように「存心持敬」という主観的修養に強く傾斜し、きわめて厳格な禁欲をみずからにも弟子たちにも課すところに際立った特色があります。

こうした闇斎の厳格さは、丸山も書いているとおり、崎門の三傑の一人である高弟の佐藤直方(一六五〇～一七一九)ですら、先生の家を出ると「虎口を脱する」思いがするといっているくらいですが、『先哲叢談《せんてつそうだん》』(江戸初期から中期までの儒学者の伝記集)にもこんな話が載っています。弟子が自分はまだ修養が足りないから「情欲の感時に動きて自ら制する能《あた》はず、瞑目して一たび先生を想へば、欲念頓《とみ》に消し、寒からずして慄すと」いい合っていたそうです。先生がいなくても、想像するだけで寒くないのにふるえがくるというのですから、その厳格ぶりがわかります。まさに、朱子学の特性として丸山が指摘した厳格主義そのものです。

これほどきびしい教えであったにもかかわらず、闇斎の門には多くの弟子が集まり、近世儒学の最大の学派を形成しただけではなく、明治になってもその学統は絶えることがありませんでした。しかし、その厳格さは、教義の解釈にも貫かれ、少しの違いでも大論争になり、果ては互いに絶交に至ることも少なからずあったため、「崎門の絶交」といわれるほどでした。

さらに、闇斎にはこんな話もあります。あるとき、闇斎は弟子たちに向かって「もし中国が、孔子を大将とし、孟子を副将として数万騎を率いて攻めてきたらどうするか」と質問した。孔孟の道を学んでいるわけですから弟子たちが答えに窮していると、闇斎は「不幸にして此《この》厄に遭はば、吾党身に堅を被り、手に鋭を執り、之と《と》一戦して孔孟を擒《とりこ》にし、以て国恩に報ず、此れ孔孟の道なり」と答えたといいます。闇斎は、神道家でもありますから、こういう日本主義を唱えても不思議ではありませんが、こういう日本主義は同じ学派のなかで激しい論争・対立を生みました。

余計なことですが、こういうところをみると、かつての左翼諸党派の激しい対立や現在の日本主義的ともいえる言論の横行ともつながっているように思われて、考えさせられますし、闇斎および闇斎学派の問題は思想史的に研究するに値する点が少なくないと思います。

それにしても、闇斎の極端な面ばかりあげてきましたが、闇斎には朱子学者として高く評価される面もあったことも事実です。先の『先哲叢談』に、最大の朱子学批判者・荻生徂徠の弟子であった服部南郭《なんかく》（一六八三〜一七五九）が、「宋儒究理の説、豈《あ》に其宗旨を極め易からんや、今人四書集註《ししょしっちゅう》猶且《か》つ之を精《くわし》くする能《あた》はず、亢顔《こうがん》朱学と称す、一笑を発すべし、此邦朱子の意を得たる者其れ唯《ただ》山崎闇斎なるか」と語っているとあります。また、闇斎は、秀忠の子として四代将軍徳川家綱の時代に幕政の中心を担った会津藩主・保科正之《ほしなまさゆき》の篤い敬信を受け、その侍講として側近に仕えています。その影響力も無視できなかったと思います。

したがって、山鹿素行、伊藤仁斎（一六二七〜一七〇五）、荻生徂徠も、闇斎および闇斎学派の朱子学を念頭に置き、そこに批判の焦点を当てていることは明らかです。それにしては、本論文での丸山の扱い方は粗略に過ぎるという印象です。

闇斎の朱子学があまりにも朱子に忠実で、朱子の祖述に終わっているので、朱子学の概要とその思惟様式の検出を終わっている段階でそれ以上論じる必要がないと判断したのかもしれません。また、丸山は、闇斎を研究する意欲が湧かなかったのかもしれません。実際、「僕は、闇斎の厳格主義がきらいでね。肌が合わないんだ」といっていたのを聞いたようなおぼえがあります。映画・演劇・音楽・小説大好きの二〇代の丸山にとって、闇斎のリゴリズムは受け入れがたかったにちがいありません。研究者と研究対象の思想家との関係は、研究者の好悪に影響されることもあります。丸山は、闇斎とは反対に、徂徠と福沢諭吉には相性がよいようです。ただし、丸山の名誉のためにいっておくと、闇斎および闇斎学派については、日本思想大系の『山崎闇斎学派』（一九八〇年、岩波書店）の解説で「闇斎学と闇斎学派」（『丸山眞男集　第一一巻』に収録）と題した興味深い論文を書いています。本論文とは異なる切り口で書かれており、丸山思想史学に関心のある人には、是非一読をおすすめします。

「朱子学全盛の時代」と解体のはじまり

さて、丸山は、近世初期の朱子学者の思想を概説したのち、幕藩体制確立の動きと朱子学の興隆、そしてそれへの批判のはじまりの過程を概観しています。それによると、徳川家康が征夷大将軍に任ぜられ、江戸に幕府を開いてから、三代将軍家光が武家諸法度を改正し、参勤交代制を確立して幕藩制の基礎を固めたのが寛永一二（一六三五）年。この三〇年間に藤原惺窩から林羅山へ儒学界の主役が交代し、幕府内の地位も高まった。その象徴が、寛永一二年、大名列座の場で、新しいそして自分が起草した武家諸法度を羅山が読み上げたことであった。そして、寛永二〇（一六四三）年ころから山崎闇斎が頭角を現わしはじめ、寛文五（一六六五）年吉川惟足《これたり》（一六一六～九五）から神道伝授を受けるまで朱子学者として、幕政最大の実力者保科正之と結んで絶大な影響力をふるった。こうした流れを、丸山は、「そこでわれわれは朱子学が、より適切には朱子学的思惟方法が、最も普遍性を誇った時代を十七世紀初頭より半ば過ぎ迄と規定することが出来る」（p.39）と総括しています。

しかし、この総括には大分問題があります。

第一に朱子学と幕藩体制との関係の問題です。「それは幕府権力の確立による戦国動乱状態の固定化の過程と恰《あたか》も併行していた」（同）としているところには異論はありませんが、問題はその程度です。林家が「官学」としての体制を整えるのは元禄期でさらにあとになりますし、闇斎や少しあとになりますが新井白石（一六五七～一七二五）が、幕政の実力者や将軍に近侍し、政治的にも影響を及ぼしたとしても、それは実力者や将軍との個人的関係の要素のほうが強く、けっして制度化されたものではありませんでした。

第二に、朱子学が「最も普遍性を誇った時代」を朱子学の全盛期という意味で使っているとしたら、それも問題です。幕府はともかく、諸大名や「官＝公儀」に対する意味での「民」の世界に朱子学が浸透していくのは、大名が藩校を設立したり、寺子屋・学塾が普及する一八世紀以後のことです。社会的規模でその問題を考えるとすれば、明らかな誤りといわざるをえません。また、朱子学だけでなく古学派も含めた儒学全体の社会的規模での全盛期は、むしろ論争が活発に行なわれた享保(一七一六〜一七三六)期以後の一八世紀なかごろではなかったかと思います。

第三に、古学派による朱子学批判が開始され、その批判によって朱子学が主導性を完全に失ったかのような印象を与えていますが、それも問題です。思想的に停滞し古学派的思考を導入し、あるいは影響され、折衷的色合いを強めたということであれば、そうともいえますが、思想として消えたかのように表現するのはどうかと思います。どれほど純粋の朱子学者といえるかどうかは問題があるとしても、幕末に至るまで朱子学を基盤とした学者・思想家が少なくなかったことも事実です。

これは、第二の問題とも関連しますが、私が行なっていた地方の旧家での蔵書調査の経験からしますと、百姓身分の家でも意外に儒学関係の書籍を持っているということが一つ。それから、その内容は、朱子学系のもの、たとえば山崎嘉(闇斎のこと)点朱子集註のようなものが多く、古学派系のものはほとんど見当たらないことが二つめです。闇斎学派の稲葉黙斎(一七三二〜九九)が中心となった上総道学地帯などは特別でしょうが、なぜ「民」の世界に朱子学が普及したのかは興味のある問題です。こうした書籍が、「民」の世界に普及していったのも時代的には一八世紀なかごろ以後のことです。

それから、これは小さいことですが山崎闇斎は、神道伝授後、神道家に転向し、朱子学者たることをやめたかのように書かれていますが、これもまちがいです。朱子学者としての純粋さは失ったかもしれませんが、闇斎自身は神儒一致の神道と考えており、その儒学は依然として朱子学でした。

このように、朱子学が全盛を誇った時期を一七世紀後半とするには問題が多いことは否定できないと思いますが、朱子学的思惟様式と徳川幕藩制とが適合的関係になったということに限定するならば、一応議論の出発点として認めても、それほど大きな誤りとはいえないのではないでしょうか。

さらに補足すべき論点

ここで、少し本筋からはずれますが、林羅山や山崎闇斎系統以外の朱子学と陽明学について触れておきましょう。近世前期に限っていえば、朱子学者では、教科書に出てくるような人物として、新井白石や室鳩巣あるいは雨森芳洲《あめのもりほうしゅう》（一六六八～一七五五）などを思い浮かべる人もいるかもしれません。この三人は、山崎闇斎、山鹿素行とほぼ同世代で藤原惺窩の学統を継ぐ朱子学者木下順庵（一六二一～九八）の弟子です。木下順庵の学統は木門派とよばれ、闇斎の崎門派とは異なり、詩文や地理学・歴史学などに優れた人材を生み、学風も寛容で、厳格主義的なところはあまりありません。なかでもこの三人は傑出しており、年齢的には、白石は荻生徂徠より九歳、鳩巣は八歳年長、芳洲は徂徠の一歳下で、徂徠と同時代に活躍しています。白石は、六代将軍家宣《いえのぶ》に仕え、側用人間部詮房《まなべあきふさ》とともに「正徳の治」を行なったことで知られています。鳩巣は、加賀藩や幕府に仕え、徂徠と並んで八代将軍吉宗の信頼が厚かった学者です。芳洲は、対馬藩にあって、対朝鮮外交に力を尽くしました。

それぞれ政治的にも思想的にも創造的な仕事をし、ある意味で近代的発想すら見出せる学者・思想家でした。しかし、丸山は、「むすび」のなかで「まず個人として如何に優れ、如何に豊かな近代性を身につけていても、全体の思想系列の上からは多分に孤立的である様な学者はそこで除かれている。新井白石や三浦梅園のごとき是である」(p.184)と、白石の名をあげて、論述の対象としない理由を述べています。この理由は、若干、強引なような気がします。第二章「近世日本政治思想における『自然』と『作為』」では、近世における孤立した思想家の代表ともいうべき安藤昌益《しょうえき》(一七〇三~六二)を大きく取り上げているからです。

しかし、朱子学的思惟様式の分解とその過程における近代的思想形成の可能性を論じる本論文のテーマからすれば、朱子学的思惟様式を典型的に示す思想家に対象を限定する必要があったと思われます。そうしなければ、問題点、論点が広がり過ぎて論理の筋が明瞭さを欠くことになってしまったでしょう。丸山が除外した学者・思想家を扱うとすれば、丸山が設定した枠組みあるいは論理の筋とは別のそれを設定しなければならないと思います。それについては、本論文のまとめを行なうときに、あらためて触れたいと思います。

つぎに、陽明学についても簡単に触れておきます。陽明学や陽明学者を論述の対象から除外したことについては、丸山は、注などで比較的はっきりと書いています(三二一~三二二ページの注8参照)。要約すると、①陽明学は、程明道を継いだ陸象山《りくしょうざん》(一一三九~九二)の学説が、明の王陽明(一四七二~一五二九)によって大成されたもので、朱子学と淵源が同じである、②したがって、天理人欲、性、存養静座など同じ概念を用いる、③「心即理」を主張し、「良知」の涵養を主とする「知行合一《ちぎょうごういつ》」を説く、④朱子学の「理」に内包する物理性をすべて道理性に解消している、⑤社会的であるよりも個人的、⑥基本的思惟方法において朱子学に依存するところが多い、ということになります。また、日本の陽明学派は、独立した学派としての発展はあまりみられず、朱子学との折衷あるいはそれへの依存性が強い学者が少なくないという特徴も指摘しています。こうした丸山の指摘は、おおむね妥当と思われるので、論文の展開上、陽明学を除外したことは首肯できると思います。

ただ、日本では、朱子学よりも陽明学のほうが一般に人気があるように思われる点は気になります。戦前には、中江藤樹（一六〇八～四八）や熊沢蕃山《ばんざん》（一六一九～九一）などの陽明学派とされる思想家が修身や国史の教科書に登場していたことや、戦後は大塩平八郎（一七九三～一八三七）が民衆側に立って幕府に抵抗したことが歴史教科書で取り上げられていることなどが影響しているかもしれません。思想的には、丸山もよく引用している井上哲次郎（一八五五～一九四四）が、その著『日本陽明学派の哲学』の「序」で、「其特色を簡単に言へば、純潔玉の如き動機を抱き、壮烈乾坤《けんこん》を貫く底の精神を有することである。それで此学派には博学多識の学者を覓《もと》むれば割合に少いけれども、高潔俊邁の君子人と実際家とは比較的多いのである」と評価している点が問題になると思います。動機の純粋さや精神主義、行動主義など「日本人好み」の評価が、陽明学の影響を実態以上に高く評価させているのではないでしょうか。この問題は、もちろん本論文のテーマからはずれることになりますが……。

じつをいうと、以上のような問題点については、丸山は後年明確に自己批判しています。『日本政治思想史研究』英語版への序文（『丸山眞男集　第一二巻』九八～一〇〇ページ参照）にあります。そこで丸山は、「「社会的イデオロギーとしての朱子学の普及と、『古学派』の朱子学への挑戦とは、ほとんど同時的に進行した」「徳川社会の視座構造をなした儒教の根本的な諸範疇についていうならば、それらは逆に幕末の最後の瞬間まで、その流通を強靭に保持した」ことを認め、本論文の「進化論的図式が、どこまで歴史的実証に堪えるか、について少なからず疑問の余地がある」としています。また、「本書の致命的な欠陥として目に映るのは、日本の朱子学の、まさに日本的な特性をほとんど考慮に入れず、とくに江戸時代前期の朱子学を『最も純粋な、（中国からの）直輸入的な朱子学』としている点である」とも書いています。

ですから、ここで指摘した問題点については、いわずもがなのところがあります。しかし、本論文を読むという本稿の課題からすれば、直接に関連する部分で指摘しておくほうが理解しやすいといわざるをえないわけです。しかし、のちに総括として述べますが、このことが、本論文の思想史研究としての価値を決定的に低めるものではないことも付言しておきます。

第5講

素行・仁斎・益軒の朱子学批判

素行――規範と人性の断絶から「政治の発見」へ

1 朱子学からの転向

山鹿素行が、朱子学批判を鮮明にした『聖教要録』を板行したのは、素行四五歳、寛文六（一六六六）年のことと推定されています。素行は、そのころまでには『武教小学』『武教全書』などを著し、兵学者として名をなし、諸大名から競って招聘されるほどでした。しかし、『聖教要録』が幕府の忌諱《きき》に触れ、播州赤穂に配流《はいる》されることになりました。この処罰は、当時、幕閣の中心にいた保科正之がからんだ思想弾圧事件といわれています。兵学者としての素行の影響力が警戒されたという説もありますが、保科正之は山崎闇斎を敬仰《けいぎょう》する朱子学信奉者でしたから、朱子学批判という素行の思想が問題視されたことはまちがいないところでしょう。

素行が配流された播州赤穂は、忠臣蔵で有名な浅野家の領地で、浅野家にはかつて一〇〇〇石をもって招かれ九年間仕えたこともありました。配流とはいっても、待遇は悪くなかったようです。家臣とも交流があり、素行の兵学も浅野家中に伝えられたといいます。余計なことですが、大石内蔵助が討ち入りのとき、合図に使った太鼓が、山鹿流陣太鼓と称されているのは、そのことによります。

とはいえ、結局、一〇年間も許されなかったので、素行もそれなりの覚悟をしていたのでしょう、『配所残筆』という、それまでの生涯を振り返った「遺書」を残しています。この『配所残筆』に自分の学問上の経歴と朱子学批判に至る動機も書かれています。丸山は、いきなり結論の部分を引用(p.44)して論を進めていますが、簡単に素行の学問について紹介しておきましょう。

素行は、浪人の家に生まれたが、六歳から学問をはじめ、八歳までに四書五経などを読み覚え、九歳のとき、林羅山に弟子入りし、一五歳で『大学』の講義をするまでになった。また、同じ年に兵学の本格的修行を開始し、二一歳で印可(免許状)を得た。そのほか、一七歳で神道の伝授を受け、二〇歳までに日本の歌学・文学の主要なものを読み尽くした。そうしたなかでも、「程子・朱子之学筋」を中心として壮年まで学問につとめてきたが、老子・荘子・禅にも興味をもったこともあった。しかし、「今日日用事物之上においては、合天《がてん》参」らず、「天下国家四民事功之上にわたりては、大成《なる》事は申すに及ばす、細事にても世上之無学成者程にも合天」できなかった。儒者・仏者その他大徳ある人にもいろいろ尋ねたが、納得いかない。数年そういう不審に悩んでいたが、寛文の初めになって、

「漢・唐・宋・明之学者之書」を読んできたから納得できなかったのではないか、直接、周公・孔子の書を読んで、それを手本にして学問の筋を正さなければいけないと考えるようになった。こんなふうに、素行は自分の学問の経歴について述べています。

すべてを額面どおりに受け取ることはできないにしても、素行の目指す学問の方向ははっきり示されています。強調されているのは、「今日」つまり現在の「日用事物之上」のこと、「天下国家四民事功」にかかわることであり、周公・孔子の原典に帰ることです。この原典・古典に帰ることを主張したことから、古学派と呼ばれるわけですが、素行はその原典を読むための方法についてはあまり語っていません。その点、仁斎や徂徠のように明確な方法的自覚までは達していなかったようです。

丸山は、素行の朱子学からの転換を指摘したあと、ただちに理論的問題に入っていますが、もう少し素行の学問イメージについて検討しておきましょう。

素行は『配所残筆』でこんなこともいっています。「我等今日、武士之門に出生せり」と武士の生まれであることを強調し、その武門には大小さまざまなすべきことがあるとして、つぎのように述べています。ちょっと長いですがわかりやすい文章ですので、そのまま引用します。

「小事にて云《いう》ときは衣類・食物・屋作・用具之《の》用法迄《まで》、武士之作法ある事也。殊更《ことさら》武芸之稽古、武具馬具之制法用法あり。大にては天下之治平礼楽之品、国郡之制、山林・海河・田畠・寺社・四民・公事訴訟之仕置、政道・兵法・軍法・陣法・営法・城築・戦法有之《これあり》、是皆武将武士日用之業《わざ》也」と具体的な課題をあげ、これらの課題について「功」がなければ「聖学之筋」ではない。また、その課題一つ一つについて「工夫思案」しなければならないし、「旧記故実」も勘考する必要がある。だから「工夫黙識静座等いたす事、其暇《いとま》不可有之也《あるべからざるなり》」、居敬静座などしている暇はない、というわけです。

さらに、聖学について、「無究品々のわざを一々習知つくすと云にはあらず」、つまり無限にある多様な課題について、その一つ一つを習い、知りつくすということではない、「聖学之定規いかたを能《よく》知《しり》、規矩準縄《きくじゅんじょう》に入るときは、見事能《みごとよく》通じ、聞事明らかに成りて、いか様之わざ来れりと云共《とも》、其品々勘様《かんがえよう》明白にしるゝが故に、事物に逢候て屈する事無之候」、意訳すれば、聖学は紙を切るときの定規や鉄砲玉を作るときの鋳型のようなもので、それが正しく身に着けば、見ることも聞くことも明白に理解でき、どんな新しいことに出会ってもそれについての考え方の基本がしっかりしているので、迷うことがない、そういうものだといっています。要するに聖学とは、日用の事物の性質を明確に把握し、そこにある問題を解決しようとするとき、分析の視点や考え方の基本をなすもので、それが周公・孔子の書に示されている、ということです。だから、「天下の人一技の術以てその妙を得る者あり。その技芸熟し得てその理窮め得るなり。技術は物なり、熟し得るは格なり。その理窮め得るは知の至りなり」(『山鹿語類』巻第三三)というい方もされます。こういう素行の学問のイメージを、まず、念頭に置いてください。

2 「格物」主義と自然と規範の分離

素行が、学問でもっとも重視するのは、「格物致知」ということですが、格物は「ものにいたる」

と読み、致知は「ちにいたる」あるいは「ちきわまる」と読みます。さきに引用した文章でいい換えれば、物に習熟することが格物であり、その理を窮めることが致知ということになります。その場合、物とは何か、理とは何かが問題になります。物とは、素行によれば、天地万物森羅万象あらゆる物質的な物、現象、関係、行動などのすべてが含まれます。そして理は、その物ごとに備わっている本末始終のことです。これを「条理ある、之《これ》を理と謂ふ。事物の間必ず条理あり」(『聖教要録』)ともいっていますが、同じことです。さらに、格物致知の実践においては、「聖学之筋」によらなければ十のうち三ほどもわからないが、「聖学の筋」によれば十のうち五か七はわかるとされますから、十全の知を得るためにはつねに学問・習熟の努力が求められるわけです。

このような素行の学問の方法を丸山は「格物」主義とよんでいます。それは、朱子学でいう「格物窮理」とはまったく異なりますし、ましてや「居敬静座」などはもってのほかということになります。朱子学の理は、前に述べたように、天理であり、宇宙万物の根元であり、絶対的な善であり、万物に分殊・内在する形而上の概念でした。したがって、その認識に至るには内省と観察が主な方法になったわけです。しかし、素行によって理の形而上的性格ははぎとられ、しかも「動静」すなわち運動・変化する「物」に習熟する「格物」が出発点とされますから、観察・内省という静的＝観照的方法は完全に排除されることになります。とくに、朱子学で重んじられる「居敬」について、迫塞・狭浅とか迫狭・偏塞という言葉が投げつけられるわけです。

以上のような学問論は、当然人性論とも関連しています。人間は、天地万物と同様、陰陽二気からなっているが、陰陽二気は「互《たがい》に消長・往来・屈伸して、生々息《やむ》ことなし」（『聖教要録』）ですから、人間も動くことを本質とします。また、天理（本然の性）の内在も否定されていますから、変ないい方ですが、気質の性しか残らないことになります。その気質の性は、人間の情欲のもとですし、動くものです。朱子学がいうように、その気質の性が悪の原因だとすると、人間は、悪を本質とし、そこから逃れられないことになってしまいます。

素行は、「理気交感してその妙用ある、これを性と謂ふ。性は生々息むことなく、感通知識底のみ、善悪を以て言ふべからず」（『山鹿語類』巻第四一）と、性は、感知し、認識する能力のことであって、それ自体には善悪はないと主張します。しかし、その能力は人間に備わっているので、その性を教育・学問によって尽くせば善の認識に至ることができる。その結果、「発して善く節に中《あた》る」（同前）、孟子はそれを強いて性善と名づけたと、孟子の性善説を解釈しています。

それはともかく、性に善悪はないとすると人間はどうなるのか。人間は「この気稟形体あれば則《すなわ》ち情欲あり。四支の動静に於ける、耳目の視聴に於ける、喜怒哀楽の内に感じ、飲食男女の外に索《もと》むる、皆情欲の自然にして、人物悉《ことごと》く然《しか》り」（『山鹿語類』巻第三三）と、人間にとって情欲は自然なものとして肯定される。ただ、人間の情欲は、人間が知識を多くもつために過剰になってしまうことがある。「人の情欲は必ず過溢《かいっ》して足ることを知ら」（同）ないから、聖人が「教えを立ててこれを制節す」（同）ることになった。その聖人の教えは、礼と義の二つである。これが、人性論の核心です。

この人性論は、朱子学の自然主義的オプティミズムとは決定的に異なります。倫理や善は人間の内部に本然の性としてあるのではなく、人間の外部に情欲の過不及を制する規準として聖人によって立てられたものだとされます。したがって、「一毫《いちごう》自便の心なく為にすることなくして為《な》す」、つまり自分の利益を図る意思を放棄せよということは、仏教のような「異端の清浄平等」（同）と変わらないではないかと批判されます。禁欲によって情欲を制しようとするような朱子学のリゴリズムは、完全に否定されているだけではなく、「聖人の教はただ礼楽のみにあり」（『聖教要録』）という徂徠に通じる命題すら提出されるに至っているわけです。

3　素行による「政治の発見」

こうして自然性と規範性との断絶、規範と人性の連続性の分解を論じてきた丸山は、つぎに素行の政治観の問題に論を進めています。その際、丸山は、「規範と人性との連続が分解を開始したからには個人修養と政治との楔《くさび》が緩むに何の不思議があろうか」（p.48）と書いています。「何の不思議があろうか」といわれても、丸山ならぬ私には、もう少し説明がほしい気がします。

規範と人性が連続している、いい換えれば、すべての人間に規範すなわち本然の性という善なるものが内在しているとすれば、道徳的に完成された人格、これが聖人ですが、その徳の感化力が、周囲の人間の善なる本性に働きかけ、家から国家へと同心円的に拡大し、ついに天下の治平が実現する。だから、聖人たるべく道徳的完成を目指す個人の修養が、平天下を目標とする政治の要諦となる。これが、規範と人性とが連続しているとする場合の政治論です。しかし、規範と人性が連続していない、つまり規範（本然の性）が人間に内在していないとすれば、この政治論は成立しません。個人の修養が政治の要諦とはいえなくなるわけです。

それからもう一つ、ここで「政治の発見」という言葉が、カッコ付きで出てきます。「政治の発見」は、本論文の最大のテーマですから、これにも説明が不可欠です。もっともこれは、徂徠を論じるところで十分出てきますので、くわしくはそこに譲りますが、ここであらかじめ簡単に説明しておきます。中世封建制の時代には、現在のさまざまな学問は、神学体系のなかに埋め込まれていました。自然科学も社会科学も人文学もそうです。すべてが朱子学でいえば道学的合理主義のもとに置かれていたのです。世界は一つの統合体として観念され、自然も、倫理も、政治も、経済も、文学も独自の論理・法則・意味・価値をもつ独立した領域としては認識されていなかったのです。それが分解して、独立した領域として認識され、それ独自の論理・価値を主張しはじめる、それを「発見」といっているわけですが、それが近代のはじめとなります。その意味で「政治の発見」も近代への転換の一翼を担っているわけです。本論文は、そのような視点が近世の儒教史のなかで、どのように切り開かれてきたのかを分析しています。素行は、十分とはいえないけれども、その端緒を開いたと位置づけられています。ついでにいっておくと、独立した領域の成立、拡大はそれに対応し分化した思想領域あるいは専門研究の成立を促しますが、それが進行すると今度はそれら相互の関係が問題になります。前にも出てきたヘーゲルの「分裂せる意識」（p.28）の問題です。これは、たとえば、遺伝子研究の推進と生命倫理の関係などの問題です。その問題の深刻さは、まさに現代の問題ですが、それは本論文とは関係ありませんので、読解をつづけることにしましょう。

丸山は、『謫居童問《たくきょどうもん》』から引用しつつ、素行における「政治の発見」について述べていきます。繁を避けるために引用されているもとの文は省略して意訳を加えながら論旨を追っていきます。

まず、丸山は、素行が『大学』の修身斉家治国平天下を重視し、「修身」を「平天下」の出発点に置いている点を、素行の「政治の発見」の限界となっていることを指摘します。しかし、つづけて、それがあくまで出発点に過ぎないこと、「修身すれば天下がたちまち治まるというのは、宋代、明代の儒学者の意見であって修身だけでは天下のことを論じるには不十分だ」という素行の見解を紹介し、そこに「政治的契機の独自化への曙光」がみられると評価します。「良い性質の者がどれくらい多くても、一家のなかに不和が生じたり、危急の場合対応に迷ったりすることがある。まして天下という規模になればなおさらそうだ」とか、「宋代には心学・道学が盛んだったけれども、北方の異民族に追われ、南遷せざるをえない体《てい》たらくだったではないか」という素行の言葉をその例証としてあげています。これについて補足すれば、素行が、聖人の格物致知について「竟《つい》に大学の教《おしえ》を以て、己を修め、人を治むるの要を尽し、身・家・国・天下の事物を窮めて、以て知の至りに止まる」（『山鹿語類』巻第三三）としている点にも注目すべきでしょう。なぜなら、素行は、事物には事物それぞれの理があるとしているわけですから、個人と家・国・天下がそれぞれ別個の理をもつとするのは当然と考えられるからです。ただ、それぞれの理の内容ははっきりしませんし、連続性を完全に否定しているわけでもなさそうなので「曙光」という表現が当をえているとは思います。

さらに丸山は、徳治について、素行の「徳治とは、礼楽刑政（制度）がととのってからのことで、それが明らかでなければどうにもならない」、さらに律令格式が「古代の聖王の時代に標準にされていた。まして末の時代の今日ではなおさらだ」という見解を引き、客観的制度がいかに重視されているかを強調しています。これについては、『配所残筆』に、「我等存《ぞんじ》候は、徳を以て人物を感じせしめ、物いはずして天下 自《おのずから》 正《ただし》、垂衣裳而《いしょうをたれて》四海平に、修文徳而《ぶんとくをおさめて》敵《てき》 自《おのずから》 感服《かんぷく》せしめしは、黄帝堯舜之時代之儀、末代之まなびがたき所也。是をかた斗《ばかり》似せ候ても其しるし無之《これなき》儀《ぎ》也」とあります。素行の客観的制度への注目と同時に、時代の変化についての認識についても注意しておく必要がありそうです。

以上のように、個人道徳と政治が分離されている根拠として、丸山は、素行が、政治的統一は、すでに与えられた有機的統一ではなく、異なるものの対立を通じて作られるべき統合であることを認識していたと主張しています。「個人について、一つの心が全体を統合しているように、君主が天下という全体を統合できるわけではない。一人の人間の体は頭・胴体・手・足に分れていてもそれは一人の人間の一部として最初から一体なのであって、天下は、異なるものを合わせて一つにしたものなのだ」という素行の認識をみごとにとらえているといっていいでしょう。

最後に、丸山は、「政治の固有法則性へのある程度までの洞察は当然、政治における非合理的なモメントの認識へと導く」（p.49）といって、「勢」とか「時勢」への着目の問題を取り上げています。そして、その例として、「煙草の流行や飲酒の習慣について、それを無理に禁止しようとしても止められない、とか遊宴や風流を禁圧し、道徳的に正しい生活を強制して風俗を改めようとするのは、通俗的儒者の末の世の小利口な言い草で、人情がわかっていない」という素行の見解をあげ、素行の朱子学批判が、一貫してその道学的合理主義に向けられていたと結論づけています。

それはそうですが、ここでも「当然」という言葉にひっかかります。政治に固有の法則性があれば、法則ですから合理的に理解できるはずです。そうだとすれば、非合理的モメントの認識と当然には結びつかないことになります。「政治の固有法則性」ではなく、朱子学の道学的合理主義の拘束を排した「政治の固有の領域」とでもしてくれていればわかりやすかったと思います。「勢」や「時勢」への着目も、煙草や飲酒のレベルではなく、歴史認識の問題として取り上げるべき問題でしょう。これは、後年丸山が鋭く提起した問題でもありますし、本論文の範囲を超えることになりますから、指摘だけにとどめます。なんだか大学の論文審査のようなってしまいましたので、素行については以上とします。

仁斎――規範主義の純化

1　古義学の形成

「規範性を押し進めて儒教の倫理思想としての純化を試み、この立場から原始儒教への復帰を主張した」(p.52) とされるのが伊藤仁斎です。この仁斎の人物について、丸山は「京都の材木商の家に生れ、肥後侯や紀州侯の招聘にも応ぜず一生民間に在って赤貧洗うが如き裡に道を説いてやまざりし醇儒《じゅんじゅ》であった」(同)としか書いていませんので、その学問の経歴についてもう少し補足しておきます。

息子の東涯(一六七〇～一七三六)が編集した『古学先生文集』の末尾に、「予が旧稿を読む」という一文があります。これは、この文集には若いときの文も合わせて載せているので注意して読むようにという配慮から書かれたものです。そこに自分の学問の経歴について「予十六七歳より、深く宋儒の学を好み、近思録、性理大全等の書を尊信し、これを手にしこれを口にし、目熟《めな》れ心惟《おも》い、昼夜《ちゅうや》輟《とど》めず」というところから出発したと書いています。特定の師につくことなく、独学だったようですが、とにかく朱子学に没頭していたことがわかります。それが「その後三十七八歳、始めて覚明鏡《さとるめいきょう》止水《しすい》の旨《むね》、是《ぜ》にあらざることを」と、朱子学への疑問が湧いてきた。そこで「語孟二書を読むに及んで、明白端的、ほとんど旧相識に逢ふがごとし。心中歓喜、言喩すべからず。旧学を顧り視るに、まさに一生を誤らんとするがごとし」というほどの転回をしたと述懐しています。

素行が朱子学に疑問をいだきはじめたのも三〇代なかばでした。そして『聖教要録』を書いて公然朱子学批判を開始し、赤穂配流になったころに、仁斎は主著となる『論語古義』や『孟子古義』の執筆に取り組んでいました。年齢は、素行のほうが五歳上ですが、おもしろい符合です。ちなみに、徂徠は、素行配流の年に生まれています。三〇代なかばというのは、ようやく社会の現実がみえてきて、若いころの観念的学問に不信や飽き足らなさを覚える年齢なのかもしれません。また、寛文(一六六一〜七三）期という近世初期の時代の変わり目が、そのような思想的転向を促したといえるかもしれません。

いずれにしても、仁斎も儒学の原典に帰ることを主張しはじめたわけですが、仁斎の学問は古義学とよばれます。『論語』や『孟子』の古義を明らかにし、その古義によって儒学の諸範疇《はんちゅう》を再構成しようとしたところからそうよばれます。その点、素行よりも厳密な原典解釈の上に理論形成されているといってもよいでしょう。仁斎は、徂徠のように語学・文献学に関する著述を残していませんが、日本思想史大系『伊藤仁斎・伊藤東涯』（岩波書店、一九七一年）に付せられた吉川幸次郎の「仁斎東涯学案」によれば、仁斎は中国の古典を中国語の古典として読むだけの語学力があったそうです。

仁斎は、その著述をあまり公刊していない――もっとも体系的な著作である『語孟字義』が著者に許可なく出版されたのが元禄八（一六九五）年、正規に刊行されたのは仁斎没年の宝永二（一七〇五）年であった――ことや、仁斎が論争や宣伝を好まなかったこともあって、京都堀河に開いた私塾の門弟千人といっても、徂徠ほど大きな社会的影響は与えていません。同じ堀河に九歳年長の山崎闇斎が塾を開いて威勢をふるっていたので、遠慮していたとも考えられますが、はっきりはしません。

2　天道と人道の分離

さきに述べたように、仁斎が儒学を再構成するときの基準としたのは、『論語』と『孟子』でした。とくに『論語』は「宇宙第一の書」とよぶくらい重視しました。その徹底した語義の研究を踏まえて、「大学は孔子の遺書にあらざるの弁」という文を書いています。これは、現代の文献学でも、結論として正しいとされているようですが、そのなかで仁斎は、朱子学が主張する格物致知以下平天下までを連続して説く八条目を徹底的に否定しています。これほど徹底した朱子学批判は、素行といえどもなしえなかったところです。それだけ、仁斎には、文献考証には自信があったのでしょう。

そういう文献考証の成果に立って、仁斎は、儒学の基礎範疇の検討に乗り出します。丸山が「仁斎は天道・(人)道・天命・理・仁義礼智・性というごとき諸範疇を相互に明確に弁別した」(p.52)というとき、それは抽象的になされたわけではなく、背後に厖大な考証があったということを忘れてはいけないと思います。これは、丸山が仁斎を論じるにあたって、そういう点にあまり触れていないことを非難するためにいうのではありません。じつは、近世の儒者の著作は、仁斎にかぎらず、考証というか、誰がこういった、彼がこういっているというたぐいの著述が多いのです。そこから、自分の論を立てるための文章を見つけ出すためには、相当の努力と能力が必要とされます。その点、丸山は、きわめて高い能力に恵まれていたということもいいたかったのです。学者、学ばざるべけんや、です。

そこで、まず天道についてです。仁斎は、『語孟字義』の冒頭で、天道について議論をはじめますが、その最初の言葉は「道はなお路のごとし」です。そして「人の往来通行するゆえんなり。故におよそ物の通行するゆえんの者、みなこれを名づけて道と曰《い》う」とつづけます。これは、道一般の定義です。しかし、そこにすでに仁斎の道についてのとらえ方の特徴が出ています。道は一つではない、同書の別のところで書いているように「天道有り、地道有り、人道あり、および異端小道《いたんしょうどう》百芸の末、みな道をもってこれを言うことを得《う》」るというとらえ方です。道の個別性の認識は、天道、地道、人道の別を立てるだけではなく、あらゆるものについて道がありうるというところまでいっています。ちょうど素行が、物ごとにそれぞれの理があるといっているのと対応しています。丸山が指摘していることではありませんが、この多様性への感覚、これも朱子学的思惟様式への批判の基礎となっていると思います。

それはともかく、冒頭の文につづけて「陰陽こもごも運《めぐ》る、これを天道と謂う。剛柔相須《もち》うる、これを地道と謂う。仁義相行わるる、これを人道と謂う」とあります。さらに、丸山が引用しているように、仁斎は、『易経』の説卦《せっか》の文を参照して、天道、地道、人道を「混じて一とすべからず」とくどいほどに説いています。まさに「陰陽という自然界の範疇はひたすら天道に属し、仁義という道徳的範疇はひたすら人道に属する」(p.53)と自然と道徳は完全に切断され、天地＝自然は陰陽二気の盈虚《えいきょ》・消長・往来・感応してやまない動態の姿で認識されることになったわけです。

「こうした動態的自然観は当然気に対する『然る所以』としての理の優位の否定に導く」(同)と丸山は論をすすめます。ここでも「当然」が出てきますが、この当然はあまり問題にする必要はないでしょう。むしろ、問題は、「理の優位の否定に導く」というところにあります。仁斎によれば、「理は条理をもっていう」といい、条理は「玉石の文理」すなわち模様のようなものだとします。したがって「理を窮むるは物をもって言う。性を尽すは人をもって言う。命ら至るは天をもって言う。物よりして人、しこうして天、その詞を措くことおのずから次第あり。見るべし、理の一字をもってこれを事物に属して、これを天と人とに係けざること」（『語孟字義』）ということになります。動態的自然観とこうした理の定義・理解とは当然対応しているわけですが、どちらかがどちらかを導くというのは、修辞としてはわかりますが、ちょっと不正確でしょう。

さらに仁斎は、「理の字のごときはもと死字」といい、「聖人毎《つね》に天道と曰い、天命と曰うて、いまだかつて天理と曰わず」（『語孟字義』）と理に限定を施し、理を天理にまで高めることに徹底して反対します。これは、丸山がいうように「朱子学の理優位論が論理的優位にとどまらずして価値的優位をも結果することを懼《おそ》れたのである」（p.54）といえるかもしれません。ただ、ここで、丸山が「論理的先行」とか「時間的先行」あるいは「論理的優位」とか「価値的優位」といっていることは、多少説明が必要でしょう。

これを説明するには、宋学の太極図を思い出してもらわなければなりません。太極動いて陰陽二気を生じ、さらに五行に分かれ、その変合によって万物がなる、というあれです。太極＝理としたとき、万物生成の過程を時間的に先後あるものとして発生論的にみれば理が時間的に先行することになりますし、万物の生成・運動する根拠として時間を超越した理の作用を前提とすれば理の論理的先行を説くことになります。そして、理を誠＝善とすれば、理は価値的にも優位し、倫理的規範も天地万物（自然）のなかに埋没することになってしまいます。ですから、朱子学への批判を、徹底した理の倫理性、形而上的性格の剥奪からはじめざるをえないわけです。

3　天命論

そうなりますと、天地万物を成り立たせ、その運動の根拠を与えているものは何か、を別に示さなければならなくなります。そこで仁斎が持ち出してきたのが、天であり、天命という観念です。天という観念は、儒教に限らず、すべての中国思想になんらかの形で現われる観念で、「至高無上のもの」を指すとされますが、その意味はじつに多様です。ここでは、その多様な意味に深入りはせず、二つの対照的な意味だけをとりあげてみましょう。一つは、抽象的な原理としての天です。もう一つは、意思をもった絶対者としての天です。朱子学において、天は至高無上のものであると同時に至善なものであり、理に結びつけられて万物に内在するとされます。つまり、丸山のいう「汎神論的な構成」ということになります。

それに対して仁斎にとっての天は、丸山も引いているように「天は猶《な》お君主のごとく命は猶お其の命令のごとし」（p.54）とか「天道の天道たる所以を論ずれば、専ら主宰を以て言う」（同）といわれるもので、主宰し、命令を下す存在、すなわち人格として性格づけられます。「一陰一陽往来止まざる」天道は、このような天によってその「往来」が基礎づけられているわけです。そして、「けだし天とは、もっぱら自然に出でて、人力の能くするところにあらざるなり。命とは、人力に出ずるに似て、実は人力の能く及ぶところにあらざるなり」とか、吉凶禍福死生存亡幸不幸「みな自然にして至り、これを奈何《いかん》ともすべきこと無し、故にこれを命と謂う」あるいは「もしそれ国の存亡、道の興廃は、もっぱら天に繫る。聖人といえども亦《また》おのれが欲するところのごとくすることを得ず」（以上

『語孟字義』）とあるように、天や命は、仁斎によって人智を超えた絶対的性格を与えられています。

以上のように、仁斎は、まだ自然という観念との結びつきを断ち切れてはいないものの、人智を超えた絶対的存在を認めているという意味で、理を窮めることによってすべてが理解できるとする朱子学的合理主義に対して、非合理主義的立場を鮮明にしたといっていいでしょう。したがって、仁斎の思想に「古今の終始」「四旁の窮際」すなわち時間と空間の限界を知ることはできないし、自分自身も含め物の形状性情の「然る所以の故」すなわちなぜそうなっているかという理由を知り尽くすことはできないという不可知論的色彩が濃厚になるのは当然といえます。

4　道徳論

仁斎は、『語孟字義』において、自分の朱子学批判の動機について、つぎのように力説しています。「漢唐の諸儒より、宋の濂渓先生に至るまで、みな仁義礼智をもって徳として、いまだかつて異議あらず。伊川に至って、始めて仁義礼智をもって性の名として、徒《いたず》らにその義を理会し、復《ま》た力を仁義礼智の徳に用いず、その工夫受用に至っては、別に持敬・主静・良知を致す等の条目を立てて、復た孔氏の法に徇《したが》わず。これ予深く弁じ痛く論じ、繁詞累言、いささか愚衷を罄《むなし》くし、もってみずから已《や》むことあたわざるゆえんの者は、実にこれがためなり。弁を好むにあらざるなり」と。

要するに、力を仁義礼智の徳に用いること、孔子の法にしたがうこと、これが道徳的実践であって、性や理を抽象化し、その意味について精緻な議論を組み立て、持敬静座を説く朱子学は、「道徳衰うれば、議論愈々《いよいよ》高く」なることの典型だというわけです。

その道徳＝聖人の道とは、もっぱら人道を意味するのであって、それはさきに述べたように天道とは明確に区別されています。仁斎が「人の外に道なく、道の外に人なし」（『童子問』）という場合の道は、聖人の道を指しており、それは仁義礼智の徳をなし、それを実践することで、人はその道によって生き、その道なくしては正しく生きられない、ということを主張しているわけです。自然も人間もすべてを包含して、天理＝倫理的善（本然の性）の貫通を説く朱子学の連続的思惟を批判する仁斎の思想の核心の一つがここにあります。

さらに、仁斎は、仁義礼智の徳は、性として人間に内在しているのではなく、人間が学問・修養によって到達すべき目標あるいは理念であると主張しています。その場合、「性」は、現代でいわれる「性質」に近い意味で、なんら価値的評価を含むものではなく、また人間ごとに異なる内容をもつものであるとされています。だから、「性は専ら己に有する」ものであり、「人有れば性あり人無ければ性無し」といわれるわけです。それに対して、仁義礼智の徳＝聖人の道は、人であればだれでも通行することができる「道」であり、踏み行なうべき道であって、あまねく「天下に達する」道です。だから、道は人間の外部にあって、「人有ると人無きとを待たず本来自有の物なり」ということになります。仁斎によって、道は、自然界から分離され、さらに人性に超越するイデー（理念）となったわけです。

それでは、人が聖人の道＝仁義礼智の徳を実現できるのはなぜか。仁斎は、その問いに対して、人には惻隠・羞恥・辞譲・是非の「四端の心」が備わっているからだ、といいます。これは、一種の性善説ですが、四端の端は端緒であり、発端であって、四端は仁義礼智をなす端本、丸山の表現によれば「道を実現すべき素地」(p.56)にすぎません。だから、人には、それを養い育て、拡げ、充実させることが求められるのです。

こうして、儒教倫理を本然の性として人のなかに埋め込む朱子学のオプティミズムを批判した仁斎は、その発現を妨げる情欲を滅尽することを説く朱子学のリゴリズム=禁欲主義をも否定することになります。『語孟字義』では、「情とは、性の欲なり。動くところ有るをもっていう」とし、喜・怒・哀・楽・愛・悪・欲のいわゆる七情も「およそ思慮すること無くして動く」場合には情といっていいが、「わずかに思慮に渉《わた》るときは、すなわちこれを心と謂う」として、「性を養うときはすなわち情おのずから正し」くなるのであって、情だけを修める特別の工夫、たとえば持敬や禁欲は必要ない、と主張しています。つまり、情自体は当然に動くものであって、それ自体に善悪はない、問題は、「情を約する」、あるいは丸山が引用している『童子問』の言葉によれば「苟《いやしく》も礼儀の以て之を裁く」ことにあるのだ、ということになります。ここに丸山は、素行と同質の情欲に対する寛容を見出したわけです。

仁斎は、その名の示すとおり、仁をもっとも重要な徳としていました。そして、仁について「仁者の心は、愛をもって体とす。故にその心寛にして偏ならず、楽しんで憂えず、衆徳おのずから備わる。……みな一の愛より流れ出でて、おのずから衆徳を成す」(『語孟字義』)と、その基礎に愛があるると説いています。愛も思慮なくして動くときは情ですが、思慮に渉るときは、惻隠の心になります。そして惻隠の心を存養・拡充すれば仁に至ることができます。仁を尊重する仁斎は、愛を大事にする学者だったのです。その仁斎が、情欲に対して寛容なのは、けだし当然だったのではないでしょうか。

5 歴史観と政治論

この二つの論点は、仁斎の思想体系においては主要なテーマではありません。朱子学の道学的合理主義に対する仁斎の批判から派生する問題であるとしてよいでしょう。しかし、徂徠へとつづく思想史上の重要な論点を含んでいるので、丸山も論及しているわけです。ですから、ここでは、簡単に論点を整理するにとどめます。

まず、歴史観ですが、朱子学的合理主義は、時間や場所を超越した道学的観点（善悪の観点）に立ちますから、本来の歴史は問題になりません。歴史はたんなる過去の事実の集積であって、その事実や人物を道学的観点から裁断するだけです。すでにみてきたように、天地万物を運動や変化の相においてとらえ、道の多様性を認める仁斎の視点からは、朱子学の道学的裁断は「残忍刻薄」にすぎるとみえるのは当然でしょう。また、夏・殷・周の古代中国の王朝以後はすべて人欲に支配されているとする朱子の「現代」批判（現代は堕落した末世だとする考え方）に対しても反対することになります。さらに、歴史的変化を承認することは、現在には現在の状況があり、聖人の道もその現在の状況に合わせて実現の方法を探らなければならないという認識に導きます。そのような歴史への感覚こそ、現在を生きる人間の主体的道徳的実践の積極的意義づけを可能にします。

つぎに政治論についてですが、ここでは、丸山は、仁斎が政治と個人道徳との分離という徂徠につながる視点をもっていたことを指摘しています。朱子が君主に対してあくまで誠心誠意つまり個人的道徳的修養を求めたことに対して、君主に必要なのはまず民と好悪を同じくすることだと、仁斎が評した点や、春秋時代の覇者を補佐した管仲の仁を認めた孔子の評価を弁護して、それは管仲が民に福利をもたらしたことを評価したからだとしている点を取り上げます。そして、それは、仁斎が、為政者にとって個人的徳性や動機ではなく、民衆の福利という社会的成果が重要なのだという政治観をもっていたことを示すとしています。

こうして丸山は、仁斎の思想に「連続的思惟構成の分解が、もはや何物を以てもささえ難き勢を以て進行しつつあるのを見てと」(p.60) ったのです。

益軒——大いなる疑問

貝原益軒(一六三〇~一七一四)は、寛永七(一六三〇)年の生まれで、伊藤仁斎の三歳下ですからほぼ同時代の人といっていいでしょう。その生涯の大部分を福岡藩士としてすごし、朱子学者としての立場を完全に捨てることはありませんでした。また、本草学(現在の学問領域でいえば植物学・薬学）という自然科学系の学問分野の大家でもありました。そういう点は、素行や仁斎とは相当異なっています。その益軒が、生涯の終わり近くになって著したのが『大疑録』です。

この著述は、徂徠の弟子・太宰春台《だざいしゅんだい》（一六八〇～一七四七）によって「それ損軒（益軒の別号）は、宋儒の徒を以て、而《しか》も能く宋儒を疑ふ、誠に奇士なり。然もただこれを疑ふのみ。未だこれを排する能はず」（刊本『大疑録』巻末「春台先生、損軒先生の大疑録を読む」）と評されているものです。徂徠の弟子の批評ですから、全面的に賛成するわけにはいきませんが、益軒の立場をそれなりにとらえているとはいえるでしょう。また、版本が出るのは明和四（一七六七）年で、益軒が亡くなってから五〇年以上ものちになります。もちろん筆写本という形で流布していたのでしょうが、その影響の範囲は限られていたと思われます。

しかし、問題は、疑問の形であれ、それが朱子学的思惟様式解体という思想史的過程のなかで、検討すべき内容を含んでいるかどうかということです。丸山は、そういう観点から益軒の後期の思想を分析しています。まず、益軒が、朱子学の理先気後説を批判して、明の朱子学者、羅整菴《らせいあん》（一四六五～一五四七）によりつつ理と気は一つの物であって、二つの物とすべきではないと、理気不可分論あるいは理気一体論を主張し、さらに太極は陰陽に分かれる前、万物が生成する前には、「一気混沌の名」であると気一元論へと傾斜している点に注目します。そして、理についても、理は「気の理」にすぎないとする益軒の立場は、仁斎の「理は気の条理」と同質であって、そこでは理の実体性は、仁斎同様否定されているとしています。

気一元論に立って、理の実体性を否定した益軒は、人性論においても「本然の性」の否定に導かれることになります。さらに、往来・動静きわまりない気に基礎づけられた気質の性も動的な性格を帯びることになり、益軒によって「宋学における善悪の固定的＝絶対的対立は動的な関係にまで相対化される」(p.64) と、ここでも古学派の思惟様式との共通性が指摘されます。

こういう宇宙論と人性論を前提にすれば、朱子学への批判は、当然そのリゴリスティックな修養法に向けられることになるのは、すでに述べてきたことからも明らかでしょう。益軒も朱子学の持敬に対して痛烈な批判の言葉を投げつけています。執滞・把捉・固陋・拘迫・寂寞枯槁《ここう》・厳責刻薄・束縛強持などの言葉が、敬の字に束縛された学者に対して突きつけられています。益軒は、朱子学がもっとも重視する「敬」に替えて、「忠信」を中心に置くべきことを主張しています。「孔子曰く、『忠信を主とす』と。これ人心はまさに忠信を以て主となすべきなり。忠信は人の実心なり。……忠とはこれ欺かざるの謂にして、体なり。信はこれ妄《みだら》ならざるの謂にして、用なり。忠と信の二者は、合してこれを言へば、誠のみ。誠なるものは、心の主にして、人の道なり」(『大疑録』) とあるように、益軒は、嘘偽りのない誠実な心こそがすべての徳の基本となると述べています。したがって、名つまり形式にこだわり、高尚な議論を誇る道学者の偽善を嫌い、財や利といえども無視すべきではないと主張することも当たり前だということになります。

持敬については、きびしい立場をとった益軒も、「窮理」については別の対応をとります。しかし、益軒のいう理は、「気の理」であって、それには倫理的性格は希薄であって、「窮理」は経験的＝実証的な性格が前面に出てきます。丸山が指摘しているように、本草学者としての自然現象への関心の向け方が影響しているかもしれません。そういう経験的＝実証的思考は、歴史を考えるにあたっても貫かれています。現在の風俗時宜を重視する態度がそうです。また、儒教の経典に対する態度にも、そうした性格が現われています。益軒が、六経や『論語』・『孟子』を読む場合、宋儒の注釈を用いることは当然としながらも、漢唐の古註も排すべきではないと主張しているのも、その現われといっていいでしょう。

丸山は、益軒の思想を検討してきた最後に、『大疑録』の「聖人六経を作る。夫《それ》聖人の言は万世の模範たり。信ずべくして疑ふべからず」などの言葉を引いて、聖人に対して信仰的態度を濃化していることを指摘しています。さらに「宋儒賢哲なりとも聖人と班を同じうすべからず」として、益軒が、賢人への批判的姿勢を持していたことにも注目しています。そのうえで丸山は、「人（一般人）—賢人—聖人というヒエラルヒッシュな連続の分解は、一方においては聖人の絶対化として、他方においては賢人という『中間層』の顚落として現象したのである」（p.67）と締めくくっています。

以上、素行、仁斎、益軒における朱子学批判の論点を検討してきたわけですが、その作業は、丸山にとっては、朱子学的思惟様式のもっとも体系的かつ根底的な批判者である荻生徂徠を登場させるための準備作業的な位置を占めているといっていいでしょう。ただ、素行、仁斎が主観的にも客観的にも朱子学批判者であったこととくらべて、朱子学者であることを放棄せずに疑問を提起した益軒はかなり異質ですが、その益軒を取り上げた理由について少し検討しておきたいと思います。というのも、益軒の提起した疑問は、丸山が扱っているかぎり、論点としては素行、仁斎の提起した論点に尽きているように思われるからです。

丸山が、益軒を取り上げた理由の一つは、古学派の登場による朱子学批判が、素行、仁斎という特別な思想家の個別的作業として開始されただけではなく、そこには歴史状況の変化と新たな思想的課題の登場という背景があったことを明確にするという点にあると思います。朱子学者といえども、その変化になんらかの形で対応せざるをえない状況が徂徠の登場を必然たらしめたことを例証するためであったともいえます。また、古学派の登場がたんなる学統・学派の勢力交替ではなく、思惟様式上の新たな展開であることを示すために、主観的には朱子学者であっても、思惟様式のレベルで古学派の浸潤をうけていることを実証することが必要だとしたとも考えられます。さらに、政治論に重点のある素行、道徳論を中心とした仁斎にプラスして、自然科学的方向性をもつ益軒を取り上げることによって、朱子学的思惟様式の分解が、朱子学の全体系にわたるものであることを示そうとした要素もあるかもしれません。

この最後の点については、漢方医学の領域において朱子学の理論体系に依拠した「後世派」に対して、『傷寒論』などの古典を再評価し、より経験と実証を重んじた「古医方派」の登場が、古学派の登場と軌を一にしていることが思い合わされます。観念的理論体系に対して経験や実証の立場を重視する傾向は、儒教における思惟様式の転換と無関係ではなかったと思われます。実際、古医方派の大家である香川修庵（一六八三～一七五五）は仁斎の弟子でしたし、近世には医者と儒者はきわめて近い関係にありましたから、検討すべき問題だろうと思います。しかし、そうした自然科学的領域との関係の問題は、近世思想史分析の別枠組みを組み立てることが要求されることでありますから、ここでは注意喚起程度にとどめておきます。

第6講
儒教政治化の出発点

徂徠の生涯と学問

さて、いよいよ徂徠学の検討に入ります。ここは、本論文の核心部になりますから、少し丁寧にみていくことにします。

最初に、荻生徂徠の生涯について簡単にまとめておきます。徂徠は、荻生方庵の二男として寛文六（一六六六）年江戸で生まれました。父の方庵は医師で、寛文一一（一六七一）年に館林藩主であった徳川綱吉の側医になっています。徂徠は五歳から「経史百家之書」を読みはじめたそうですから、大分早熟だったようです。一二歳のときに、林家の林鵞峯《がほう》（一六一八〜八〇）に入門、朱子学を学びはじめました。延宝七（一六七九）年、父方庵が綱吉によって江戸所払いになり、妻の実家のある上総に移住、以後十数年にわたって上総での地方暮らしを送ることになりました。この経験は、徂徠が地方の実情を知る機会となり、その思想の内容にも大きな影響を与えたといわれています。その後、元禄の初め、二五、六歳のときに許されて江戸に還り、私塾を開きました。そのころの貧乏ぶりは、隣家の豆腐屋に世話になり、後年それに報いたことが美談として講談になっているくらいきびしかったようです。

元禄九（一六九六）年三一歳のとき、柳沢保明《やなぎさわやすあき》のちに綱吉の側用人として権勢をふるった柳沢吉保《よしやす》に召しだされ、その後一四年間柳沢邸内に住み、吉保の「学文の臣」として重用され、将軍綱吉の知遇も得ました。綱吉の儒教経典の講義にたびたび列席したり、綱吉の小姓たちの指導を依頼されたりしています。このころ、あとに出てくる川越親捨て事件や赤穂事件などで、丸山が述べているように朱子学的ではない発想も示していますが、基本的には朱子学の枠をはずれることはなかったようです。朱子学信奉者の綱吉や吉保に仕える身であったことが制約条件になっていたかもしれません。しかし、この間、明代の古文辞に触れ、徂徠独自の古文辞学の構想を抱くに至り、古文辞学の方法による六経の本格的研究に乗り出しています。

宝永六（一七〇九）年、綱吉が死去し、吉保も引退したので、柳沢邸を出て江戸町住まいをはじめ、日常的な役務からも解放され、学問と弟子の教育に専念することができるようになりました。正徳（一七一一〜一六）年間は、新井白石の「正徳の治」を批判的にみながら、学問に全力をそそいで、徹底した朱子学批判としての徂徠学の形成に務めていたようです。また、この時期には詩文の学としての古文辞学は、大いに世の受け容れるところとなり、徂徠の名声が高まると同時に、徂徠の学派としての蘐園《けんえん》学派も急速に勢力を拡大しました。

将軍家継が死去し、吉宗が紀州から入り将軍職に就くと、徂徠の見識が評価され、政治的意見を求められるようになりました。『太平策』や『政談』などの政治論は、吉宗の改革への期待なくしては書かれなかったと思われます。また、享保（一七一六～三六）年間の最初の二、三年の間に『弁道』『弁名』『学則』など徂徠学の主要著作が成立したり、『論語徴』などの大著が着手されたりしていますが、享保一三（一七二八）年に没するまでのこの時期は、丸山が分析の対象としている徂徠学が大成された時期でした。

これは余談ですが、古文辞学の隆盛を示す事例を一つあげておきます。古文辞とは、明代の李攀《りはん》竜《りゅう》（于鱗、一五一四～七〇）、王世貞（元美、一五二六～九〇）らが主張した文学で、彼らは「文は則ち秦漢、詩は漢魏盛唐」と古文の復興をとなえました。徂徠は、偶然一括して購入した書籍のなかにあった二人の著作に遭遇し、それを契機に儒教の学問方法論として独自の古文辞学を体系化しました。蘐園学派では、古文としての古文辞の読解だけではなく、実作も奨励されましたので、盛んに古文辞による漢詩文が作られました。そうした古文辞の漢詩の模範として、徂徠の弟子の服部南郭が考訂した『李于鱗唐詩選』が版行されています。これは、大変売れました。近世最大のベストセラーではないかといわれているくらいです。実際、私が、調査した各地の旧家の蔵書には、必ずといっていいほどこれがありました。

また、戯作文学者として有名な大田南畝《なんぽ》（一七四九〜一八二三）は、天明四（一七八四）年に『北郭全盛名代　李不盡通詩選』という狂詩集を出しています。これは『南郭先生考訂　李于鱗唐詩選』の完全なパロディーで、装丁まで似せてあるという手の込んだものです。これなども、古文辞がいかに一世を風靡していたかを示す好例でしょう。

ついでながら、私の高校時代——といっても五〇年も前ですが——には漢文がまだ必須の単位で、「詩は盛唐」という観念が生きつづけていたかどうかはわかりませんが、教材は唐詩が中心で、李白、杜甫、白楽天などの詩を読まされた記憶があります。それらの詩は傑作にはちがいありませんので、中国の風物に想像を馳せさせるというか、なんとなく中国に対して親近感を抱くようになった気がします。いまでも、政治的立場はともかく、嫌中の激しいキャンペーンには生理的に受け付けないという感じがするのは、そういうところからきているのかもしれません。文学で政治を超えられるとはいいませんが、そういう教養が消えてしまうとむき出しの政治的対立だけが突出することになるのではないでしょうか。

それはともかく、近世における徂徠学の影響は、古文辞学それも文芸としての古文辞学が中心であったことに注意をする必要があります。『弁道』や『弁名』などはなんといっても学者向けですし、『太平策』や『政談』は、ほとんど写本でしか伝わっていません。ちなみに、『政談』のもっとも古い版本は、安政年間まで下ります。『太平策』や『政談』に示された改革政策が、実現されたとはとうてい言えないのも事実です。だからといって、徂徠学の影響を小さくみようというわけではありません。問題は、思惟様式、発想様式にあります。古文辞学は、直接的には語学や文学論、文献学の問題ですが、それは、あとで述べるように、儒教にとっては深刻な思想問題を発生させます。また、文芸にかかわる革新が、大きな歴史的変化につながることは、ヨーロッパのルネサンス（文芸復興）を想起すれば理解しやすいでしょう。歴史的変化を政治的側面からしかみないほうが、はるかに狭い視野にとらわれていると思います。

徂徠は、丸山が論文を執筆している当時、それほど評判のいい思想家ではありませんでした。徂徠の「中国崇拝」といわれるものが、皇国主義者から批判されていたからです。「東方は聖人を出ださず」といったり、物茂卿《ぶつもけい》と中国風の三字名前を使ったりしたことがその原因です。徂徠を擁護しようとする者は、徂徠が先祖としている物部氏《もののべ》――物茂卿の物はここからきています――は神道を守るために、仏教導入を進める蘇我氏と戦ったとか、徂徠が日本古代の神道は、中国唐虞《とうぐ》三代（堯・舜と夏・殷・周の三代）の古道と同じだと述べているところなどを取り上げて陳弁あい努めなければならないような状況でした。そのようなときに、徂徠学を核心として近世思想史を描くということ自体が勇気のいることだったのではないでしょうか。

そうした時代状況のなかで、古文辞学を方法的基礎として朱子学とはまったく異なる儒教の論理を組み立てた徂徠の思想に、近代の政治観にもつながる革新的意味を見出した丸山の慧眼には敬服するしかありません。

政治的思惟の優位

徂徠学の論理を分析するにあたって、丸山は二つの挿話を検討するところからはじめています。一つは、徂徠が川越藩主であった柳沢吉保に仕えはじめたばかりのころに起こった事件で、さきに川越親捨て事件といったものです。もう一つは、赤穂浪人四七人の「仇討」に対する処分の問題です。

最初の事件からその概要を確認しておきましょう。川越藩領のある百姓（丸山は農民としているが、『政談』原文では百姓）が、困窮して田地屋敷もなくなって暮らしていけなくなったので、妻を離縁し、自分は頭を剃って道入と名乗り、母をつれて流浪の旅に出た。ところが熊谷か鴻巣のあたりで母が病気になった。道入は母をそこに置いて、自分は江戸に出てしまった。母が置き去りにされたところの人々は、母に問いたずねて川越に帰した。それで道入は親棄てということになった、という事件です。そこで、吉保は、道入の処置について、お抱えの儒者たちにたずねた。そのときの問答が、七二ページに引用されている『政談』の文章です。これについては、柳沢家の記録には異なる内容で記載されているようですが、論旨とは直接かかわりがないので触れないことにします。

まず儒者たちの意見は、「親捨ての刑は、明の刑法にもないし、書物にも載っていない。この者はしょせん非人で、母を連れて乞食してどうしようもなくなったので、これは親捨てとはいいがたい。妻を離別し、乞食しながらも母を連れていったのは、非人にしては奇特とすべきだ。もし自分が妻と一緒に家にいて母を余所へ捨てたならば、親捨てというべきだが、これは親を捨てる心がないのだから、親捨てとはいえない」というものでした。これには吉保は反対で、「どんな人間でも親を捨てるなどということはできないはずだ。このうえは、上《かみ》（将軍綱吉）におうかがいしよう」と反論しました。そのころ綱吉は、朱子学を信仰していて、心の上の詮議つまり主観的動機ばかりを問題にしていた。吉保は禅を好んでいたので、朱子学はあまり信仰していなかった。そこで、私徂徠は、「飢饉になれば、こういう者は他領でもたくさん出てきます。親捨てということはあってはならないことです。この者を親捨てとしてどんな刑罰を科しても他領の手本になるでしょう。しかし、私が思うには、このような者が出てくることは、第一にその所の代官・郡奉行の責任・罪です。その上は家老の責任・罪になります。もっと上にも罪ある責任者がいるでしょう。それに比べれば、道入の罪は大変軽いのではないでしょうか」と意見を述べたところ、吉保は、もっともだといって、道入に母の扶養料を与えて、もとの在所に帰した。それで、吉保は、徂徠を役に立つ人物だと評価して、尊重してくれるようになった。

地方・在所の実情をよく知る徂徠の面目躍如というところです。また、実情を知っていることについての自負もうかがわれます。新参者として、主人にこのようにはっきりものをいうのも、その自負があってのことでしょう。

このやりとりで、丸山は、他の儒者が、道入が「奇特」であるかどうかという主観的動機ばかりを問題にし、吉保や綱吉が親捨てはあってはならないことという道学的判断にこだわっているのに対して、徂徠が「道入の行為を一個の客観的類型として、その社会的な反覆可能性において捉え、以て彼の無罪を結論し、為政者の政治的責任に問題を移した」(p.73)と評価しています。この『政談』の記述は、徂徠が完全に朱子学から脱却し、独自の思想をもつようになってからのものですから、朱子学・理学に対する批判的口ぶりが出ています。しかし、この事件があったのは元禄一〇年ごろと思われますから、その時点では徂徠はまだ朱子学者としての立場に立っていました。丸山は、朱子学者徂徠が、現実の問題に対しては、朱子学的ではない発想・考え方をもっていた点に注目しているわけです。

それにしても、現在の日本で、なにか犯罪が起こったとき、その社会的背景や犯罪者の環境などを論じようとすると、なんでも社会のせいにすると批判し、犯罪を犯罪者個人の責任のみに帰し、厳罰化を主張する声が高くなっている気がしますが、それはどうなのでしょうか。もちろん、犯罪は、それを犯した個人が責任を負うものであることは当然です。しかし、その背後にある社会や政治の問題を問わないとしたら、それも問題でしょう。なんだか徂徠以前の朱子学的道学的世界に逆戻りしているような感じです。

二つめの事件は、赤穂事件です。この事件については、すでに紹介しているので、事件そのものについては省略します。問題は、この事件をどのように評価し、どのように処置するかです。前にも触れたように、儒学者のあいだでも評価は分かれました。一方は「義挙」と評価し、無罪を主張します。室鳩巣の『赤穂義人録』が代表的です。他方は徒党による「暴挙」と断罪し、死罪を要求します。佐藤直方が代表的です。現実の処置は、周知のように全員切腹でした。

幕府も、この事件の処理には大分苦しんだようです。林家の林鳳岡《ほうこう》（一六四四〜一七三二）をはじめいろいろ意見を聴取しています。徒党の禁を破った暴徒として処罰すれば、主君の「仇」を討つ行為を犯罪とすることになり、臣下の主君への忠義を柱とする君臣関係を破壊することになりかねません。また、義挙として称賛する声が巷《ちまた》にあふれていることも無視できません。逆に、義士として無罪にすれば、徒党の禁という公儀御法度違反を見逃すことになります。浅野家には主君切腹、御家断絶という重い処分を下しておきながら、吉良家にはお構いなしというアンバランスな処置の誤りを認めることにもなります。当時は、喧嘩両成敗が当然と思われていましたから、幕府は、浅野の吉良に対する刃傷《にんじょう》つまり傷害行為を喧嘩とはみていなかったわけですが、その判断も問題になります。朱子学者を自認する綱吉も、自分の下した判断が呼び起こした事件の処置にこまったにちがいありません。そうして悩んだ末に選んだ結論が、切腹でした。

この切腹という結論に至った理由として、丸山も触れているように、日光門主公弁法親王の意見があったという説があります。公弁は、義士として助命しても若者も多く、その後の人生でどんなまちがいを犯して義士としての名を汚すことになるかもしれない、だから、武士としての名誉の死たる切腹とするのがよい、といったといわれています。この意見が採用されたかどうかはたしかではありませんが、とにかく切腹ということになりました。

この処置について、林鳳岡は、もともと「義士助命論者」でしたが、幕府の教学をあずかる林家の当主として、立場上幕府の処置を追認せざるをえなかったので、つぎのような苦しい論理を展開しています。丸山の引用（p.74）にしたがって、その論理を検討してみましょう。

まず、鳳岡は、心のレベルで問題を考えます。そのレベルでは、「共に天を戴かざる仇に対して、どんな艱難辛苦をもいとわず復讐するのは当然である。命を惜しんで恥を忍ぶのは武士のとるべき道ではない」と赤穂浪人の行為を是認します。そのうえで、法律のレベルでの議論にうつります。「法を犯したものは必ず罰せられる、たとえ亡くなった殿さまの遺志を継いだといっても、法を犯した罪は免れない。それは、公儀をないがしろにすることでもあり、国家の規範を明らかにするために厳罰に処するしかない」と処罰の必要性を認めます。そして、なんの論理的根拠も示さず「この二つは、同じではないけれども並行していて矛盾しない」と結論づけています。そして、最後に、「法を行なうお上には、仁君賢臣がおり、下の忠臣義士は心情のままに志を実現して処罰を受け入れた、彼らも覚悟のうえだったろうから、後悔はしていないだろう」と、赤穂浪人の「後悔していない」という個人的心情の世界に逃げ込んでいます。問題は、赤穂浪人の行為を義挙と見るか犯罪と見るかにあるにもかかわらず、それはどちらともいえるとしたうえで、当人たちが後悔していないのだからそれでいいというのは、論理としては完全に破綻しているといわざるをえません。

丸山は、鳳岡がこの問題を心のレベルと法のレベルとに分けて、それぞれ別個の問題として扱っているところに、朱子学的思惟の破綻あるいは限界をみています。朱子学は、「個人道徳と国家規範とを『理』によって連続せしめる」（p.74）、つまり朱子学の言葉でいえば修身から治国・平天下まで同一原理の拡大・展開過程とみる論理を本質としていますから、心の問題と法の問題に分けること自体が論理的に破綻することになるわけです。

ところで、この朱子学的思惟の破綻は、何故に起こったのでしょうか。鳳岡の御用学者性に問題があったとしても、それはたんに鳳岡個人の性格に帰せられるものではありません。問題は、その立場性にあります。幕藩制権力と朱子学の論理とのあいだに存在する矛盾といってもよいかもしれません。前にも述べたように、幕藩制権力は、朱子学の原理によって成立しているのではなく、朱子学も一つの有用なイデオロギーとして利用しているだけです。戦闘集団としての武士の組織原理と家産官僚としての家臣団の編成原理とのあいだの矛盾をその権力は最初から内包していました。そのため、赤穂事件のような「戦国の余風」ともいえる事件に対しては、その矛盾がむき出しになり、結局、権力および権威維持の論理――そのかぎりで政治の論理です――が前面に出てくることになります。鳳岡の論理破綻の問題は、彼がそういう構造的矛盾を理解していないところにあるというべきでしょう。

それでは、徂徠の場合はどうでしょうか。丸山は、「徂徠擬律書」を引いて徂徠の論理を分析しています。これは、丸山も指摘しているとおり、徂徠の真作とは断定できませんが、徂徠の見解が反映されているとみてまちがいないとは思います。ただ、幕府の諮問に対して答えたものであるという点は注意が必要でしょう。

徂徠は、問題を検討するにあたって、まず、「義」と「法」の二つの基準を区別します。そして、義は「己を潔くするの道」であり、法は「天下の規矩」であるとします。このあたりは鳳岡の議論と似ています。しかし、ここからがちがいます。義の観点からみて、赤穂浪人の「主君の仇討」は、「侍たる者の恥を知る」行為であり、「己を潔くする道」であると評価しますが、それは、しょせん彼らが属している集団内に限られた論理で、「私の論」にすぎないと義の領域を限定します。そのうえで、「浅野長矩は刃傷という殿中の禁を犯したことで処罰されたにもかかわらず、吉良を仇として幕府の許可なく騒動を起こしたのは法のうえで許されない」と主張します。そこで、赤穂浪人に「侍の礼を以て切腹」させるという結論を導いています。そして、その切腹という処置について、これで吉良の縁戚で後ろ盾でもあった「上杉家の面子も立つし、浪人たちの忠義を軽んじることもない、これこそ公論というものだ」とし、最後に「若《も》し私論を以て公論を害せば、此以後天下の法は立つべからず」と結んでいます。

結論は同じで、議論の立て方も似ていますが、鳳岡の文は、その意に反した切腹という処置をなんとか正当化しようとする負け惜しみのような感じがするのに対して、徂徠のそれは、幕府が結論を出す前の提案で、いかにも堂々と所論を展開している趣があります。しかし、決定的ちがいは、鳳岡が「心の論理」と「法の論理」の二つは並行して矛盾しないと消極的にその処置を承認しているのに対して、徂徠が、明白に「法の論理」に立ってその処置を積極的に主張し、私論と公論とを対比させ、断固として公論を優先すべきだという判断を根拠として示しているところにあります。それだけではありません、徂徠は、切腹という処置をとることによって、上杉の願いも赤穂浪人の道理も通るという、きわめて政治的な判断をしています。

こうした徂徠の立論について、丸山は、「浪士の行動を『義』として充分是認しながらも……その是認をあくまで『私の論』として私的領域に局限し、私論が公論を害することを、換言すれば個人道徳を政治的決定にまで拡張することを断乎として否認した」(p.76)と評しています。そして、この点に徂徠の判断に貫かれているものとして、「一言以て表現するならば(丸山はこの表現がけっこう好きなようです。余計なことですが)、政治的思惟の優位」(同)を見出したわけです。

ただ、小さいことですが、徂徠が赤穂浪人の行為を義として是認したとすること、さらに、そこにつけられた注(七七ページの注8)で、「上述の徂徠の史料いずれもなんらかの形で義士に同情を示していないものはない」としていることには問題があります。赤穂浪人切腹から二年後の宝永二(一七〇五)年に書かれたと思われる「記義奴市兵衛事」(『徂徠集』)に関連することです。この「記義奴市兵衛事」は、上総の水呑百姓市兵衛というものが、主人の庄屋が罪をえて、伊豆大島に流されたあと、自分を犠牲にして残された主人家族の世話をしただけではなく、主人の冤罪を訴えて奔走し、ついに赦免を勝ち取り、主家を再興したことを記したものですが、じつはこのあとに赤穂浪人の行為を批判する文章がつづいていました。平石直昭の『荻生徂徠年譜考』(一九八四年、平凡社)に引かれている一文を要約すれば、「世間は赤穂浪人を報いのない忠をつくした義士としているが、彼らは無駄な忠義だてをしたにすぎない。浅野は刃傷事件を起こして藩をつぶしたが、吉良が藩をつぶしたわけではない。藩をかえりみず、一時の怒りにまかせて刃傷に及んだ浅野の行為は、それも殺そうとして殺せなかったのは、祖先を忘れた『匹夫の勇』というべきで、とても義とはいえない。赤穂浪人は主人の『邪志』を継いだだけで、それも義とはいえないだろう。しかしながら、武士に生まれて、主君の不義を救えなかったとして、たとえ不義であっても死をもって主君の志を遂げたのは、ことの勢いとしてやむをえなかっただろうし、情においてあわれむべきところがある。しかし、その行為は、立派に主家を再興した市兵衛にははるかにおよばない」ということになります。

この一文は『徂徠集』の編者が、物議をかもすのをおそれて削除したと推測されていますが、これを削除してしまえば「記義奴市兵衛事」はたんなる忠義物語になってしまうわけで、まったく徂徠らしくないことになるのではないでしょうか。

それはともかく、削除された文に書かれていることが本当であれば、徂徠が幕府への上申において赤穂浪人の行為を義としたのは、幕府の内情を知ったうえで、修辞として書いているだけで本音はそこにはないことになります。論理といい、判断といい、修辞といい、恐るべき政治性というべきでしょう。しかし、その政治性が、きわめて冷静な現実認識に立っていることをみる必要があります。赤穂浪人の「義挙」と一水呑百姓の行為とを比較の俎上に乗せることなど、当時だれが思いついたでしょうか。現実そのものを知り、その現実をできるだけ客観的に突き放して観察し、分析する態度、それを現実感覚とよびたいのですが、その徂徠の現実感覚が、そのような対比を可能にしたと思います。後年、朱子学に対する根底的な批判を開始する素地は、朱子学の、あるいは朱子学者の観念性に対して、徂徠の現実感覚が反発したところにもあったのではないかと思います。

ところで、丸山は、徂徠の思想の分析を開始するにあたって、なぜ徂徠の「政治的思惟の優位」を論じるところからはじめたのでしょうか。たしかに、丸山がいうように、「まさしくこの政治性の優位こそ、後年の徂徠学を金線の様に貫く特質にほかならぬ」（p.76）がゆえに、そうしたのではありましょう。しかし、それだけではすまない要素を感じてならないのです。

丸山が「政治的思惟」という場合、それは駆け引きや策略をめぐらすというような一般的な政治イメージを指しているわけではありません。政治的思惟とか政治性とここでいっているのは、いうまでもなく朱子学の道学的態度や考え方に対していっているわけで、その核心は、私論と公論を峻別し、個人道徳を政治的決定にまで拡張することに反対するところにあります。この論理を逆転させれば、公論が私論に入り込むこと、政治的決定の個人道徳への侵入に反対することに展開する可能性を開くことになります。少なくとも、私的領域と公的領域とを分離することがなければ、私的領域を公的権力から独立させることは不可能です。

この思想的問題は、第1講で述べた丸山の高等学校時代の特別高等警察に逮捕された体験以来、もっとも関心をもっていた問題のはずです。個人の思想信条という内面の世界に、国家権力をバックにした刑事が、暴力的にズカズカとはいりこんでくるという体験は、忘れがたい刻印を若い丸山に残しました。その丸山にとって、徂徠の個人の私的領域と政治の公的領域とを区別する論理は、ある意味で救いだったかもしれません。あるいは、そういう丸山の問題意識が、徂徠の思想の本質としての

「政治的思惟の優位」に気づかせたというべきでしょうか。この問題は、あとでまた触れることになりますが、丸山が、徂徠の思想を論ずるに当たって、「政治的思惟の優位」の指摘からはじめたことの意味は小さくないことは確認しておく必要があるでしょう。

第7講

古文辞学と道の概念

古文辞学

徂徠が独自の学問体系――徂徠学という場合はこの独自の学問体系をさします――を形成したのは、前講で述べたように五〇代にはいってからのことですが、その基礎をなしたのは古文辞学というものでした。古文辞学に開眼するのは、これも前に述べたように、明代中国の古文辞に触れてからですが、それには前史とでもいうべき過程がありました。古文辞学の説明の前に、その過程を簡単に振り返っておきましょう。

徂徠は、もともと語学的関心があり、朱子学者として立っていた時期に、すでに儒教の古典の読み方に関して一家言をもっていました。経典としての六経（徂徠が六経という場合、詩・書・易・礼・

楽・春秋の六つの経典をさしますが、礼は漢代に編集された『礼記』ではなく、秦漢以前から伝えられた『儀礼』のことになります。あとで出てくるように、『礼記』は『論語』とならんで義を説く書として位置づけられています）や四書にかぎらず、宋代、明代の著作も含めて、中国で書かれた漢字の文献は、中国語の文献として読むべきだと考えていたのです。これは、当たり前と思われるかもしれませんが、当時は中国語の文献は、訓点をほどこして日本語のように読むのが普通でした。いわゆる「漢文」です。「漢文読み」（和訓）にすると、いかにも重々しく、荘重な感じがします。たとえば、『論語』の「子曰」は「シノノタマワク」と読み慣わされてきましたが、これを「先生はおっしゃった」としたらどうでしょうか。ありがたみはなくなるかもしれませんが、ずっとわかりやすいでしょう。

和訓にすると、なんとなく重々しくなるという感覚は、近代になってからも欧米語の文献を翻訳するときに、日常語ではない特別の漢語に置き換えるというかたちで残っているような気がします。たとえば、ドイツ語のベグリフ（Begrif）を「概念」と訳すようなことです。ベグリフは「つかむこと」という日常に使う言葉ですから、せいぜい「把握」くらいならよいのですが、「概念」となるとなにやらむずかしげな気配が一気に強まります。専門家という業界人でなければ理解できないような気がしてきませんか。哲学書に出てくる言葉ですから、そんなにやさしくはない言葉ですが、日常語からあまりにもへだたってしまうと、哲学そのものからも遠ざかりたくなります。また、最近では、日常語横文字をそのままカタカナで表記することも多くなっています。とくに、情報関連の業界用語などはひどいものです。年寄りと若者、専門家と素人を分ける垣根をこしらえているようなものです。徂徠の「漢文読み」批判が、現在のこういう言語の業界化とコミュニケーション不全の状態までおよんでくるとしたら、徂徠の慧眼たるや恐るべしというべきでしょう。

それはともかく、「漢文読み」にするということは、日常の言語ではない特別の重々しい日本語にするということですが、それに抽象的な注釈をつければ、もとの意味がますます不明瞭になることはさけられません。だから、徂徠は、中国の書物は、少なくとも外国語の書物として読むべきだと考えたのです。実際、徂徠は、漢字の字書を作っています。江戸に出て、学塾をはじめたばかりのころの講義を弟子が筆録した『譯文筌蹄《やくぶんせんてい》』というものです。これは、漢字一字一字に日常日本語の訳（意味）をつけたもので、まさに「翻訳」のための字書です。

もちろん、外国語として読むということは、文字の読み＝発音も外国の発音で読むということです。徂徠は、中国語の発音、当時は唐音といっていましたが、それも勉強していました。どれほど会話力があったかはわかりませんが、柳沢吉保に仕えていたことで長崎通詞《つうじ》や黄檗宗《おうばく》の中国人僧侶などと接触する機会があり、唐音の勉強をしていたことは確実です。ただ、一般にはそういう機会にめぐまれることは考えられなかったので、徂徠は、弟子たちには、漢籍（中国渡来あるいは中国語としての漢字で書かれた書物）を読む場合、少なくとも訓点つきの「漢文」としてではなく、漢字一字一字の意味をよく考えて翻訳して読むことをすすめていたようです。

このように、言語の問題に強い関心をもっていた徂徠が、仁斎の古義学にも注目していたとしても不思議ではありません。徂徠は、三九歳の秋冬のころに、仁斎に二、三の質問とともに敬意をこめた丁重な書簡を出しています。しかし、仁斎からの返事はなく、翌宝永二（一七〇五）年三月に仁斎は亡くなってしまいました。のちに仁斎の子東涯が、父の伝記資料集の付録に徂徠の仁斎宛書簡を徂徠の許可なく付録として収録したなどのことがあって、徂徠は仁斎の古義学に対してきびしい批判を加えています。言語・文献解釈により厳密さを求める徂徠からすれば、いずれ仁斎の古義学はあきたらなくなるのは明らかでしょうが、もし両者の応酬が実現していたらどうであったでしょうか。興味を引くすれちがいの事実ではあります。はたして、徂徠は、仁斎の没年に中国明代の古文辞家の書に接し、徂徠独自の古文辞学へと進んでいったのです。

さて、前置きが長くなりましたが、徂徠の古文辞学について検討したいと思います。その方法論の要点は、『学則』に述べられています。徂徠は、そこで、さきに述べたように中国語と日本語の相違を自覚することの重要性を主張し、さらに「宇は宙のごときなり。宙はなほ宇のごときなり。故に今《きん》言《げん》を以て古言を視、古言を以て今言を視れば、これを均しくするに侏離鴃舌《しゅりげきぜつ》なるかな」と指摘しています。宇とは空間的広がり、宙とは時間的広がりをいうので、中国と日本という空間的相違と、現在と古代という時間的相違はおなじようなものだ、だから現代語で古代語をみても、古代語で現代語をみても、野蛮人の言葉やモズの鳴き声のようにチンプンカンプンで理解できない、というわけです。

それならどうして古代語が理解できるのか。徂徠は、まず「不朽なるものは文にして、その書具《つぶさ》に存す。かの世のいまだ言を載せて以て遷《うつ》らざるに方《あた》りてや、管・晏・老・列もまた類なり。何ぞその道の同じからざるを悪《にく》まんや」と古代の文章・書籍が残っていることをあげます。そして、「吾、于鱗氏の教へを奉じて、古を視《み》て辞を修め、これを習ひ、久しうしてこれと化し、而《しこう》して辞気・神志みな肖《に》たり。辞気・神志みな肖て、而して目の視、口の言ふこと、何ぞ択ばん」（以上『学則』）と、古代語に習熟することによって古文の語法や精神に同化し、古代人と区別できないほどになり、古代の文献の理解が可能になると主張します。その場合、徂徠は、儒教の立場からすれば異端となる『管子』、『晏子《あんし》』、『老子』、『列子』などの書物も、古代語の文献として無視すべきではないといっています。そこにも闇雲に異端を排撃する宋学との違いをみることができます。

　ところで、徂徠は、古文辞学の方法によって、何を明らかにしようとしたのでしょうか。その答えは、『弁道』にありました。そこにつぎのように述べられています。すなわち「不佞《ふねい》、天の寵霊に籍《よ》り、王・李二家の書を得て以てこれを読み、始めて古文辞あるを識る。ここにおいて稍稍《しょうしょう》六経を取りてこれを読む。年を歴《ふ》るの久しき、稍稍、物と名との合するを得たり。物と名と合して、しかるのち訓詁始めて明らかに、六経得て言ふべし。六経はその物なり。礼記・論語はその義なり。義は物に属《つ》き、しかるのち道定る。すなはちその物を舎《す》てて、ひとりその義を取らば、その泛濫自肆《はんらんじし》せざる者幾希《すくな》し」と。

　少し長いですが、現代語にしてみましょう。「私は、天の恩寵によって、王世貞・李攀竜の書物を手にいれて、それを読んだ。何年かしてしだいに、物（文物制度）と名（言葉あるいは概念）が一致するようになった。物と名が一致して、はじめて字句の意味が明確になり、そうなって六経を論じることができる。六経はその物についての記述である。礼記・論語はその記述された物についての意義を説いている。意義はその物に密接に結合しているので、そのことを明らかにして道というものが決定される。それなのに、その物をすておいて、義だけをとると本筋からはなれ、勝手気ままなことをいえるようになってしまい、そうならない者はきわめて少ない」ということになるでしょうか。

六経は古典中の古典ですから、それを正しく読むためには、古文辞を知らなければならないが、その意味を明らかにするためには物と名と義の関係を正確に認識することが重要であるということです。しかし、「世は言を載せて以て遷り」(『学則』)、つまり時代が変われば、言葉も変わる。言葉が変わるということは、たとえば、日本の古語で「かなし」という言葉が、幼い子供をみたときに発せられる「かわいい」という意味だったものが、現代語では「悲しい」という意味になってしまうようなことです。そういう意味で、時代の推移によって言葉が変わるということは、物(この場合、物とは事物だけではなく、言葉によって表現されるあらゆる現象を含むものだと考えてください)と名が離れてしまうことにもなる。物と名が離れ、名によって記述されているはずの物のことをおいて、名を解釈した義だけを論じることは、実体から離れた抽象的概念だけをもてあそぶことになり、主観的あるいは恣意的解釈が独り歩きすることになりかねません。徂徠の古文辞学は、道の解釈に主観性・恣意性が入り込む原因となった、分離してしまった物と名の関係をもとに戻すための方法だったわけです。

さらに、道の解釈に主観性・恣意性が入り込む要因がもう一つありました。丸山が指摘している「概念の論争的性格」（p.79）ということです。このことについて、徂徠は「孟子はすなはち我を信ぜざる人をして我が言に由りて我を信ぜしめんと欲するなり。これ戦国游説の事にして、人を教ふるの道に非らず。予故《われ》に曰く、思孟なる者は外人と争ふ者なりと。後儒はすなはちその外人と争ふ者の言を以てこれを学者に施さんと欲す」（『弁道』）と述べています。中国の古代戦国時代には、諸子百家が出て、儒者からみれば異端邪説でしょうが、多種多様な思想が百花繚乱のありさまでしたから、儒者はそういう状況において論争に勝たなければならないという立場に立たされていました。孔子の孫の子思や孟子は、外人つまり儒者以外の学者たちと論争することを余儀なくされていました。論争ですから、相手とのちがいを際立たせるために、概念や論理を極端化するようなこともおこります。ある一面だけを強調することもあります。自派の勢力を拡大するためには、説得するあるいは説き伏せるための時代状況に合わせた論理を工夫しなければなりません。論争は、論点や論理を明確化する効果があることも否定できませんが、あくまで一定の状況のなかで行なわれるという状況規定性を見失ってしまうと、『論語』にいう「巧言令色少なし仁《こうげんれいしょく》」ということになりかねません。

ところが後世の儒者は、論争のなかで発せられた言葉の状況的性格を無視して、それを絶対化して、あるいはさらに敷衍して、学者つまり学ぼうとする者に対して教育を施そうとしてきた。それがさらに誤りを増幅させることになると徂徠は主張しています。丸山が引いているように「医者が薬で病気を治療して病気が治ったにもかかわらず、なお薬を飲ませつづけているようなもの」（p.79）というわけです。

こうして、徂徠は、『中庸』、『孟子』以下の書は、論争の書として相対的価値しか認めず、物自体を記述している六経、物の義を説く『論語』までが、根本経典であるとする六経中心主義をとなえるにいたります。朱子学の『大学』『中庸』中心主義に対して、素行の古学の主張からはじまった原典回帰は、仁斎学の『論語』『孟子』中心主義へ、そして徂徠学の六経中心主義にいたって行き着くところまで行き着いたことになります。そして、この原典回帰の過程は、理学（宋学）→古義学（仁斎）→古文辞学（徂徠）という学問方法論上の変化によって推進され、その方法論上の変化は、「主観性──徂徠のいわゆる『私智』──の漸次的な排除の過程」を内容とするものであることが明らかにされています。さらに、丸山は、この過程は、「聖人が一般人との連続性を断たれて益々絶対化する過程」と「密接な照応関係に立つ」（p.80）としていますが、この点は、道と聖人の関係を論じているところで検討されることになります。

では、このような古文辞学によって、徂徠は道についてどのような構想を描くにいたったかをみていくことになりますが、その前に、丸山が徂徠の考え方を「イデオロギー論」として性格づけていることについて検討しておきたいと思います。

丸山は「従来無批判的に絶対視されていたもろもろの説や概念の歴史的背景を指摘してその価値を相対化せしめる徂徠の考え方はいわば最広義における『イデオロギー論』とも称しえよう。その限りでそれは彼の『政治化』的立場の、方法論における表現と見ることが出来る」（p.80）と書いています。イデオロギー論とは、一九世紀のヨーロッパではじまった思想批判の一つの形式で、思想の概念や論理そのものよりも、それが主張される背後の狙いや、動機を暴露するという議論の仕方をさします。その批判の形式は、思想の根底に歴史や社会の現実をみる、あるいは思想形成の根拠を探るという形で、より洗練された思想論になってきます。たとえばマルクスが、自由・平等という市民社会の論理の背後に資本家階級の利害があることを指摘したり、思想がいかに現実の社会関係・階級関係に規定されているかを論じているようなことです。あるいはカール・マンハイム（一八九三〜一九四七）の思想の「存在被拘束性」についての議論などもイデオロギー論の洗練されたかたちを示しています。日本でも、一九三〇年代には、盛んに論じられたテーマの一つでした。

そういうことで、丸山も、徂徠の議論の仕方のなかに、初歩的段階のイデオロギー論を発見したのでしょう。だから「最広義の」という形容詞をつけているわけですが、問題はそういう思想批判の形式が、いかに初歩的であれヨーロッパよりも一世紀も早く現われたというところにあります。これもあとで検討しますが、国学による儒教批判もきわめてイデオロギー論的です。徂徠ひとりの問題にとどまらないのです。丸山は、のちに「日本の思想」（『日本の思想』一九六一年、岩波新書所収）という論文のなかで、この「早熟なイデオロギー批判」の問題を取り上げています。

この問題を考えるうえでの一つのヒントは、丸山が徂徠の「政治化」的立場との関連を指摘しているところにあると思います。「政治化」とはもちろん儒教の政治化であり、政治理論あるいは統治論としての儒教の再構成ということですが、どんなに政治化してもそれを幕藩権力が全面的に採用する可能性はありませんでした。前に述べたように幕藩権力にとって思想はあくまで統治手段の一つにすぎなかったからです。思想は権力の道具でしかなかったといってもいいでしょう。その意味では、権力は権力を否定するものでなければ、一定範囲での思想の「自由」を認めていたといってもいいかもしれません。しかし、それは、思想家にとってはみずからの思想の相対性を認識させられる契機ともなります。相対性の認識のもとに論理を先鋭化させていった場合、なんらかのイデオロギー論的発想に到達する可能性があります。それにしても、この問題は現代にもつながる大問題ですから、これ以上ここで深入りするわけにはいきません。ただ、現在では、「早熟なイデオロギー批判」の登場ではなく、イデオロギー批判がいつまでたっても「早熟」なままでとどまっていることにあるような気もしますが。

天概念の氾濫

それでは、徂徠が古文辞学によってつかみとった道とはどんなものであったかの検討にはいります。丸山は、朱子学の天道と人道、自然法則と道徳規範の連続性という発想を念頭において、徂徠が天道と人道との関係についてどのように考えていたのかの検討からはじめています。この問題の検討の最初に『弁名』からの長い引用があります（p.80–1）。まず、それを要約してみましょう。

「天には太陽・月・星がかかり、風・雷・雲・雨もおこり、寒暑の季節変化、昼夜の交替も繰り返している。その全体ははかりしることができないし、なぜそうなっているかはわからないが万物がそこから生じ、吉凶禍福もそこから決まっているように思われる。じっと観察していると、なにか規則性や法則性があるようにもみえる。地は、大山があってもくずれず、河海の水ももらさない。その大きさは窮めることができない。いろいろな物が生じて、それをとっても減らないし、生物がつぎつぎと死んでいっても物体の量が増えるわけではないが、それもまたなにか根拠があるかのようにみえる。だから、天道とか地道とかいうが、それはみな、聖人の道があって、その聖人の道という言い方を借りて類推していっているにすぎないのだ」というところでしょうか。

つまり、天道や地道というのは、聖人の道のアナロジーにすぎないのであって、本当は天も地も深玄・杳冥《ようめい》・旁礴《ぼうはく》・深厚としてきわまりなく人智をもってしては知ることができないものだから、そもそも天道とか地道とか、あたかもその規則性や法則性を知りうるかのようにいうこと自体がまちがっているということになります。仁斎において天道と人道が分離されて、宇宙論と倫理学がそれぞれ独自化されたわけですが、徂徠は、天道論そのものを否定するところまでいったわけです。

それでは、徂徠にとって天とはどういうものでしょうか。徂徠は、天とは、「敬」の対象であって、人間は、ただその「命」をおそれ、つつしんで奉ずべきものだといいます。それは、聖人といえども「天を畏る。故に止《た》だ命を知ると曰ひ、我を知る者は天かと曰ひ、未だ嘗《かつ》て天を知るとは言はず。敬の至りなり」(『弁名』)ということですから、まして聖人ならざる普通の人間が天を知るなどということは絶対にありえないからです。

そういう徂徠にとっての天の性格を、丸山は「不可知性、神秘性」という言葉で表現しています。「絶対性」といわないところに注意すべきだと思います。天は、命を下す存在として人格的性格をもちますが、聖書に描かれているような、宇宙万物の創造者あるいは常識的に考えて理不尽にすら思われるほどの罰を人間に対して加える絶対者とまではいえないところがあるからです。西欧的な観念との安易な類推におちいらない注意深さが、丸山にあるということです。

その天に人格性を認める立場からすると、「天即理」とか、「天は我之を知る」とか、「天地は心無くして化する有り」とかの朱子や程子の主張は、不遜きわまりなしということになります。朱子学において、理は格物窮理によって、あるいは居敬静座による本然の性の自覚によって、人間がその認識に到達できることになりますし、天地は天理として道徳の完全なる体現者ですから、その徳の感化力を発揮するというオプティミズムになります。徂徠からすれば、そんな論理は宋儒の「憶」つまり独断にすぎないというしかないわけです。

徂徠は、天に心があるのは、『易経』に「復は（復の卦は、の意——丸山）其れ天地の心を見るか」とあるからには、疑うべからざる真理だと主張します。ただ、その天の心を、あるいは天にどんな心があるのか、どんな意思があるのかを、聖人ではない人間には知ることができないというのです。この点についての、丸山が引用している禽獣と人の心の比喩は、「人に禽獣の心がわからないからといって禽獣に心がないとはいえない」といっているようで、ちょっとわかりにくいですが、要は、丸山が引用しなかったそのつづきにあります。「ああ、天は豈《あに》人の心のごとくならんや。けだし天なる者は、得て測るべからざる者なり」（『弁名』）ということです。

そうなりますと、人智を超えた超越的なものであり、不可知であるものに対しては、信じるしかないことになります。丸山が、「彼においては天の人格性は実に信仰にまで高められている」（p.81-2）というゆえんです。ただ、徂徠の場合、その信仰の根拠が、天そのものなのか、六経の記述なのかが明確ではないところに問題が残っているように思います。徂徠の場合、信仰といっても神に絶対的に帰依するという感じはあまりありません。それがどういう思想的問題をはらんでいるのかについて、私なりに考えてみたいと思っていますが、丸山が論じている問題ではありませんので、感想にとどめておきます。

徂徠は、かくして、「宋学の理先気後説も、素行・仁斎の気一元論ももはや問題ではない」という地点に到達した。そして、その徂徠によって「宋学の合理主義は茲《ここ》に儒教の内部において全くその反対物たる非合理主義に転化」（p.82）させられたと、丸山は徂徠の天に関する議論をまとめています。

不可知なものの存在を認め、それへの信仰を説くというのは、たしかに非合理主義ということになりますが、丸山はなぜそれほど非合理主義を強調するのか、については説明が必要でしょう。もちろん、丸山は、論文のさきのほうできちんと論じています。しかし、大事な問題ですので、後論を先取りすることになりますが、ここでも丸山がなぜ非合理主義を強調するかについて少し検討しておきたいと思います。

朱子学の合理主義は、万物の根元であり、完全な倫理性でもある太極＝天理を人間が認識可能なものとしています。そのための方法が格物窮理であり、居敬静座です。しかし、格物窮理は、すでにあるもの、すでに価値づけられているものを「再発見」するにすぎませんし、居敬静座はきびしい禁欲を強いるだけになりかねません。その意味では、人間の精神の自由、理性の自由な活動はむしろ抑圧されることになります。精神の自由を獲得するためには、朱子学的合理主義の要に位置する天理の概念を破壊する必要があります。あるいは逆に、天理の概念を破壊することが、精神の自由な領域を確保することを可能にする条件を提供するといってもよいかもしれません。徂徠の不可知な人格的存在としての天の概念は、その破壊者としての役割を担っているわけです。

精神の自由を奪うような暗い時代状況のなかで、時代の重圧をひしひしと感じざるをえなかった丸山にとって、精神の自由を確保する条件が徂徠の論理のなかに発見できたことは、一つの救いであったのではないでしょうか。それも、もっとも封建的思想と思われてきた「儒教の内部において」(この言葉に強調の傍点が付せられていることにも注意してください) その条件が提示されたということは、暗闇のなかに一筋の光明を見出す思いであったのかもしれません。

道の本質

さきにみてきたように、徂徠は、天道・地道という自然界を包括した道の概念を否定し、道は聖人の道以外にありえないことを主張しました。では、聖人の道とは何か。それは、徂徠にとって根本経典である六経に記述されているはずです。なかでも「孔子之時分には詩・書より外に書物は無之候《これなくそうろう》」（『徂徠先生答問書』）とされていた『書経』にもっとも集中的に記述されていると徂徠は考えたにちがいありません。『書経』は、唐虞《とうぐ》三代といわれる中国古代の帝王たちの事績を記したもので、礼楽制度が帝王たちによって形成・整備される過程を具体的に記述してあるものです。そして、その唐虞三代という理想的な政治・社会が、その礼楽制度によって実現したとされてきたわけですから、そこに道のありようが示されていると徂徠が考えたとしても不思議ではないでしょう。ちなみに、唐虞三代とは、唐を姓とする堯《ぎょう》、虞を姓とする舜《しゅん》、舜から禅譲を受けた禹《う》が創始した夏王朝、夏に次いで湯《とう》王によって創始された殷（商）王朝、殷のあとをうけ文王・武王・周公旦《たん》によってひらかれた周王朝をいいます。

はたして徂徠は、「我道之元祖は堯・舜也。堯舜は天子なり。夫《それ》より後聖人と称し候ハ禹・湯・文・武・周公也。何《いずれ》も皆天下国家を治たる人なり。孔子は此道を伝え玉へる人也。故に聖人の道ハ専《もっぱら》天下国家を治むる道ニて、礼・楽・刑・政之類皆道なり」と、丸山がいう道の本質と内容について主張しはじめます。そして、その道の本質とは、「先王の道は天下を安んずるの道なり。その道多端なりと雖も、要は天下を安んずるに帰す。其の本は天命を敬するに在り」（『弁道』）と記されているように、「なによりも治国平天下という政治性に在る」（p.82）ということになります。

この徂徠の政治性は、儒者のあいだでやかましく議論された王覇の弁についての徂徠の見解においても明瞭に現われます。徂徠は、「王覇の弁は、古のなき所なり」と断じ、「孔子の、管仲を『その仁にしかんや』と称し、……いまだかつて覇を以て非となさず。王と覇と、その異なる所以の者は、時と位とのみ。春秋の時に当たりて、あにいはゆる覇道あらんや」（『弁名』）と、孔子が斉の桓公を助けて覇者たらしめた管仲《かんちゅう》の業績を、だれも仁において管仲におよばないといったことを引いて、孔子は覇を非難していないと論じ、王すなわち徳による統治をとるか、覇すなわち力による統治をとるかは、状況によるのであって、春秋時代のような乱世には覇道などと非難してもどうしようもない、と主張します。問題は、「天下を安んずる」か否かにあるのであって、手段は状況によるということです。

　さらに徂徠は、政治の技術性についても一定の認識をもっていました。「けだし先王の道は、みな術なり」（『弁名』）と、朱子学流の道学者だったら眼を剥《む》きそうな命題を提示します。そして、術について「術なる者は、これに由りて以て行はば、自然にしてその至るを覚えざるを謂ふなり」（同）とか、「聖人の道を大道術と申候。国家を治候も……俗人の思ひかけぬ所より仕かけを致し候て、覚ず知らず自然と直り候様ニ仕《つかまつる》事《こと》ニ候」（『徂徠先生答問書』）といいます。ほかのところでは、「わざ」ともいっていますが、徂徠にとって聖人の道は「民を安ずる」（安民）のための術＝道術＝しかけ＝技であって、身に徳をおさめる（修身）とは、まったく異なるレベルの問題だということです。もちろん、術といっても「権謀術数」という意味での術ではありませんが、術ですから、時代や相手の状況に応じて変化することもありうることになります。その意味で、政治に技術性があることを認めていたといっていいでしょう。

こうした道についての認識をもっていた徂徠が、個人道徳と政治とを連続させる朱子学的思惟様式（居敬静座・格物致知・誠意誠心・修身斉家から治国平天下までを連続的にとらえる発想）に対してきびしい批判を展開するのも当然でしょう。丸山が、主に『太平策』を引いて論じているとおりです（p.82-3）。その手きびしさは「聖人に成得《なりう》れハ国天下ハをのづから治まるといはゝ、君を輔相せんに、其君を聖人に成得《なしえ》んと思ふ内に、年も老日《おい》も暮れて、国天下ハ何れの日にか平治すべく候や」（『徂徠先生答問書』）と、ほとんど嘲弄に近い言い方によく表われています。

丸山は、さらに、徂徠が、個人道徳と政治の連続を切断したばかりではなく、「進んで個人道徳を政治の手段化しようとする」（p.83）ことを指摘します。「人の上に立つ者が、身を修めるのは、身が修まっていないと下の者が上の物を敬信せず、言うことも聞かなくなる。そうなれば安民という目的も達せられない。だから身を修めるのであって、その身を修めて身に付けた徳の感化力で民を治めようというのでない」という徂徠の見解を紹介し、徂徠が、修身は安民のための方法・手段にすぎないと考えていたことを明らかにします。そして、その修身の手段化は「君たる者は、たとえ道理にはずれ、人に笑われるようなことであっても、安民のためにはどんなことでもするという覚悟がなければならない」と、統治には安民という政治的目的以外の規準はなく、道徳的規準は排除すべきだと徂徠が主張するところまできていると丸山はいいます。

こうした徂徠の政治観について、丸山は、イタリアのマキァヴェリに対比して、「近世欧州における科学としての政治学の樹立者の栄誉を『君主論』の著者が担っている様に、我が徳川封建制下における『政治の発見』を徂徠学に帰せしめることはさまで不当ではなかろう」(p.84)と評価しています。もちろん、徂徠は、マキァヴェリのように美徳を実際にそなえることのほうが危険だ——美徳をそなえることによって、かえって行動の自由が制約されるということでしょうが——とまでいっているわけではありませんから、徹底性において限界があるといえるでしょう。しかし、マキァヴェリの直面した政治状況は、国内の政治勢力は四分五裂し、外国からの干渉さえ加わるという過酷なものでした。徂徠の場合は、動揺のきざしがみえるとはいえ、幕藩制の最盛期で太平を謳歌《おうか》している状況でした。むしろ、そういう状況にもかかわらず、「政治の発見」にいたったということのほうが、驚異といえるかもしれません。

道の内容

徂徠の道の本質はその政治性にあるとした丸山は、つぎに道の内容の検討にはいります。そして、徂徠による道の定義、すなわち「道なる者は統名《とうみょう》なり。礼楽刑政凡《およ》そ先王の建つる所の者を挙げて、合せてこれに命《なづ》くるなり。礼楽刑政を離れて別にいはゆる道なる者あるに非ざるなり」(『弁道』)を引き、それを二つの論点に分けて論じていきます。一つは「道は普遍的＝包括的存在である」(道は統名なり)という点、もう一つは「それは客観的＝具体的である」(礼楽刑政)という点の二つです。

この第一の点は、徂徠はたびたび強調しています。『弁道』冒頭にも「道は知り難く、また言ひ難し。その大なるがための故なり」とありますし、「先王の道は多端なり」という言葉も頻出します。このように、徂徠が道の大きさ、多様さを強調するのは、宋儒が道を「事物当行の理」としたり、仁斎が「中庸・孟子に拠りて、孝弟・五常を以て道となす」としているのを「後世の儒者は、おのおの見る所を道とす。みな一端なり」（『弁道』）として否定するためです。そして、一端でしかなくしてしまうことは「思・孟よりしてのち、降りて儒家者流となり、すなはち始めて百家と衡を争ふ。みづから小にすと謂ふべきのみ」（同）、つまり、子思・孟子からはじまって、その後諸子百家の一流派としての儒家流となって、他の百家と論争するようになったが、それはみずからを一流派の立場におとしめるものだということです。

しかし、ここで徂徠が、「一端」といい、「小にする」といっていることに注目してください。徂徠は、「一端」にしたり、「小にする」ことを批判しているのであって、子・孟以下、宋儒・仁斎にいたるまで、それぞれの論理をまるごとすべて否定しているわけではないのです。一端であっても、小であっても、道は広大無辺なものですから、そのなかに包摂されていることになります。それどころか、道の包括性は、儒家者流以外の諸子百家、仏教にまでおよびます。「天地は虎狼を厭はず。雨露は稗苐《はいてい》（ひえ）を択《えら》ばず。聖人の道も、またなほかくのごときかな」ですから、「諸子百家九流の言より以て佛老の頗《は》に及ぶまで、皆道の裂のみ」（『学則』）と、どんな偏頗《へんぱ》なかたよった思想も、道の「裂」つまり「きれはし」として許容されることになるわけです。

これをむずかしくいえば、「彼は彼自身の理論を異説から峻別したに拘らず、他学流に対しきわめて寛容な態度を取った」（p.85）ということになります。しかし、徂徠が仏教を許容する言い方は、もっとくだけています。おもしろいので、ちょっと長いですが引用してみましょう。「年寄候てハ、奉公之勤をも辞し、声色の好も薄くなり、年比《としごろ》かたらひ候朋友も次第ニ少くなり、若き人ハ己が同士にあらず候。家事ハ子共に譲りぬれハ再いろふへきにも無之、次第に無聊ニ成行《なりゆき》候事ニ候。あるひハ棋・象戯《しょうぎ》・双六にても打ち、寺参《まいり》・談義参、宿に候時ハ、念仏にても申候より外ハさりとてハ所作無之事ニ候を御制当候は丶、何を所作として寂寥を御慰可被成候半哉《おなぐさめなさるべくそうらわんや》。老後の境界思召《おぼしめし》やらるべく候。……蛇蝎《だかつ》毒虫も天地之化育をもれ不申《もうさず》候。まして仏法も末世の世にハ相応之利益も有之候」という具合です。徂徠も儒者として肩肘《かたひじ》張ったものの言い方をしていますが、その背後には、こういう人間についてのこまかな観察があるのです。丸山も、学術論文ですからこういうところは引用していませんが、ゼミナールなどではこんなところもおもしろがっていた記憶があります。

では、つぎに、二つめの論点、道が客観的＝具体的であるという論点にうつります。

徂徠は、先王の道は、礼楽刑政であるとしていますから、それが客観的かつ具体的であることはいうまでもありません。礼楽刑政とは、「彼の方法論（古文辞学）において『事』と『辞』と呼ばれた唐虞三代の制度文物の総称」（p.85）です。そして、それは唐虞三代という特定の時代の産物ですが、唐虞三代の聖人たちが制作したものですから、超時代的な普遍妥当性をもっていることになります。制度文物として客観的であり、それが普遍妥当性をもっているかぎり、道が人間の内面に心としてであれ、性としてであれ内在していることはありえないわけで、その意味で本然の性として理の内在を説く朱子学も心即理を説く陽明学も「私智妄作」として否定されます。さらに、制度文物は具体的実在ですから、道を抽象的理念、超越的イデーとして人性の外側にもちだした仁斎も、道をイデーとして抽象的に語るかぎり批判の対象から免れなくなります。宋学も仁斎学も「性と徳とを争うのみ」、つまり五十歩百歩だとして両者ともに切り捨てられるわけです。

ただ、礼楽刑政、制度文物というと、政治や法律の制度のように受け取られるかもしれませんが、徂徠のいう礼楽刑政とは、はるかに広いものをさします。刑政はたしかに政治制度、法制度ですが、礼は「礼儀三百威儀三千」といわれるいわゆる礼儀の全体ですし、楽は文字どおり音楽です。「礼楽は言《ものい》はざれども、能《よ》く人の徳性を養ひ、能く人の心思を易《か》ふ」つまり、礼楽は、ものであって言葉や教説ではないけれども、それを実際に行なうことによって徳性が養われるとされます。そして、礼楽と合わせいわれるのは、「礼の守りは太《はなは》だ厳なり。いやしくも楽以てこれに配せずんば、またいづくんぞ能く楽しみて生ぜんや」ということだからです。

音楽だけではありません。「文学」も広義の礼楽に含まれます。六経には『詩経』もあるから当然ですが、その詩は朱子学者たちからは勧善懲悪をすすめるものだなどと、でたらめをいっていると批判し、詩についてつぎのようにいっています。「古の人のうきにつけうれしきにつけうめき出したる言の葉ニ候を、其中にて人情によく叶ひ言葉もよく、又其時その国の風俗をしらるべきを、聖人の集め置き人に教へ給ふにて候」。だから、国や天下を治める道を説くものでもなければ、道理を学ぶためのものでもない。しかし、「言葉巧にして人情をよくのべ候故、其力にて自然と心こなれ、道理もねれ、又道理の上ばかりにてハ見えがたき世の風儀、国の風儀も心に移り、わが心をのづからに人情に行きわたり、高き位より賤き人の事をもしり、男が女の心ゆきをもしり、又かしこきが愚なる人の心あハひをもしらるゝ、益《えき》御《ご》座《ざ》候《そうろう》」(『徂徠先生答問書』)と、その効用が、人情・風儀を知ることができることにあるとしています。

ここには、音楽や文学を勧善懲悪というような道学的観点から解放し、それ自体としての存在意義を認める方向への一歩をみることができるでしょう。また、丸山が、徂徠が求めるものが、Moralität ではなく Sittlichkeit であった(p.86)という問題も、こういう音楽や文学についてのとらえ方を考えれば理解しやすいと思います。モラリテートもジットリッヒカイトも徳義や徳性というような意味ですが、前者は、朱子学や仁斎学でいう道徳で、抽象的・理念的性格を指して使われるのに対して、後者は、習俗・風儀として具体的に実体化されている徳性をいいます。徂徠が道は礼楽刑政であるという場合、それは習俗として実体化されるものでもあります。そして、礼楽刑政は、法律制度のように権力的強制という方法をともなうものではなく、いわば「しかけ」として、しらずしらず、気がつかないうちに作用して、治国平天下あるいは安民をもたらすものとして考えられているようです。ですから、音楽も文学も、そういう習俗形成の作用をもつものとして許容されるわけです。

気質不変化説と社会的存在としての人間

徂徠が、以上に述べてきたように、道を、聖人が作為したいっさいを包括した客観的な礼楽制度としたことは、人間のとらえ方においても大きな転換をもたらさずにはおかないことは容易に想像しうることでしょう。朱子学においては、善なるものは本然の性として人間に内在しているとされた。仁斎においては、善なるものは理念として超越せしめられたが、それへの端緒は四端として人間に備わっているとされた。この仁斎の説を、丸山は「尾骶骨《びていこつ》的存在を保っていた性善説」（p.86）と呼んでいますが、いずれにせよ、それは孟子の性善説に淵源するものでした。孟子の性善説は、すでに指摘されているように、諸子百家に対抗して論争のために展開された論理です。したがって、それは、本来の聖人の道を、諸子百家と同じ思想的水準に引き下げることになるとして否定されます。

この論争のために水準を引き下げるというのは、荀子《じゅんし》の性悪説も同じだと徂徠は主張します。荀子は、孟子よりも六〇年ほどあとの戦国時代末期の儒学者ですが、「性善説は性善に安心して、あるいは誇って、徳を成就する妨げになる。人間には、そういう安心したり、驕《おご》ったりする悪がある。それを矯正するために礼が必要になる」という性悪説を主張した思想家ですが、それも性善説と同じ論争のための議論であり、礼による矯正は、結局はリゴリズムに陥ることになるとして批判されるわけです。

徂徠の観点からすれば、「いやしくも能く先王の道を信ぜば、すなはち性善を聞きてはますます勤め、性悪を聞きてはますます勤めん。いやしくも先王の道を信ぜずんば、すなはち性善を聞きてはみづから用ひ、性悪を聞きては自棄せん。故に荀・孟はみな無用の弁なり。故に聖人の言はざる所なり」(『弁名』)ということになります。すなわち、「先王の道を信ずるものは、性善と聞けば善になろうとますます努力するし、性悪と聞けば悪に陥らないように努力する。反対に信じない者は、性善と聞けば自分勝手な解釈をするようになり、性悪と聞けば自暴自棄に陥ってしまう。だから荀子の説も、孟子の説も無用な議論にすぎない。聖人も性の善悪などということはいっていない」ということです。

徂徠にとっては、先王の道を信じるか、信じないかが問題であって、性の善悪はそもそも問題ではないのです。道は、聖人の道として包括的かつ客観的なものであるとすれば、人間の性が善であるか悪であるかということとはまったくかかわりなく道は存在していることになるからです。

こうして、性善説・性悪説を「無用の弁」としてしりぞけた徂徠も、「性」という概念そのものを否定しているわけではありません。「性なる者は、生の質なり。宋儒のいはゆる気質なる者これなり」と、性を気質に限定し、さらに「人の性は万品にして、剛柔・軽重・遅疾・動静は、得て変ずべからず」(『弁名』)と、性の多様性と不変性を主張します。これを人間のほうからみれば、「性は人人殊《こと》なり」とか「人の性の殊なるは、これを草木の区して以て別あるに譬《たと》ふ」(同)ということになります。つまり、性は多様であるだけではなく、人間はそれぞれ異なる性、あるいは異なる組み合わせの性をもつので、それは植物がいろいろな性質で種に区別されるのと同じようなものだ、ということです。これは、徂徠が人間を個性ある多様な存在としてみていることを意味します。

そして、その性は変化しないとされます。気質不変化説です。その観点から、気質の変化を説く朱子学への批判が展開されます。「気質は天より稟得《うけえ》、父母よりうミ付候事ニ候。気質を変化すると申候事は、宋儒の妄説にて、ならぬ事を人ニ責《せめ》候無理之至《いたり》に候。気質は何としても変化ハならぬ物にて候」（『徂徠先生答問書』）。だから、「学んで聖人に至る」とか「人皆聖人たるべし」などという宋儒の主張は、言語道断な「無理之至」になるわけです。その無理は、人に不可能を強いることになるので、「その究《きはみ》は、必ず、天を怨みその父母を尤《とが》むるに至る」（『弁道』）という弊害をもたらすと徂徠は主張します。

このように徂徠は、気質不変化を説きますが、それは、気質の質的変化たとえば米が豆になるというような変化（凡人が聖人になるということも同じように質的変化と徂徠はみています）の不可能なことをさしています。しかし、量的な変化、つまり米や豆をよく世話することで収量がふえるようなことは認めています。徂徠は、そうした変化を「移る」という言葉で表現しています。人の性は多様でその本質は変化しないが、「みな善《よ》く移るを以てその性となす。善に習へばすなはち善、悪に習へばすなはち悪なり。故に聖人は人の性に率《したが》ひて以て教へを建て、学んで以てこれに習はしむ」（『弁名』）というわけです。そして、徂徠は、聖人の教えにならって気質＝性を移せば、それぞれの気質にしたがって「徳立ち、材成り」（同）、道＝安民のために有用な人材となるといいます。

徂徠においては、徳はこのように性と結びつけられているので、徳自体も多様な徳として定義されます。「徳なる者は得《とく》なり。人《ひとびと》おのおの道に得る所あるを謂ふなり。或《あるい》はこれを性に得《え》、或はこれを学に得《う》。みな性を以て殊《こと》なり。性は人人殊なり。故に徳もまた人人殊なり」（『弁名』）ということです。したがって、「いはゆる仁・智・孝・弟・忠・信・恭・倹・譲・不欲・剛・勇・清・直のごときの類」（同）の徳も、それぞれ個別の徳であり、一人の人間がすべてを兼ね備えるべきとされるものではないとされます。まさに「聖人は学びて至るべからず」です。また、「材」は、才であり、能力を意味しますが、それが道＝安民の実現に有用である場合に徳と等しいことになります。

以上のように、徂徠は気質不変化説に立脚することによって、それぞれの性（気質）を涵養して徳に高めることによって、普遍的＝包括的な道＝安民の実現に資することになるのだという論理を構築することができたわけです。この論理を丸山は「徳は特殊的＝部分的なる個人をして普遍的＝全体的なる道に参与せしめる媒介となるものである」（p.89-90）と総括しています。

ところで、この論理には、もう少し検討すべき問題が残ります。一つは、個別的・部分的徳が、具体的にどのように道に参与するのかという問題です。もう一つは、道の包括性というのは具体的にどういう現実認識から主張されているのかという問題です。

まず、一つめについて。徂徠は、さきに引用したように、いわゆる徳について儒教一般があげる徳目を列挙していますが、よくみると気になる点が出てきます。これも二つあります。その一つは、「いはゆる」とか「ごときの類」という言葉が付けられている点です。これは、徂徠が、朱子学をはじめ仁斎に至るまでの儒者たちがいう徳とは意味が異なること、つまり道徳規範としての意味ではなく、得とか材という言葉で表現される、いわば能力という意味で使用していることを現わしていると考えられます。また、類＝「たぐい」ですから、あげてある徳目は一種の例示であって、それ以外にも徳はありうるということも含意しています。実際、道は「多端」であり、包括的ですので、それに参与する媒介としての徳も、「多端」であって、普通には徳としては観念されない「技能」のようなものも含まれると徂徠は考えていたようです。

もう一つは、儒者が徳という場合、仁義礼智信――これに忠孝弟を加えれば滝沢馬琴（一七六七〜一八四八）の『里見八犬伝』の「八徳」になります――と連称されますが、徂徠は礼と義を除いているという点です。礼と義は、徂徠にとっては、道＝礼楽刑政の内容ですから、それは道であって、いいかえれば聖人が制作するもので、個人が体得すべき徳ではありえませんから、除かれているわけです。

では、そうした徳によって、人間はどのように道に参与することになるのでしょうか。徂徠は、「仁ハ天下の民を安んじ候事ニて、本人の上たるものの道にて候。孝・弟・忠・信・中庸之徳行ハ、分に相応にたれニてもなり申候事ニて、上たる人ばかりの道にてハ無御座候《ござなくそうろう》」と仁とそれ以外の徳とを区別し、「たゞ人々の量の大小御座候故、大量の人ならでハ仁をわが任といたし候事なりがたく候」（『徂徠先生答問書』）と、仁を「大量の人」すなわち器量の大きな「上たるもの」＝人君の備えるべき徳に限定します。そのうえで、「聖人の道は、要は民を安んずるに帰するのみ。衆美ありといへども、みな仁を輔《たす》けてこれを成す所以なり」（『弁名』）と、仁以外のもろもろの徳（＝衆美）は、仁をたすけて安民という目的を達成する役割をもつものとして位置づけられます。

その仁をたすけるということは、具体的には「おのおのその材に因《よ》りて以てこれを官にし、以てこれを民を安んずるの職に供せんと欲するのみ」（『弁名』）と、人君の臣・役人として人君を輔佐することを第一にあげます。これは、人材登用の理論的根拠になります。しかし、徂徠はそこにとどまりません。丸山が『徂徠先生答問書』から引いているように（p.91）、農も工も商も士も、それぞれの職能をつうじて、「世界」を成立させる役割を担っていると主張するところまでいきます。まさに「全人民が皆役人である！」（同）ということになるわけです。

丸山は、こうした徂徠の論理を「儒教の政治化もまた是に至って極まるのである」（同）と総括しています。朱子学を典型とする個人の道徳・修養と深くむすびついていた儒教の「政治論」を、天下あるいは民を安んずるという政治的目的のもとに儒教的諸範疇を再構成し、個人道徳・修養と政治を完全に切り離したという意味において、丸山の総括は、徂徠の思想の本質を突いているといってよいと思います。

ただ、ここで、徂徠の論理を問題にするにあたって、徂徠がどのように現実の社会を認識していたかという問題を検討する必要はなかったか、という問題があることを指摘しておきたいと思います。さきにあげた二つめの問題です。というのは、「人の道は、一人を以て言ふに非《あ》らざるなり。必ず億万人を合して言をなす者なり。今試みに天下を観るに、孰《たれ》か能く孤立して群せざる者ぞ。士農工商は、相助けて食ふ者なり。かくのごとくならずんば、すなはち存すること能はず。盗賊といへども必ず党類あり。かくのごとくならずんば、すなはちまた存すること能はず。故に能く億万人を合する者は君なり」(『弁道』)という徂徠の認識と、「士以上は心を労し、農以下は力を労す。心を労する者は上に在り。力を労する者は下に在り」(雨森芳洲『橘窓茶話』)という近世の儒学者に普通にみられる認識とのあいだには相当なちがいがあるように思われるからです。

もちろん、徂徠も身分制を前提としていることにはちがいありません。しかし、後者の認識が、心(精神)と力(肉体)というまったく質的に異なる価値的にも格差づけられた原理を基礎においているのに対して、徂徠の場合には、より機能主義的であり、個人に与えられた性とその涵養の仕方によって変動する関係が含意されているように思われます。性が血統によって受け継がれるとはかぎらないとすれば、仁君たる地位、士たる身分が特定の血筋に世襲されるということを絶対化することはできなくなります。徂徠が、明示的にそういう主張をしているわけではありませんが、徂徠の論理の可能性がどこまであったかということは、徂徠の政治性を論ずる場合、十分検討するに値する問題ではないでしょうか。

しかし、この問題は、ないものねだりにちかい面もありますし、丸山による徂徠の論理の摘出自体を否定するような論点を提起するわけでもありませんので、ここでは感想程度にとどめておきます。

第8講
聖人の絶対性と実証的精神

天・帝・先王・聖人

前講では、徂徠の学問方法論の基礎である古文辞学と学問の中心的テーマである道の概念について、丸山がどのように分析し、論じているかを検証してきました。道の概念が明らかにされたとすれば、つぎの問題は、その道の妥当性あるいは道の正しさの根拠を、徂徠がどこに置いていたのかということになります。丸山によれば、それは聖人が制作したという事実にあり、制作した聖人の超越性にあるということです。そのことについて丸山は、「名より実へ、主観的道徳より客観的人倫態へ、の徂徠学の工作をしてバベルの塔を建築するに終わらせない為に残された方向はただ一つ、道の背後に道を創造した絶対的人格を置き、この人格的実在に道の一切の価値性を依拠せしめるよりほかにはない」(p.96)とまとめています。少しわかりにくい表現ですので、朱子学や仁斎学をふりかえりつつ敷衍してみましょう。

名というのは、形而上的・観念的概念のことで、その代表が宋学でいう「理」です。徂徠も理という概念を完全に否定するわけではありません。「理なる者は、事物にみな自然にこれあり」(『弁名』)と認めています。しかし、その理は「我が心を以てこれを推度《すいたく》して、その必ずまさにかくのごとくなるべきと、必ずかくのごとくなるべからざるとを見ることあり、これこれを理と謂ふ」(同)と、主観性をまぬかれないものとします。徂徠は、その点についてこんなたとえを使っています。飴《あめ》という一つのものがあっても、伯夷(古代の人格者)は「以て老を養ふべし」と考えるだろう。しかし、盗《とう》跖《せき》(古代の盗賊)は「以て枢《くるる》に沃《そそ》ぐべし」(扉の回転軸にそそいで音を消す)と考えるだろう。このように、人はそれぞれの主観にしたがって判断する。だから「理なる者は定準(定まった規準)なき者なり」ということです。その定準のない理をきわめるには、自分と他者(万人)および物(万物)そのものそれぞれの「性」を知りつくさなければならないが、それができるのは聖人だけで、「凡人の能《よ》くせざる所なり」と徂徠は主張します。したがって、宋儒のいう「格物窮理」は、人に不可能を強いるだけではなく、主観性を考慮しないことによって主観性の跋扈《ばっこ》をゆるすことになると批判するわけです。そのような理を、自然と人間をつらぬく原理として道の妥当性の根拠となしえないのは自明なことでしょう。

しかし、聖人は「能く理を窮めてこれが極(規準)を立つることあり。礼と義とこれなり」(『弁名』）ですから、人は、聖人の立てた礼と義、すなわち礼楽刑政という「物」によって生きるしかないのです。つまり、名より実です。

他方、仁斎は、朱子学のような自然と人間をつらぬく理の論理を否定し、道を人間にとって実現すべき道徳理念として提示しました。その道徳理念＝仁義礼智は、それ以外の何ものかによってその妥当性が証明されるのではなく、それ自身が妥当性をもつ自足的な自然かつ当然な理念とされるにとどまりました。徂徠からすれば、それは主観性を排除できないという意味で不十分だということになります。仁斎の道は、主観的道徳、前に出てきた言葉でいえばモラリテート（Moralität）であって、徂徠が求める聖人の道＝礼楽刑政およびそれによって形成される人倫態すなわちジットリッヒカイト（Sittlichkeit）とはまったく異なるものでしかなかったのです。

それでは、徂徠の道＝礼楽刑政はどのようにその妥当性を主張しうるのでしょうか。理や天理をもちだすわけにはいきませんし、それ自身を自己完結的に妥当だと主張するわけにもいきません。それでは、朱子学や仁斎学と同じことになってしまいます。ところで、徂徠の道＝礼楽刑政は、前に述べてきたように、客観的な制度文物であり、それは六経に具体的に記述されているものでした。そして、六経によれば、それは古代の帝王たちによって作られたものでした。そこから出てくる結論は、ただ一つ、作った者が超越的絶対者であれば、その制作物も絶対化されるという論理です。その超越的絶対者を、徂徠は、先王といい、聖人と呼びます。

そこで、先王・聖人とはどんな存在かということがつぎの問題になります。徂徠は、まず聖について「聖なる者は作者の称なり」（『弁名』）と定義します。そして、「古の天子は、聡明叡知の徳あり、天地の道に通じ、人物の性を尽し、制作する所あり、功、神明に侔《ひと》しく、利用厚生の道、ここにおいてか立ち、しかうして万世その徳を被らざるはなし」（同）と、聡明叡知の徳があり、利用厚生の道を制作した古の天子を聖人とします。さらに、「礼楽を制作し、しかうして正徳の道始めて成り、君子は以て徳を成し、小人は以て俗を成し、刑措《お》きて用ひず、天下大いに治り、王道ここに肇《はじま》る」（同）と、礼楽を制作し、君子も小人もそれぞれ所を得、刑罰を定めてもそれを使わないで平天下を実現する正徳の道を成立させた者（徂徠は、堯舜の名をあげています）もまた聖人とします。利用厚生の道といい、正徳の道といい、その道を制作・作為した者が聖人と呼ばれるのです。

利用厚生の道を制作した天子、正徳の道を成立させた者とは、同一の存在ではないことは明白ですから、聖人は当然複数いることになります。それどころか、徂徠は「それ聖人もまた人のみ」（同）といいます。人ですから「人の徳は性を以て殊なり。聖人といへどもその徳あに同じからんや」と、平たくいえば聖人にも得手不得手があるということです。したがって、道は「これ数千歳・数十聖人を更《へ》、その心力知巧を尽して以てこれを成す。あに一聖人一生の力の能く成す所ならんや」（『弁道』）と、複数の聖人によって、数千年の時間をかけて制作されたことになります。

こうした複数であれ制作者としての聖人に対して、人はどのように対すべきか。徂徠はただ信じるのみと答えます。けだし「先王の聡明叡知の徳は、これを天性に稟《う》く。凡人の能く及ぶ所に非ず」（同）ということ、つまり、先王＝聖人は天から特別の能力を賦与されており、凡人（聖人ではないすべての人間の意味です）を超えた存在だということだからです。徂徠は、みずから聖人を信じることについて、つぎのように述べています。「愚老抔《など》が心ハ、只深く聖人を信して、たとひかく有間敷《あるまじき》事と我心ニハ思ふとも、聖人の道なれバ定めて悪敷《あしき》事ニてハあるまじと思ひ取りて、是を行ふニて候。行ひ熟して後は、習與性成、習慣如天性《てんせいのごとく》候故、坦路を行ことくニ成候事ニ候」（『徂徠先生答問書』）と。「聖人を信じて、たとえそうではないだろうと思うことがあっても、聖人の道だからきっと悪いことはないだろうと思ってそれをやってみる。それに熟達すると習い性となり、習慣は生まれ付きのようになって、平坦な道をゆくように楽になる」ということですから、「鰯《いわし》の頭も信心から」といったらいいすぎかもしれませんが、とにかくひたすら信じることをいっています。「ここに至っては聖人は殆《ほと》んど宗教的絶対者にまで高められた如くである」（p.98）と丸山が述べているのももっともです。

このような聖人に対する信仰的態度と天との関係についても検討しておきたいと思います。さきにみてきたように、徂徠学において天こそが彼岸的超越者の位置を占めているわけですから、それと聖人との関係ついてもはっきりさせておく必要があると思うからです。それとともに、超越的存在として徂徠が言及している聖人、先王、帝、天という概念の相互関係についても整理しておきましょう。ただし、ここからさきは、丸山論文の論旨にとって絶対に必要不可欠というわけではありませんので、とばしてもらってかまいません。

まず、天ですが、これについては前にも触れていますが、ここで『弁名』の定義によってもう少しくわしく検討します。徂徠は、最初に「天は解を待たず。人のみな知る所なり」と、解説するまでもなく誰でも知っているものだとします。ついで「これを望めば蒼蒼然、冥冥乎として得てこれを測るべからず」と、あおあおとして、どこまでも遠く測りしれないといいますから、第一に天空のイメージです。そして、「日月星辰ここに繋《かか》り、風雨寒暑ここに行はる」ですから、現代風にいえば、大気圏から宇宙にまで広がる天空そのものを天としていることになります。その天は、たんなる自然科学的意味での天空ではありません。「万物の命を受くる所にして、百神の宗たる者なり。至尊にして比なく、能く踰《こ》えてこれを上《しの》ぐ者なし」と、万物が命《めい》を受けるというのは、命《いのち》を与えられる、使命を与えられるとどちらにも解されますが、その両方を含んで存在の根拠を与えられるといってもよいかもしれません。そういう天ですから、あらゆる神の大本であり、もっとも尊ばれるべき無上の存在だということです。だから「聖人の道、六経の載する所は、みな天を敬するに帰せざる者なし」。つまり、聖人といえども、天に対してはおそれつつしみ尊ぶ以外にはない、天は人智のおよぶところではない、孔子ですら「天命を知る」といっても、「天を知る」とはいっていない、ということになります。ここから徂徠は、宋儒への批判にはいっていきますが、それはすでに述べたところと重複しますので省略します。

それでは、そういう天と聖人の関係はどうでしょうか。聖人はさきに述べたように人であり、作者の称ですから、当然固有の名前があります。徂徠が、聖人としてあげている名前は、伏羲《ふくぎ》・神農・黄帝・顓頊《せんぎょく》・帝嚳《ていこく》のいわゆる五帝（五帝には諸説ありますが、ここでは徂徠があげている五人としま す）と堯・舜・禹・湯・文・武・周公の作者七人および孔子のあわせて一三人です。徂徠のいう聖人はこの一三人に限りません。さきに引用したように、聖人は数千歳にわたって数十聖人もいたと徂徠はいっています。しかし、五帝以前はあまりにも伝説的ですし、六経にもその事績が明瞭に記されてはいないので、あげていないのでしょう。あるいは、この象徴的な一三人について検討しておけば、聖人の本質は認識できると考えていたからかもしれません。

それはともかく、徂徠は、この五帝と作者七人それから孔子について、それぞれ異なる性格を与えています。まず五帝については「帝もまた天なり」と天と等しい地位を与えています。それは「その制作する所の畋漁《でんぎょ》（狩猟漁労）・農桑《のうそう》（農業）・衣服・宮室（建築）・車馬・舟楫《しうしふ》・書契（文字）の道は、万古に亘《わた》りて墜《お》ちず、民日々にこれを用ひ、視て以て人道の常となし、しかもまたその由りて始る所を知らず。……人類いまだ滅びずんば、これを能く廃する者なし。これその天地と功徳を同じうし、広大悠久なること、孰《たれ》か得てこれに比せん」（『弁名』）ということだからです。要するに、人間が人間として生きていくにあたって最低限の必要不可欠な条件――これを徂徠は「利用厚生の道」ともいっています――であり、地理的にも時間的にも限定されない永遠普遍の条件を形成した五人ですから、「後世の聖人は、これを祀《まつ》りてこれを天に合し、名づけて帝と曰ふ」ことにしたと徂徠はしています。それが、「帝もまた天なり」という意味です。

つぎに作者七人です。五帝の業績は、広大悠久とはいっても、それは利用厚生の道にとどまっていて、社会を形成・維持していくにはそれだけでは十分ではない。「堯・舜に至り、しかるのち礼楽始めて立つ。夏・殷・周よりしてのち燦然として初めて備はる」(『弁道』)と徂徠がいうのは、人間が生存しつづけるためには、生活の基礎条件とともに社会を形成・維持していくための仕掛け・装置——これを徂徠は礼楽刑政といっているわけですが——が必要と考えていたからです。前にも引いたように、「人の道は、一人を以て言ふに非ざるなり。必ず億万人を合して言をなす者なり」であって、「能く億万人を合して、その親愛生養の性を遂げしむる者は、先王の道なり」(同)と、道は億万人を合するためであり、億万人を合して実現できるものですから、その道を制作するのは、利用厚生という基礎的条件を整えるよりもはるかに複雑で困難な作業だといえます。その意味で徂徠は、堯舜以下作者七人を聖人中の聖人とし、先王として超越的な存在とするわけです。

ところで、先王についてはどうでしょうか。これには二つの定義があります。第一は「先王、聰明叡知の徳を以て、天命を受け、天下に王たり」(同)で、第二は「先王、国を開き、礼楽を制作す」(同)です。前者では、五帝も作者七人もはいりますが、後者では作者七人に限定されることになります。しかし、徂徠はそれを厳格に使い分けているわけではありませんから、一応、広狭二義があるとしておきましょう。ただ、ここでは、先王という場合、礼楽の制作者であるということに重点が置かれ、その制作者は、それぞれ国家=王朝の開祖とされているところに注目しておきましょう。

最後に、孔子ですが、孔子については微妙な問題があります。聖人の定義は、すでに検討してきたように、作者であり、王であることにありますが、孔子はその定義では聖人とはいえなくなります。

「孔子に至りては、すなはち生るること時に遭はず、制作の任に当たること能《あた》はず」(『弁名』)。つまり、孔子は春秋時代という乱世に生まれて、制作の任に当たることができなかったので、その意味では聖人の条件を欠く。しかし、孔子の時代には、先王の道はすたれきっていた。先王の道でないものを先王の道という者、先王の道を先王の道ではないという者が続出し、なにが本当の先王の道かわけがわからなくなってしまっていた。孔子はそういう状態を正すために「四方に訪求して、釐《をさ》めてこれを正し、然るのち道大いに孔子に集まり、しかうして六経ここにおいてか書せらる」(同)、四方に散逸していた先王の遺物・遺文を収集し、校訂を加え、六経を編纂した。だから、先王の道は孔子によってのみ後世に伝えられた。その功績は聖人に匹敵する。徂徠は、そのように孔子の業績を顕彰しています。それでも徂徠は、孔子を聖人とすることには躊躇があったようです。自分は聖人ではないから、聖人を知ることはできないとくどいほどいったあとで、「且《しばら》くこれを古の作者に比して、聖人を以てこれに命《なづ》くるのみ」(同)といっています。

それはともかく、徂徠は、聖人を道徳的完成者とするような聖人観――誰でも学んで至ることが可能であるとする聖人観――をしりぞけ、五帝、唐虞(堯・舜)、三代(夏・殷・周)の先王、孔子という特定の人格に限定し、その特定の人格たる聖人への絶対的信仰を説いたわけです。

歴史意識と実証的精神

徂徠は、以上に述べてきたように、聖人が制作した礼楽制度を道としたわけですが、その道は唐虞三代という特定の歴史的時間のなかで、中国という特定の場所において制作されたものでした。その道が、聖人の超越的絶対的人格によって妥当性の根拠が与えられているとすれば、聖人の世ならぬ時代に生まれたものは、その道をひたすら信じ、それが失われている場合には、それへの回帰をひたすら願うしかないのであろうかという疑問が出てきます。徂徠は、先王の道を唐虞三代の礼楽制度という具体的事物に限定することによって宋学の道学的規範主義を徹底的に批判してきたわけですが、もし、徂徠が先王の道をそのまま規範化し、歴史超越的に実現すべき理想としてしまえば、道学的ではないにしても別のタイプの硬直した規範主義におちいることになってしまいます。

しかし、徂徠は、すでに古文辞学の検討で明らかにしたように、歴史的変化を認識するきわめて柔軟な発想をもっていました。言語・文辞における場所的・空間的異同——中国語と日本語——と時間的・歴史的異同——古代と現在——の認識は、言語・文辞の世界にだけとどまるはずはありません。「世は言を載《の》せて以て遷《うつ》り、言は道を載せて以て遷る」(『学則』)と時代の変化と言語の変化とは密接に結びつけられていますから、時代の変化すなわち人間社会の歴史的変化は当然に認識の対象にすえられています。

そこで、丸山は「唐虞三代という時間的にも場所的にも制約された制度に道を求めた徂徠学が何故に非歴史的ドグマティズムに陥らなかったか、むしろ逆に儒教思想において比類がないほどの歴史意識がそこに高揚されたかという疑問」(p.98) を提起しているわけです。その疑問は、丸山によれば、聖人の「彼岸性《ひがん》」を考慮することによって解明されるとしています。聖人の彼岸性とは、聖人が人智を超越した絶対性をもつということですが、そのことがどうして歴史意識を高揚させることになるのでしょうか。

この問題に対して、丸山は、二つの面から検討を加えています。第一に、道が聖人の制作であるという一点によってのみ絶対的であるから、聖人のいなくなったあとの時代・場所での礼楽制度は、その時代・場所の制約をうけるので相対的のものとならざるをえないと徂徠が考えていたとします。徂徠が、九州柳川の内山生(未詳)にあたえた書簡(『徂徠集』)で、「夏・殷・周三代ののちには、中華といえども蛮族の侵攻をうけた。現在の中国はもはや古代の中華ではない。だからいたずらに中華を慕うのはまちがっている」といっていることや、『明律国字解』(中国の明の法律・刑法を日本語で注解した徂徠の著書)の講義の受講者に「明律は時代も国も異なった制度であるから、簡単にこれを現代の日本にそのまま適用して現在の制度を破壊してはならない」ことを誓約させていることなどをあげ、徂徠の時代的＝場所的な制約性の認識の例証としています。丸山は、この徂徠の認識を、「聖人の制作なるが故にのみ絶対的なのである」という基本命題が歴史意識を渙発する消極的な側面とします(この点に関して、丸山が、わざわざ注18で「だから、屢々《しばしば》徂徠学に帰せられる中華至上主義なる評価は、もしそれが、シナという特定の国家を至上視することを意味するなら、全く的はずれである」〔p.105〕と述べているのは、さきにも述べておいたように、論文執筆当時の徂徠評価を念頭においたもので、ここにも当時の思想状況の反映を読みとることができます）。

第二に、丸山は、基本命題が渙発する積極的な側面について「道はその彼岸性において絶対的であるが故に具体的＝経験的拘束力としては却《かえ》って歴史的に特殊な形態の下にのみ顕現する」（p.99）と指摘しています。ちょっと逆説的な表現でわかりにくいかもしれません。何度も指摘されているとおり、道は先王が制作したという点で絶対的なのであって、それをそのまままるごと規範として、あるいは実現すべき理想として絶対化しているわけではないので、具体的時と場所において道を実践しようとするときには、その具体的状況に応じた形態をとることができる、ということを意味しています。それどころか、むしろそうすることが、先王の道にかなっていると徂徠が主張していると、丸山はいいます。そのように具体的状況に適応することを先王の道にかなったこととする点をとらえて積極的な側面といっているわけです。

実際、徂徠は、「復安積澹泊（第六書）」（『徂徠集』所収。安積澹泊《あさかたんぱく》〔一六五六〜一七三八〕は、水戸藩の儒者で前期水戸学の代表的学者）において「夫《そ》れ斟酌《しんしゃく》なる者は何ぞ。人情に合せんことを求むるなり。……則ち聖人の礼を制するは、人情に本《もと》づく。故に今礼を行ひて人情に合せんことを求めば、悖《もと》ら弗《ず》と謂ふべきのみ」と、聖人も人情に合わせて礼を制作しているのだから、後世においても人情を斟酌することは、道にもとらないと主張しています。そして、徂徠は、その前提として、「礼を制する者有り。礼を伝ふる者有り。礼を行ふ者あり。三者自ら別にして、概論すべからず」と、その三者を、三代の聖人、孔子およびその一門、後世に実践する者とし、それぞれを明確に区別することを要求しています。そのうえで、後世の実践者のなすべきこととして人情を斟酌せよといっているのです。それゆえ「若し礼を行ふを以て之を言へば、程朱の礼も亦可なり、世俗の礼も亦可なり、独《ひと》り己が心を以て先王の礼を斟酌するも亦可なり」と、二程子や朱子（宋学）でも、世俗でも、主観的な斟酌でもかまわないという言い方もなされます。徂徠一流の極端な言い方というべきですが、徂徠の本当にいいたいことは、「礼を制するを以て言えば、程朱の聖人に擬するは非なり」で、どんな理屈をつけるにしても「聖人の制作」と同じ真理性を主張することはまちがいだということです。

この論理は、神道という日本独自の道についての徂徠の議論にもみられます。徂徠は、神道という日本独自の道が、先王の道とは別個に存在することは否定しますが、神道が「祖考ヲ祭リテ天ニ配シ、天ト祖考ヲ一ツニシテ、何事ヲモ鬼神ノ命ヲ以テトリ行フ事」については、「是モ又唐・虞・三代ノ古道ナリ」（『太平策』）として容認しています。「その祖考を祀《まつ》り、これを天に合す」（『弁名』）というのは、聖人がやっていることだというのがその論拠です。つまり、礼についていまの人情を斟酌することが古代の聖人の制作の場合と同様であるとされるように、日本で祖考（先祖）を天と一体化させ崇拝することも中国古代の聖人を引照して容認されています。時間的・場所的相対性の認識が、ここでも貫かれているといってよいでしょう。

このようにみてくると、先王の道といっても、時代・場所によっていかようにも変更を加えることができるとされ、その規範性はないにひとしくなってしまうように思われるかもしれません。しかし、徂徠は、それが聖人によって制作されたという点を確認することなく、それ自身を永遠不変の理念として固定化することに反対しているのであって、それになんの規範性もないと主張しているわけではありません。その規範としての作用のさせ方がちがうといってもよいでしょう。徂徠は、「聖人ノ制度ヲ知ラネバ、定木《じょうぎ》ナクテユカミヲ知ルヘキヤウナシ。故ニ聖人ノ道ヲ、規矩準縄《きくじゅんじゅう》トシテ見ル事也」（『太平策』）と、定木、規矩準縄という現実を判断するための規準として聖人の道の「規範性」を認めているのです。そうすることによって、状況認識の必要性も、具体的な施策を考えるうえでの柔軟性も確保できるからです。徂徠がきらったのは、なによりも硬直した宋学的＝道学的規範主義であったことが、あたかも道の規範性自体をも否定しているかのような印象を与える表現をとらせていたと考えるべきでしょう。

　それから、後世の人がいまの人情を斟酌することの正当性を、三代の聖人と同様の行為として承認しているという点にも検討すべき問題がありそうです。徂徠は、「『夏《か》の道』と曰ひ、『殷の道』と曰ひ、『周の道』と曰ふ者あり。けだし道なる者は、堯舜の立つる所にして、万世これに因る。然れどもまた、時に随ひて変易する者あり」（『弁名』）と、三代の聖人も道を変易つまり変更することがあったと認めています。このことについて丸山は、注19で「これはむしろ、此岸的な歴史的変遷の認識が逆に三代にまで反映したものと解すべきではないか」（p.105）としています。その証拠として「聖人の智に非《あら》ざるよりは、いまだその更改する所以の意を与《あづか》り知ること能《あた》わざる者なり」とつづけていることを丸山はあげます。しかし、同じ『弁名』の別のところでは、「けだし歳月反《かえ》らず、人亡《ほろ》び世遷り、風俗日に漓《うす》く、以て汚れ衰ふ。……三代の聖人、そのかくのごときを知り、すなはち前代の礼楽に因りて、損益するところあり」とも論じられているので、簡単に「反映」としてはかたづけられないようにも思われます。夏殷周の三代の王朝も、事実として秦漢以後の王朝と比較して継続期間は長いにしても滅亡したことは明らかですから、その説明は避けて通れないからです。

徂徠は、のちに検討するように、改革＝制度の建て替えを将軍徳川吉宗にむかって提起します。改革を可能にする論理をどのように組み立てるかは、徂徠にとってきわめて重要な問題であったはずです。その意味でも、三代の聖人による礼楽制度の変易・損益の問題は、その論理の出発点として大きな比重が与えられていたとみるべきでしょう。丸山が、なぜわざわざこのような注を付したのかはわかりませんが、三代の聖人の変易を重大視すれば、聖人の絶対性を強調する丸山の論理に若干の疑問が呈される可能性があると考えたからかもしれません。少し問題の残るところです。

それはともかく、徂徠の聖人観と歴史意識が、「そのイデア――しかも道学的な――に合致するか否かという見地からのみ観察」する「通鑑《つがん》綱目流の勧善懲悪史観」を完全に廃棄させることになりました。そして、その論理的過程を「道それ自体の究極性を否定して之を古代シナに――複数的ではあるが――夫々《それぞれ》一回的に出現した人格に依拠せしめ、その人格を彼岸的なものにまで高めることによってはじめて此岸的な歴史は固定的な規準の束縛を脱して、その自由な展開が可能ならしめられるのである」（p.100–1）と丸山は総括しています。自由な展開が可能になるとは、歴史を評価する視点を最初から固定して、それも道学的な、歴史超越的な視点から評価を下す対象としてのみ歴史をみるのではなく、過去の事実を事実としてのみ観察し、その事実に即して自由に分析、評価することが可能になるということです。

したがって、徂徠は、「経書を御覧候共、古之事実を御存知無之候へは、今世之事ニて聖人の時代を思召《おぼしめし》やり候故、違候事のみ多く御座候」（『徂徠先生答問書』）と歴史の事実を知ることの必要性を説き、現在の観点をもって過去をみることのまちがいを強調するわけです。さらに、「国土の替り、時代の替りをよく不存《そんせず》候へは、治乱盛衰之道理、古今の差別なく、聖人の道ハ末世までも用候様ニ聖人の御立候と申事ハ、タシカニハ被知不申《しられもうさざる》事ニ候」（同）と、聖人の道を正しく認識するためにこそ、歴史を実証的かつ客観的に知ることの重要性を説きます。歴史的事実を記載している司馬光（一〇一九〜一〇八六）の『資治通鑑《しじつがん》』は読むに値するとしても、その事実に対して道学的観点から批評を加えた朱子の『通鑑綱目』を排除するのも当然だということになります。ただし、「資治通鑑ハ綱目より勝り申候へとも、文章拙《つたな》く候故、事之情心に移りかたく、感発之益無之候」（同）とあまり評価はしていないようですが。

徂徠のこうした歴史への関心のあり方は、「只々時代を知る事肝要に候。文章も政治も経学も皆々時代の替りより入不申《はいりもうさず》候へば、埒明不申《らちあきもうさず》候物に候。時代の替りは言語と制度の替りに候」（『徂徠先生詩文国字牘《とく》』）という徂徠の文章について、丸山が「六経について辞（言語）と事（制度）を求める古文辞学の一般的適用にほかならぬ」（p.101-2）と評しているように、古文辞学の方法と密接にむすびついていたのです。そして、その関心の対象は、「惣《そう》して学問ハ飛耳《ひじ》長目《ちょうもく》之道と荀子も申候。此国に居て、見ぬ異国之事をも承《うけたまわり》候ハ、耳に翼出来て飛行候ごとく、今之世に生れて、数千載の昔之事を今日ニミることく存候ハ、長き目なりと申事ニ候。されば見聞広く事実に行《ゆき》わたり候を学問と申事ニ候故、学問ハ歴史に極まり候事ニ候」（『徂徠先生答問書』）と、どこまでも拡大していきます。こうした歴史や古今東西の事物に対する広い関心の上に成立した徂徠学は、経学以外の学問を雑学としてしりぞける宋学とは、学問観の上でも対極に立ったわけです。

また、徂徠にとって広く学ぶということは、「古今和漢へ通し不申候へは、此国今世の風俗之内より目を見出し居候事にて、誠ニ井の内の蛙に候」（同）と、現在という時間とこの国という場所に規定された狭隘な視点からぬけだす方法でもありました。いい換えれば、時間と場所に制約されている自分を相対化するということです。現在の自分あるいは自分たちを正当化するために過去を利用するのではなく、過去を知ることによって自分あるいは自分たちを相対化するというのは、じつは大変むずかしいことです。もっといえば、そのような問題に気づくこと自体が容易ではないのです。歴史のなかから自分に都合のよい事実だけを拾いだし、都合の悪い事実には知らぬ顔をきめこむような論調が蔓延している現状では、徂徠先生から学ばなければいけないことはまだまだ少なくないようです。

それはそれとして、徂徠の古今東西への関心は、丸山が、「無限の荒野に駆り立てる」とか、その著作目録を一覧すると「殆《ほと》んど全文化領域を網羅するエンサイクロペディアの感がある」（p.102）と評しているように実に広大かつ微細な領域に広がっています。その微細なものへの関心をしめす例として、丸山は『南留別志《なるべし》』という徂徠の随筆集をあげています。これは、著述というより雑記帳のようなもので、版行を予定していたものではないので余計そうですが、じつに多様で細かいことに関心をもっていたことがわかります。そのなかに、「古の詞《ことば》は多く田舎に残れり。都会の地には時代のはやり詞といふ物、ひた物に出来て、ふるきはみなかはりゆくに、田舎人はかたくなにてむかしをあらためぬなり。此比《このごろ》は田舎人も都に来りて時の詞を習ひつゝ、ゆきて、田舎の詞もよきにかはりたりといふは、あしきにかはりたるなるべし」という一条があります。これは、本居宣長の『玉勝間』にも同じような記述がありますし、民俗学者柳田国男（一八七五～一九六二）の言語周圏論にもつながる発想で、若いころに田舎暮らしを体験した徂徠ならではの観察ですし、経学にとらわれた儒学者には思いもつかない発想です。

丸山は、こうした徂徠の多様な関心について、「聖人の彼岸的なものへ迄の高揚によって堰《せき》を切った個体性への関心は一旦堰を切るや、忽《たちま》ち怒涛の様な勢を以て溢れ出しいまや己が本来仕えるべき目的をも忘却したかの様に猛《たけ》り狂わんとする」（p.102）といささかおおげさな表現をしていますが、それは、徂徠の関心が、治国平天下をめざす政治的方向と言語・文学への方向とへの分岐をはらんでいることを指摘したかったからです。実際、のちに述べるように、徂徠の学派はその二つの方向に分裂していきます。しかし、丸山が、思想史上の問題としてもっと提起したかったのは、公的側面と私的側面の分岐とその意味についての問題です。すでに論じてきたように、徂徠の朱子学批判における政治的なるものと道徳的なるものの分離は、公と私の分岐という新しい思想的問題としてとらえなおされることになります。それは、また、徂徠から宣長へとつづく思想的ドラマの開演をつげることでもありました。

第9講

公と私の分離

徂徠学における公と私

丸山が「是で徂徠学の基礎構造の一順を終えた」(p.115)と位置づける第三節第四項は、ことわり書きのような文章からはじまっています。いわく「まずここでわれわれが『公的』と『私的』という表現を用いたのは決して恣意的な意図にでるものではない」(p.106)と。これはなぜでしょうか。この問いから検討してみたいと思います。

この問いに対する答えの一つは、徂徠の著述のなかにあります。なかにあるといっておきながら変な言い方ですが、じつは、徂徠は公私という概念について、まとまった形ではあまり論じてはいないのです。古文辞や六経、道は先王の制作であり礼楽刑政という物であること、先王＝聖人の超越性などこれまで検討してきたことについては、徂徠のいろいろな著述のなかで、独立にあるいは関連個所でくりかえし論述されています。それに対して、公私については、独立に論じているのは『弁名』のなかの「公・正・直三則」の一条だけです。それも原漢文で約二五〇字ほどにすぎません。論述が少ないからといって、そこに本質的な問題がふくまれていないとは必ずしもいえませんが、少なくとも徂徠にとってそれが論じるべき主要な課題として自覚されていたのではないとはいえるでしょう。徂徠について一家言をもっている者が少なくないなかで、そういうテーマをとりあげるわけですから、一言ことわりをいれるのも当然かもしれません。

しかし、思想史の研究は、対象とする思想家の明示された論理だけをあとづけることにとどまるものではありません。ときには、思想家自身が自覚していない思考の論理や枠組み――それを思惟様式といってもよいかもしれません――を、思想家の明示された文章のなかからえぐりだすことも目的とします。それを、前に触れたようにイデオロギー暴露的にではなく、論理内在的にできたならば、思想史研究者は、そのことに研究の醍醐味を感じます。前講で検討した第三節第三項の終わりで「かかる公私の分岐が実は徂徠学を貫く根本的性格なる所以を明かにしよう」(p.103) と書いた丸山が、そういう醍醐味を感じた自分の感情の動きを、ことわりをいれることによって抑制したともみえます。

ただ、丸山が、徂徠の思想の基礎構造を論じるにあたって、公私の問題を最後においたということの意味は、それだけにとどまらないようにも思います。じつは、ここにこそ丸山がいいたいことがあったのではないでしょうか。結論を先取りしていうようなことになりますが、論文執筆当時の状況を考えると、そのように思われてならないのです。忠といういわば公の領域と孝という私の領域とが一致すると説かれ、さらに滅私奉公が叫ばれる状況において公私の分離をプラスのイメージで論じること自体が問題的であったと思います。だからこそ、そのことを、あくまで徂徠に即して論じていると明示することが必要であったのではないでしょうか。少しばかりこだわりすぎているかもしれませんが、そんなふうに感じさせる一文です。

さて前置きが長くなりましたが、徂徠の公私観念についての丸山の分析の検討にはいります。丸山は、この問題を論じるにあたって二つの事例を検討するところからはじめています。一つは赤穂事件で、もう一つは丸橋忠弥《ちゅうや》訴人をめぐる問題です。前者については、第5講で紹介しましたので、くわしい説明は省略します。徂徠は、赤穂浪人たちの行為について、主君の「仇討」として是認しようとする意見に対して、それは私的なレベルでは義として認められるとしても、徒党して市中を騒がせた行為は公的法を犯す行為として処罰されなければならないとして切腹を主張したことを思い出してください。

後者については、『政談』巻四の「丸橋忠弥ヲ訴人シタル者ニ、今モ御奉公被仰付《おおせつけられ》ズト言事」という話がとりあげられます。丸橋忠弥とは、由比正雪とともに謀叛を企てた慶安事件（慶安四〔一六五一〕年）の首謀者の一人です。その丸橋の一味であった松平信綱の家臣奥村某の弟が、兄から責められ白状におよび、信綱に訴えでた。そのため謀叛の陰謀が露見し、由比も丸橋も刑死しました。問題は、その訴えた人物がいつまでも仕官できない、つまり就職できないということです。それについて徂徠は、「総ジテ武家ノ風俗ニテ、訴人ヲスルヲ大ナル臆病トス」ということがあり、それは、個人的に恨みがある人物を自分で討とうとすると、命の危険があるので、お上に訴えて代わりに殺させようとするということがあるからであるが、それと「忠節の訴人」つまりお上に忠義をつくすための訴人とを一緒にするのはまちがっていると批判します。しかし、現実には、訴人を臆病とする風潮は、武士だけではなく町人・百姓にも広まっているので、いま（『政談』成立は享保七〔一七二二〕年ごろと推定されているので、慶安事件からは約七〇年後）にいたるまで訴人したものが仕官できない状態がつづいているともいっています。

話は変わりますが、理由は徂徠がいっているのとはかならずしも同じではありませんが、現代でも「訴人」を忌避する風潮は残っているのではないでしょうか。とくに内部告発者が、告発したために組織内で嫌がらせやいじめにあったり、再就職が困難であったりすることをよく聞きます。内部告発者を保護する法律が不十分ながらもできたということは一定の進歩といえますが、事態はそれほど改善されたとは思えません。こうした問題が、徂徠の時代までさかのぼるとしたら、その根は深いといわざるをえません。

つい余計なことを申しましたが、もとに戻します。徂徠は、丸橋忠弥訴人一件を総括して、つぎのように主張しています。すなわち「総ジテ訴人ヲ臆病ト云フハ、私ノ義理也。右ノ訴人ハ大ナル忠節也。……私ノ義理ト公ノ義理・忠節トハ食違者也。国ノ治ニハ私ノ義理ヲ立ル筋モ有ドモ、公ノ筋ニ違テ有害ニ至テハ、私ノ義理ヲ不立事也《たてざる》」と。ここで注意すべきは、私の義理と公の義理とが明確に区別されているということです。そして、丸山は、赤穂事件もふくめて論点を整理し、主君の仇を討たないのは恥であるとか、訴人を潔くないとかという気持ちの問題は「私的領域」に属することであり、仇討といえども法を犯したものは罰するとか、謀叛の防止のために訴えるという行為は「公的領域」に属し、両者が衝突したときには「公」を優先するというのが徂徠の立場であるとしています。この場合、公私の区別は、あくまで領域の区別であって、倫理的規準による価値的な区別ではないことに注意してください。

このことについて徂徠は、『弁名』でより一般的に論じ、「公なる者は私の反なり。衆の同じく共にする所、これを公と謂ふ。己の独り専らにする所、これを私と謂ふ。君子の道は、衆と共にする者あり、独り専らにする者あり」として、それぞれ例をあげて定義しています。公の例として、「偏なく党なく、王道蕩蕩《とうとう》。党なく偏なく、王道平平」(『書経』)、「天下を平らかにす」(『大学』)、「天下国家は均《ひと》しくすべきなり」(『中庸』)、「寡《すくな》きを患《うれ》へずして均しからざるを患ふ」(『論語』)などの言葉をあげて、「均・平これはみな公なり」つまり平等と平和を実現することが公だとしています。私の例としては、「命士より以上は、父子みな宮を異にす」(『礼記』)、「父は子のために隠し、子は父のために隠す」(『論語』)、「吾これを聞くなり、君子は天下を以てその親に倹せず」(『孟子』)などをあげています。これは少し説明が必要でしょう。『礼記』の言葉は、「天子から命を受けた士以上の者は、親と住居を別にして、私生活を確保する」ということ、『論語』は「父子はたがいに悪事があっても、それを隠し合うものだ」ということ、『孟子』は、いろいろ異説があるようですが、丸山にしたがって「君子は社会の物資を費やさぬために親の葬式を簡単にするようなことはしない」と解釈しておきます。徂徠は、これらはすべて私だとしています。

このように公と私を区別したうえで、徂徠は「これ公・私はおのおのその所あり。君子といへどもあに私なからんや。ただ天下国家を治るに公を貴ぶ者は、人の上たるの道なり」と、公私はそれぞれ異なる領域に属すとし、「人の上たる」者すなわち為政者は、公＝平等と平和を尊重すべきだ主張します。「おのおのその所あり」というのは、それぞれの論理があるということでもあります。ですから、父子が互いにかばいあうのも「父子相隠すハ理において背かず、事の上にも順なり」（『論語弁書』）と肯定されます。ただ、為政者が公を尊重してどう判断するかは別のレベルの問題だということです。要するに、問題は、二つの領域が衝突したときにどうするかであって、片方とくに私の領域が一方的に否定されるわけではないのです。

以上のような公私観は、またしても朱子学のそれとは対極に立ちます。徂徠は、『弁名』の公私区別の論につづけて、「宋儒の『天理の公、人欲の私』を以て説を立つるに及んで、これを求むること太《はなは》だ深く、恩なきに幾《ちか》し」と批判しています。この朱子学の考え方の典型として、丸山は林羅山の『春鑑抄』を引いていますが、カタカナばかりでわかりにくいので漢字をあてて説明します。「人欲ノ私ト云ハ、眼ニ色ヲ見テ欲ヲ起シ、耳ニソノ声ヲ聞キテソノ欲ヲナシ、鼻ニ香ヲカイデ欲ヲ起シ、口ニ味ヲナメテホシキマ、ノ思ヒヲナス。手足ニツイテホシキマ、ノ楽ヲ思ヒ」をなす、これすべて

「人欲の私」で、そういう「私欲ヲノケテコソ、天理ノマヽ、性ノマヽ、ナルトコロニイタランズレ」というのが羅山の主張です。仏教でいう六根つまり眼耳鼻舌身意という知覚器官のすべてが欲の発生源として否定されるのですから、恩すなわち人情・情愛を否定するに近いと徂徠が批判するのもむべなるかなです。

要するに朱子学では、公私の区別はあるものの、それは天理＝善＝公と人欲＝悪＝私という区別であって、同一の倫理基準によって反対の極にふりわけているだけということになります。これが、徂徠による公私の分岐といかに異なっているかは、もはや説明の必要もないでしょう。こういう徂徠の公私のとらえ方について、丸山は「かかる朱子学的用法の思想界における一般性を前提とするとき、何びとも徂徠的な公私の思惟方法の画期性を否みえないであろう」（p.108）と評価しています。

丸山が、徂徠的な公私の思惟方法を画期的と評価するのは、「広く文化的営為における公的な領域の独立、従ってまた私的な領域の解放こそまさに、『近代的なもの』の重要な標徴でなければならぬ」（p.107）という認識をふまえてのことです。丸山が、理念型的にいえばとことわったうえで論じているように、前近代社会は、公私の区別を知りませんでした。統治者の財政は家政であって、そこでは君主個人の支出と国家の公的な支出とは原理的には区別されていません。御公儀は将軍と将軍の軍事・行政組織である幕府と同一視されていました。民衆統治のための行政事務の遂行は、主従関係という主君と家臣との関係における家臣の忠誠義務の履行とされていました。社会の実体がそうであれば、公私の分裂が意識されないのは当然ともいえます。朱子学において、公私の観念があっても、それは同一の価値基準のなかに配列されているだけですから、本質的な意味で公私の分裂を意識化しているとはいえません。それに対して徂徠は、公私を領域のちがいとしてとらえ、それぞれに別個の価値基準があることを認めているわけですから、そこに画期性を見出した丸山の評価はまちがってはいないと思います。

しかし、そこには問題もあります。近代的意味での公私の区別は、公は私の独立を前提にしてはじめて成立する、私を前提にして成立した公は一定の条件のもとにおいてのみ私の領域に介入できる、いい換えれば、私的領域の独立は、権利として確保されることによって近代的といえるのです。信仰・思想・信条・表現などの私的領域は、自由権として憲法に規定される、別の言い方をすれば、国家がそれに干渉しないと約束するところまでいって近代は成立したといえるのではないでしょうか。残念ながら、徂徠の場合はそこまでは達していません。丸山がいう画期性は、そういう近代への端緒となった、あるいは前提条件を切り開いたという意味でいわれていると考えればよいと思います。そうでなければ、過大評価といわざるをえません。

ただ丸山は、そのくらいのことは十分承知していたと思います。私的領域の独立をここで説明したように論じれば、民主主義そのものを論じ、評価することになります。丸山が論文を執筆していた当時、それがどんな危険をもたらすことになるかは、想像に難くありません。過大とも思われる評価をしめすことによって、本当の問題の所在を示唆したとも考えるべきかもしれません。

それにしても、道徳という本来私的な領域に、文部科学省という国家機関が教育という名のもとに堂々と介入しようとしている状況、靖国神社参拝をめぐって公人・私人を都合よく使い分けようとする政治家たち、議員の調査費使用にみられる公私混同などなど、公私をめぐる問題は、いまにいたるまであとがつきないようです。また、競争の効果を過信して格差を軽視する政治家に、公私が衝突したとき、「寡きを患えずして均しからざるを患う」という公の立場からの判断はとうてい期待できそうもありません。徂徠にもどってもう一度考えなおしたほうがよいと思うのは私だけでしょうか。

私的＝内面的生活の解放の行方

これまで論じてきたように、徂徠学における公私の分裂が日本の儒教思想史のうえで画期的意味をもったということを、丸山は、つぎのようにまとめています。「われわれがこれまで辿って来た規範と自然の連続的構成の分解過程は、徂徠学に至って規範（道）の公的＝政治的なものへまでの昇華によって、私的＝内面的生活の一切のリゴリズムよりの解放となって現われたのである」（p.110）と。全文強調のための傍点が付けられたこの文章は、徂徠学の論理構造を分析してきた丸山が、もっともいいたかったことを表わしているにちがいありません。丸山がもとめていたものは、私的＝内面的生活の解放であり、それも「一切の」リゴリズムからの解放でした。ここに朱子学的とか道学的というような限定詞は付けられていません。「一切の」という言葉のなかには「欲しがりません勝つまでは」というような禁欲主義もふくまれることになります。徂徠に仮託しながら、丸山の本音がもれたとみても、それほどのまちがいではないでしょう。

さて、徂徠に即して問題を整理すれば、公私の分離のつぎには、解放された私的＝内面的生活が何によって充塡されるのかという問題になります。その問題を検討するにあたって、朱子学との相違を明確にするために、丸山は「慎独」と「礼」と「歴史」の三つの例をあげています。

まず「慎独」ですが、これは『礼記』、『中庸』、『大学』などに出てくる言葉で、普通「ひとりをつつしむ」と読みます。この言葉は、『中庸』では開巻冒頭にかかげられていますから、朱子学者によって重要視されました。これについては、もちろんいろいろな解釈がありますが、朱子学者の代表として藤原惺窩の解釈をあげてみましょう。惺窩は、「独トハ、人ノナキトコロバカリヲ独ト云フニハアラズ。此《ここ》ニ云フハ、我ガ心ニ一念ノキザシアルコトゾ。一念ノキザシノ未《いまだ》アラワレザル時ニモ、悪《あしき》コトノナキヤウニトナリ」（『大学要略』）と説明しています。「独とは、他人の目にさらされない一人の状態をいうだけではなく、他人に気づかれない自分の内心にわずかでも意念が動くきざしがある状態をいう。そのきざしが外面に現われる前に、悪にならないようにつとめなければならない」ということです。要するに、独りでいようが、人前であろうが、自分にだけしかわからないような内心のわずかな動きにも気を配れということですから、四六時中謹厳実直を維持していなければならないわけで、気の休まるときはまったくなくなってしまいます。

徂徠は、これとはまったくちがう解釈をします。『弁名』では、「慎独なる者は、徳を己に成すを務むるを謂ふなり」なのですが、先王の道が「外に在り」と外在的であり、その礼と義も「人に施すもの」つまり対社会的なものですから、学者（いわゆる学者ではなくて、文字どおり学ぶ者）がそれを道芸（技術・技能）とみなして、徳を自分になすことにつとめるものが少ないので、「慎独」という言葉あるのだ、としています。そして、独と慎について、つぎのような定義を与えます。「『独』なる者は人に対するの名、『慎』なる者は心を留むるの謂ひなり」つまり、独は他者に対する自己・自分自身であり、慎は留意する、熟視することとなります。したがって、慎独は「心を我に在る者に留めて、我の徳を成さんこと」といい換えられます。そして、「徳は得なり」といわれるように、徳にはいわゆる倫理道徳の徳もふくまれますが、より広く特性・才能の意味をも加えられるとすれば、この定義は「自分の特性・才能をよく自覚して、その大成につとめなさい」ということにもなります。朱子学の善悪規準にとらわれた慎独とは、いかに異なっているか説明するまでもないでしょう。こうして、慎独は、徂徠によって、私的領域を、いわゆる道徳的・倫理的規範による拘束から解放された自由な領域へと拡大する可能性を開く概念となったわけです。

それでは、礼の場合はどうでしょうか。徂徠によれば、礼は経礼（礼義）三百、威儀三千の「物」であって、道徳規範ではありませんから、それがそのまま内面的領域を規制することはありえません。『弁名』には、「君子はこれを学び、小人はこれに由る。学ぶ方は、習ひて以てこれに熟し、黙してこれを識る。……これに由ればすなはち化す。化するに至りては、すなはち識らず知らず、帝の則《のり》に順《したが》ふ」とあります。礼は、もちろん先王が制作した物ですから、学者はこれを学び＝習熟し、小人はそのとおりに実行することだけがもとめられるのであって、心のあり方を直接規制するものではないということです。その意味で、礼は外にあるものです。

それに対して朱子学では、礼は徳の一つとされます。そして『論語』にある「非礼視ること勿《なか》れ、非礼聴くこと勿れ、非礼言ふこと勿れ、非礼動くこと勿れ」という言葉の解釈について、林羅山の『春鑑抄』では「タトヘバ、僧ナドノ、『魚ヲ欲シヒ』ナドト云事ハ云ベカラズ」以下、あれをするな、これをするなと例をあげています。それ以外のところでも『春鑑抄』ではこまごまと禁止事項をあげ、それを人間一般に対して守るべきものとしています。徂徠は、同じ『論語』の言葉について、「万民の上に立つ人、視も聴も言も動も皆礼を目当にして礼にあらずハ視聴言動《ミキキモノイヒウゴクコト》事なかれとなり」（『論語弁書』）と解説しています。その言葉は、「万人の上に立つ人」に対してのみいわれているとしています。

この違いをむずかしくいえば「宋儒ガ礼ヲ説クハ老女ノ小娘ヲシツケル如キ事ニテ瑣々砕々タル事ナリ、礼ハ国ノ幹也ト左伝ニ出タリ、国家ニ於テ肝要ナル事ハ礼也ト云事ナリ」（『経子要覧』）ということです。丸山が、「ひとえに政治的性格を帯びたものであって、日常生活を規律する従来の煩瑣な『礼』とは峻別されている」（p.109）というように、徂徠のいう礼は、私的＝内面的領域の外にあって直接にそこに介入するものではないのです。

つぎに歴史です。この問題は、公私の区別というよりも、朱子学的歴史観が人の内面にどういう影響を与えるかという問題です。丸山が引用している『徂徠先生答問書』上巻の文章（p.110）の前に、「綱目に有之《これあり》候歴代之人物之評判をよく覚《おぼえ》候而《そうろうて》評判致し候分にては、悉《ことごとく》皆覚事ニて人のうはさ計《ばかり》ニ候。人のうはさを致し候を、学問と存候故」と書かれています。朱子の『通鑑綱目』は、朱子の道学的観点から歴史上の人物についての評価を述べたものですが、だいたいにおいてきびしい評価が下されています。聖人ではない歴史上の人物に道徳的完成者である聖人の規準をあてはめようとするわけですから、そうなるのは当然でしょう。だから「古今の間気に入る人一人も無之《なく》なり申候」ですし、そういう規準でいまの人をみて悪い評判ばかりすることになれば人柄が悪くなるといわれても仕方のないことでしょう。そういう朱子の評価の仕方ばかりをおぼえて、それを自分でも適用することを学問とするのは、大きなまちがいだと、徂徠はいっています。

問題は、丸山が引いているように人柄が悪くなる学流である闇斎派への批判に尽きるものではありません。歴史の学び方にかかわっているのです。先に引いた一連の文章の末尾に、徂徠は「何《いず》れなり共、只国々を遍歴なされ長寿にて古今を御見わたし候心にて、理屈をば何共《なにとも》御つけなく、ひたもの御覧被成《なされ》候ハヽ、何《いず》れも〳〵得益むなしかる間敷《まじく》候」と書いています。どんな歴史書でも、なんの理屈もつけないで、ひたすら事実そのものを読むことが、歴史を「実学」として学ぶことであると、徂徠はいいたかったのではないでしょうか。

そういう徂徠が、「世儒（世間に一般的な儒者）理に酔ひて、道徳仁義、天理人欲、口を憑《つ》いて以て発す。不佞（自分をへりくだった呼び方）之を聞く毎に便《すなわ》ち嘔噦《おうえつ》（吐き気）を生じ、乃ち琴を弾じ笙を吹く」というのもよく理解できます。その思いは、『学則』の末尾での「学んでむしろ諸子百家曲芸の士となるも、道学先生たることを願わず」という積極的な宣言というか啖呵《たんか》となってほとばしり出たわけです。

丸山もこの言葉がよほど気に入っていたのでしょうか。どこで聞いたかはさだかではないのですが、「徂徠はねぇ、諸子百家百芸の士となるも、道学先生たることを願わず、といっているんですよ。儒学者の徂徠が」と、いかにもうれしそうにいっていた顔がいまでも目に浮かぶようです。ひょっとしたら、師であった南原繁から日本思想史をやれといわれて、不承不承研究をはじめた丸山は、この言葉に出会って、はじめてやる気を出したのではと思わせるぐらい、印象的でした。実際、丸山は、若いときから文学、演劇、映画、音楽好きだったと回想しています。それは、晩年にいたるまでそうだったようです。『丸山眞男座談集』には、そのことをしめす対談・座談が載せられています。乞う参照です。

また、話が横道にそれてしまいました。もとに戻します。

それでは、道の外在化によって、確保された私的＝内面的生活をみたすものはなんだったでしょうか。丸山は、それについて「朱子学の道学的合理主義によって抑圧された人間の自然的性情より外のものではありえない」（p.109–10）としています。その自然的性情を表現するもの、それは音楽であり、文芸でした。世儒の、道学的説教を聞いて吐き気をもよおしたとき、徂徠は「琴を弾じ笙を吹く」といっていました。そして、それにつづけて「否《しからず》んば、則《すなわ》ち関関たる雎鳩《しょきゅう》（『詩経』の「関関雎鳩。在河之洲」を読むこと。詩の意味は「みさごが河の洲にいるのを見て、夫婦のことを思い出す」ということ）。以て其穢《けがれ》を洗う」とも書いていました。道学の「穢れ」をはらうために、音楽と詩が内面生活に充填されなければならなかったのです。

音楽について、徂徠は、「その楽を制するや、八音五声、相和して以て相済すこと、なほ五味の和するがごとく、以て人の徳を養ひ、以て天地の和気を感召す。また人情の悦ぶ所に率ひて、和順して以てこれを導き、以て天下の人をして道徳に和順して以てその俗を成さしむ」（『弁名』）とその効用を認めています。引用してしまったので、語義の説明を加えて解説しておきます。八声とは、金・石・土・革・糸・木・匏《ほう》（ひょうたん）・竹の八種の材料でつくった楽器の音、五声は五つの音階で、それが酸・苦・辛・鹹《かん》・甘の五味が調和しているように調和した音楽が、徳をやしない、天地の和気をよびおこす、ということです。どうやら徂徠は、雅楽のようなものをよしとしているようですが、けっして世俗の音楽を排除しているわけではありません。『蘐園十筆』に、「世俗の楽を観《み》て、而《しか》る後、聖人の楽を知るなり」としたうえで、いまの世俗の楽には、「児女子が玩ぶ」一歌一絃（三味線一本で歌うこと）の音楽と「武人の尚ぶ」能・猿楽の鼓・笛の音楽の両極があるが、その「両端を観て、古楽得て以て言ふべし」と、世俗の楽を一概に否定してはいません。このように、世俗の楽もふくめて音楽の独自の存在が承認されているわけですが、その規範からの独立の程度は、道実現への効用にむすびつけられているという意味で、不十分なところがあります。

詩については、徂徠は、もう少し踏み込んで論じています。宋学批判に直結していることがあるかもしれません。『経子史要覧』に朱子について「詩文ナトノ学ハ、長物（無用の長物）ト心得テ、詞章記章（文をかざるばかりで考えない）ナト、云フラシ、玩物喪志（『書経』に出る言葉で、物をもてあそんで志を失うこと）トアルヲコダテニトリ、只執拗偏気ノ事ノミヲ説キ、……学者ノ風上ニモ置ヘキ者ニアラス」と実に手きびしく批判しています。詩は、六経の一つでもありますから、朱子学者の詩文に対する否定的態度は、徂徠にとって我慢のならないことだったにちがいありません。もちろん、徂徠には独自の詩についての考え方がありますから、それが本筋ですが、強調の仕方には、朱子学批判の意思がこめられているようにも感じられます。詩は勧善懲悪のためのものではないとは、くりかえし述べられているところです。この点は、前にも論じているので省略します。

徂徠は、詩は、物に触れ、事に感じて喜怒哀楽愛悪などの情がおこったときに自然と言葉に現われ、声に出たものだとします。だから詩は「唯日本ノ和歌ト同ジコトニテ（詩は漢詩をさすので、こういう言い方になります）、サノミ修己知人ノ道ヲ説キタル物ニテモナク、治国平天下ノ法ヲ示スモノニモアラズ」（『経子史要覧』）とされます。さらに、徂徠は、聖人が古人の詩を集めたのは、「人ニ向テ告ケ語ルヘキヤウモナケレハ、只心ニ思フトコロヲ詞ニツヽリテトナヘ出ス。ソノ言ノ中ニテ、人情ニ叶ヒ、言辞ノ善ク、又其国ノ風俗ヲ知ラルヘキヲ」集めたのであって、「コレヲ修古知人ノ為ニセヨトニハ非ス」（同）とかさねていっています。詩の選択基準は、人情に叶うか、言辞がよいか、風俗をうつしているかという文学的基準であって、道学的あるいは政治的基準ではないことを明示しています。徂徠は、実際自分でも詩を作っていますし、他人にもそれを薦めています。古文辞を修得するためという意味もありますが、詩作そのものに意味を見出していたと考えてもまちがいではないと思います。古文辞を尊重しながら、古文辞が失われたとする唐の詩を好んだのは、本居宣長が、万葉風ではなく古今風をよしとしたのに似て、興味のあるところです。

いずれにしても、徂徠は、詩や音楽と先王の道とのつながりを維持しつつも、それが「治国平天下ノ法ヲ示スモノニハアラズ」と政治的＝公的領域に属することを否定し、詩や音楽が私的領域に属することをしめしました。これは、「芸術のための芸術」すなわち芸術には芸術固有の価値があり、それゆえに表現はできるかぎり自由でなければならないとする西洋ルネサンスで現われた近代的芸術観への扉を開く、大きくはないけれども最初の一歩をふみだしたといっていいかもしれません。もちろん、その方向へのたしかな一歩は、丸山もいうように、国学によってふみだされたのですが、徂徠が、「儒教的芸術観の限界線に立」(p.112) ったのはまちがいないところです。

学者の領分

公的領域と私的領域の分離が、詩文・音楽の独自の存在意義の発見につながったことを論じたあとで、丸山は、それが徂徠の学問論においても基本的な分裂をもちこむことになると分析をすすめます。そして、その公私の分裂が、学者としての存在意義についての徂徠の認識にまで影響を与えていることを指摘します。

学問論における公私にかかわる分裂は、先王・聖人の道を明らかにする公的＝政治的領域に属する学問すなわち経学――先王・聖人の道が記述されている経典についての学問――と、「見聞広く事実に行」きわたるとか、「ただ広く何をもかをも取入《とりいれ》置きて、己が知見を広」（『徂徠先生答問書』）めようとする学問とへの分裂であることは、これまで論じてきたことからすでに明らかでしょう。この分裂は、学問の対象と、対象に対する態度のとり方の相違としても現われます。

経学を論じる場合、徂徠は、古文辞学と古文辞学によって読みとった先王・聖人の道以外の、「天下を安んじる」「安民」を根本的な目的としないと徂徠がみなす、朱子学・陽明学・仁斎学、老荘（道教）・法家などの諸子百家、仏教などは、徹底的に批判し、きびしく排除します。ところが他方で、自分の知見を広めようとする学問の領域では、これらはすべて許容されます。しょせん、それらの思想・学問も道の裂けたものですから、そこに一部の真理が残っているからだということもできます。

しかし、どうやらそれだけではありません。丸山があげている仏教の例で検討してみましょう。第7講であげたことを思い出してください。そのときには、仏教も老人のなぐさみとして少しは効用があるからということでした。それだけではなく、徂徠は「仏法は一人の身心を治め候事を教へ申候へば、曾《かつ》て聖人の道の構ひに成《なり》候物にて無御座候」（『徂徠先生答問書』）と、聖人の道のさまたげにならない、自分独りの身をおさめる教えとしては許容されるとしています。さらに、「今心身ノ楽ヲ求メテ竊《ひそか》ニ仏法ヲ好ム共、聖人ノ道ヲ信ジテ国家天下ニ心ヲ用ヒバ何カ苦シカルベキ」(『太平策』)と、一人の人間が、仏教と聖人の道を同時に学んでもよいとさえしています。これは、丸山が指摘しているとおり、仏教が私的・個人的領域にとどまっているかぎり、領域が異なっているのだから問題はないということでしょう。仏教ですらそうですから、おなじ儒教に属する宋学などに対してはなおさらです。だから「然れども吾もまた学者の吾が言に因りて以て宋儒および諸家の説を廃することを欲せざるなり」(『学則』)といわれます。

ただ、宋儒および諸家(陽明学や仁斎学のような儒家をさします)については、理由は若干異なります。丸山が引用を略した部分に、その理由が書かれています。「古今邈《はるか》なり。六経残欠す。要は理を以てこれを推さざるを得ず。理を以てこれを推す者は、宋儒これが嚆矢《こうし》たり。ただその理のいまだ精《くわ》しからざるや、ここをもつて理に滞る。これを精しくしまたこれを精しくせば、あに宋儒および諸家の過ちあらんや」(同)、つまり、「聖人が道を制作してからはるかに時が過ぎ、六経も失われた。だから聖人の道を明らかにするには、理(理屈・理論)で推測するしかない。それは宋儒が最初に行なった。ただその理が精密ではなかったので、理にこだわって聖人の道がみえなくなってしまった。精密かつ精確に理を詰めれば、宋儒も諸家もあやまちにおちいることはなくなるだろう」ということです。受け取りようによっては、ひどく傲慢にも思えますし、宋儒や諸家が納得するとも思えません。しかし、理由はどうであれ、存在は許容されているわけです。そして、さらに「かつ学問の道は、思ふことを貴ぶ。思ふの時に方《あた》りて、老仏の言といへども、みな吾が助けとなるに足る。何ぞいはんや宋儒および諸家の説をや」(同)と学問の論理においてその存在意義を承認しているのですから、これを「寛容をきわめた言葉」(p.113)と丸山が評価するのも当然といえます。

実際、徂徠は、道についての議論ではきびしい言葉をつらねていますが、朱子学者や僧侶とも幅広く交流をもっていました。また、弟子たちの教育にあたっても、それぞれの個性を重んじ、その個性を伸ばすことを中心において指導にあたっていました。その点でも、「崎門の絶交」といわれた山崎闇斎門下とは対極的でした。こうした徂徠の寛容な態度の根底には、公的領域と私的領域とを区別する徂徠の基本的な思惟様式があると丸山は分析しているわけです。

さらに、丸山は、この徂徠の思惟様式は、学問そのもののあり方、あるいは学者の役割を考えるうえでもつらぬかれていると主張しています。もちろん、徂徠も学問の目的は平天下・安民としていますから、儒学者としてその目的との関連を否定してはいません。しかし、その目的は直接的には政治的支配者および統治集団に求められるのであって、学者のかかわり方は間接的なものにとどまると考えていたようです。

徂徠は、政治的支配者および統治集団に対して学問の必要性をつぎのように説いています。「種姓ハ武士ナリトモ、天下国家ヲタモチテハ人君ナリ。奉行諸役人トナリタランハ、卿大夫ナリ。王侯卿大夫ノ職ニ供《そなわ》リテ、吾身ノ君子ナルコトヲバ知ラズ、賤シキ昔ノ武士ノ名ニ拘《こだ》ハリ、学問を以テオ智ヲ広メ、文ヲ以テ国家ヲ治ムルコトヲバ知ラズ、眼ヲイラ、ゲ、刑罰ノ威ヲ以テ人ヲ恐《おど》シ、世界ヲタ、キツケテ、是ニテ国ヲ治ムルト思ヘルハ、愚カナルコトノ頂上ナリ」(『太平策』)、つまり、生まれや血筋は武士であっても、天下国家を統治すれば君主(王)であり、君主に仕えて官職につけば卿大夫である。王や卿大夫であれば君子であるべきなのに、いつまでも武力で仕える武士の意識が抜けず、学問もせず、文治も知らず、ただ刑罰や武力でおどしつけ統治できると思うのは、愚の骨頂だ、ということです。王や卿大夫の立場にあるものは、先王の道を知らなければならないし、先王の道にしたがって統治しなければならない、と徂徠は主張しています。そして、そのような立場に立った武士に学問をさせるために、『政談』において「儒者ヲ江戸中所々に配リ置、人々勝手次第ニ参ル様ニ有度《ありたき》事也。然《しか》バ教ル人モ学ブ人モ勝手ヨキ事也」というような学問所の広範な設置とか、その儒者の推薦による旗本・武士の官職への登用という改革案を提案しています。ここでは、学問は、丸山がいうように、統治にかかわるものとして明白に公的性格を帯びています。

しかし、『政談』では、先の引用につづけて、「学問ハ公儀ノ勤トハ違テ、畢竟《ひっきょう》内証事ナレバ、勝手ヨクアラネバ成《なら》ヌ事也」としています。「勝手ヨクアラネバ成ヌ」とは、学問をしようとするものにとって都合がよいようにということですし、江戸市中どこにでも儒者を配置すれば、儒者も仕事ができるという一挙両得をねらってもいたようですが、ここで問題なのは「内証事」ということです。内証とは、たんなる秘密ではなく、「内内の」とか、「内心の」という意味をふくみますから、「公儀ノ勤」いわば「公務」と対比された場合、「私的な」という意味で使われているとしてよいでしょう。したがって、丸山が、儒者について「その本来の職務はむしろ私的な領域に属せしめられる」とし、安積澹泊宛書状（「答安澹泊書」『徂徠集』所収）の「儒者の仕事は六経の章句を守り、それを後世に伝え、学問の力をたくわえて機会があれば官職につくことであり、先王の道の実現は今後出現するかもしれない聖人にまかせる、これが私の志である」（p.114）とあるのを引いて、「謙虚な告白はかくして生まれる」としているのは、そのかぎりでは正しいと思います。

ただ、徂徠は、古文辞を修得し、歴史を知り、六経を明らかにする学問は、「儒者ノ学問ニテ、一生ノ精力ヲ用ヒザレバ、タヤスクハナリガタキコトナリ。王公大人《たいじん》ナド当務多キ人ノ、カクノ如クニ学ブコトカタカルベシ」（『太平策』）。だから、「王公大人」＝為政者・統治者は「聖人ノ道ヲ会得シタル人」＝儒者にひたすらたよるべきだともいっています。また、僧侶の待遇に比較しながら儒者を俗人としていやしむことを批判し、自分は「王公大人ニ向テ道ヲ説《とく》ト云コトハ、今ノ世ニハカツテスマジキコトナリト思ヒ究メ侍《はべる》也」（同）と為政者と儒者たる自分とのあいだに明確に一線を画します。これは、求められもしないのにこちらから売り込むようなことはしない、という自負があるからです。したがって、『太平策』を献策するにあたって「平生ノ御学問ナケレバ、定テ御会得ハアルマジケレドモ、下問ノ切ナルニヒカレテ、治道ノ事アラマシヲモフス也」（同）と、わざわざことわってさえいます。

たしかに、徂徠は、為政者・統治者と儒者・学者の役割を明確に区別し、前者を公的領域とし後者を私的領域として分離する論理を組み立てています。そして、自分を私的領域にかかわることに限定しようとしています。また、「謙譲な」と形容されるような言葉を記していることも事実です。しかし、その「謙譲な」言葉の背後には、先王の道を知る者としての強烈な自負があったことも見逃すべきではないでしょう。また、それゆえに幕藩制下における儒者と為政者との関係に関する批判ないし不満があったと考えるべきだと思います。これは、前に指摘したように、幕藩制の支配原理と儒教との関係という大きな問題にかかわることですので、ここでは問題の指摘にとどめておきます。

それはともかく、このような徂徠学における為政者と儒者の関係および本来治国平天下を目的とする儒教と学問を業とする儒者との関係は、またしても朱子学におけるそれとは対極に立つことになります。丸山は、その点について「窮理と徳行と、徳行（修身斉家）と治国平天下とを直線的に連続せしめる朱子学においては、その理論的性格が非政治的であるが故に却《かえ》って儒者の任務は政治的となり、私的道徳と政治との連鎖を断ち切った徂徠学においては儒教の本質を治国平天下に見出したが故に却って儒者の地位は非政治的なものとされるのである」（p.114）とまとめています。

朱子学は、個人の道徳的完成をめざした修養を学問の目標とするという意味では、道徳論、倫理論ですから、学問そのものとしては非政治的であることになります。しかし、その修養の結果体得した徳の感化力によって治国平天下という政治的目的が達成できるとしますから、道徳的完成がそのまま治国平天下という政治的目的に直結します。道徳的完成は自分自身の目標となると同時に、臣下である儒者は自分の主君に対して仁徳者たることを求め、ときには諫争《かんそう》という行動をとることをみずからの義務と考えます。為政者・主君に直接はたらきかけるという点ではきわめて政治的な行動をとることになります。そのため、主君にうとまれたり、さきに述べた芦東山のように処罰をうけるようなこともおこります。「理論的性格が非政治的である故に却って儒者の任務は政治的」になるというのは、そういう意味です。

他方、徂徠学においては、平天下・安民という政治的目的をかかげ、そのための先王＝聖人の道を明らかにすることを学問の目的としました。しかし、その道は、聖人のみが制作し、その意味を知るところであって、儒者ができることは聖人の残した「事と辞」（事績と言葉）を究明することだけであると、儒者の役割を限定します。「事と辞」の究明は、古今にわたって広く知識をもとめ、古文辞に通じることによってなされます。したがって、徂徠の提示する学問のイメージは、「今ノ世ニ立べキト思フコトヲモ又用ニ立マジキト思フコトヲモ、疑ハシキコトヲモ、又マコトシヤカナルコトヲモ、択《えら》ビナク我腹中ニトリ入レテ、積《つみ》タクワヘヲクベキナリ」（『太平策』）というきわめて柔軟な知性のはたらきを要請するものになります。実用性と専門性にしばられた現在の学者に聞かせたくなるような言葉ですが、そのときの政治的要請と明確に一線を画したところに学問の意味を見出しているという意味で、徂徠は学問を非政治化したといいうるわけです。そして、そういう学問観は、聖人を礼楽制度の制作者という政治的君主としてとらえ、その制作者としての聖人を超越的絶対者とする論理を背後にもっていたということは、これまでの論述で明らかにしめしてきたことです。

丸山は、最後に「かくて方法論としての古文辞学より考察をはじめたわれわれはここに再び出発点に立っている自分自身を見出した」（p.114-5）と述べています。徂徠は、『太平策』の最後に「人才ヲ生ズルハ、学問ニ越《まさ》ルコトナシ。学問ハ文字ヲ知ルヲ入路トシ、歴史ヲ学ブヲ作用トスベシ」と述べていますし、『政談』においても「詩ナドハ無益ノ筋ノ様ニ理学者（朱子学者）ノ申ニ依テ、白人《しろうと》ハ実ト思フベケレドモ、文字ヲ取廻《とりま》ハサネバ詩ハ作ラレヌ物也。文字ヲ取廻セバ、自ラ経書モ歴史モ見ル事故ニ、日本ノ古《いにしえ》へ、四道（紀伝・明経・明法・算の四つの学問）ノ儒者ヲ立ルニモ、詩文章ノ学問ヲ経学ヨリハ上ニ置タル事也」と、文字を知ること、詩文章を学ぶことの重要性を説いています。古文辞の研究から出発して、儒教の本質は先王の道にあることを発見し、独自の思想体系を構築し、将軍に対して制度改革論を献策するにいたった徂徠が、文字・詩文章さらには古文辞の修得を改革のもっとも基礎となる柱として提起しているわけです。まさに、古文辞学から出発して古文辞学に帰着していることになります。丸山の徂徠学の基礎構造の分析が、徂徠の論理の帰着点と見事に符合したといってよいでしょう。

以上のように徂徠学の基礎構造をえがきだした丸山は、つぎに徂徠学を生みだした歴史的現実に分析の視点を移していきます。次講では、元禄から享保にかけての歴史を丸山がどのようにみたかについて検討することにしましょう。

第*10*講

徂徠の時代と改革論

時代背景

丸山は、ここまで徂徠の著述の分析によってその思想の論理的構造・思惟様式を、朱子学と徂徠以前の朱子学批判者のそれと対比しつつ明らかにしてきました。そこで、その作業が一応完了したことをふまえて、丸山は、徂徠学成立の歴史的背景の分析に議論をすすめていきます。といっても、徂徠の思惟様式の摘出を主要な課題とする本論文においては、その叙述は徂徠学の歴史的意味を考えるために必要最小限の簡略なものにとどまっています。また、率直にいって、とくに丸山らしい独創的見解がみられるというほどでもありません。したがって、ここでは時代背景を概略的にまとめ、必要なかぎりで私見を加えるにとどめます。

徂徠が一五歳の延宝八（一六八〇）年、綱吉が五代将軍になっています。徂徠の思想形成の背景をさぐるためには、この綱吉の治政の分析からはじめることになります。丸山は、この時代を論じるにあたって、宝井其角《きかく》（一六六一〜一七〇七）の「鐘一つ売れぬ日は無し江戸の春」という俳句をひいています。鐘とは寺院の梵鐘のことでそんなに売れるはずのものではないのに、それが毎日のように売れるほど繁栄していたという意味の句ですが、丸山は、この句に元禄文化の華やかさを象徴させています。そして、その繁栄を文化的側面から描いていきます。

最初にとりあげているのは、綱吉のいわゆる文治主義です。それを端的にしめすのが、「武家諸法度」冒頭の一条の「文武忠孝を励し、可正礼儀《れいぎをただすべき》之事」です。これは、「文武弓馬之《の》道、専《もっぱら》可相嗜《あいたしなむべき》事」を改めたもので、弓馬之道という戦闘者としての鍛錬にかわって、忠孝・礼儀という儒教的規範の順守がもとめられるようになったことを意味します。綱吉は、みずからも儒教経典の講釈をするほどで、湯島に孔子廟（現在の湯島聖堂）を建て、林家三代目林鳳岡《ほうこう》信篤を大学頭に叙任するなど「官学」としての儒教の地位を高めるために意をもちいました。

しかし、その林家は、格式が上がるのと逆比例して知的権威を低下させており、綱吉の好んだ講釈は、丸山も引用しているように（p.118）、徂徠からかえって学問を堕落させるものとしてきびしく批判される程度のものであったようです。徂徠は、講釈の流行について『太平策』でもきびしく批判しています。「今ノ世ノ陋習ニ、講釈ト云フモノアリテ、学問ヲスルトイヘバ、貴賤トモニ必講釈ヲ聴《きく》コトニスルナリ」という現状があることを指摘し、講釈の弊害として、宋学の一定の方式にしばられてしまっていること、人を信じないで書物を信じ、「習俗ノ見ニ溺レタル心ニテ、書籍ヲ了簡スレバ、皆己ガ物ズキニナリユクコトナリ」と主観的な理解におちいることをまぬがれないなどの点をあげています。さらに、「剰《あまつさ》ヘ誰々ハ上手也、誰々ハ下手ナリトテ、儒者ヲ評判スルユヱ、講釈スル人、詳《つまびらか》ニサワヤカニ説テ、一座ノ上ニテ聴ク人ノ会得スルヤウニト心ガクルナリ」と、講釈は人気取りの話し上手になることばかりを気にかけて学問自体は薄っぺらになってしまうことも指摘しています。まるで、教育重視や学生の授業評価やらで、人気取りにあくせくする大学教員の現状を見通していたかのようです。

そういう講釈の問題はともかくとして、綱吉の教学振興策は、諸大名にも波及し、お抱え儒者をやとったり、藩校を創設したりという動きを作りだしました。藩校は、天和《てんな》（一六八一～八四）以前には七校にすぎなかったものが、元禄（一六八八～一七〇四）年間には一二校も創設され、さらに享保（一七一六～三六）年間までに一四校、それ以後幕末にいたるまで増加の一途をたどることになりました。このことは、儒者たちにとっては、就職口が増大することを意味しました。徂徠は、『政談』で「諸大名ノ家ニテ学文流行《はや》レバ、学者ノ身上片付アルニヨリテ、ヨキ学者モ多ク出来」ると書いています。待遇はともかく、学問で飯が食える時代になったということです。徂徠が柳沢吉保に仕えることになったのも、そういう状況があったからとみてまちがいないでしょう。また、幕府や藩に出仕しないまでも、民間の学塾などで世過ぎが可能になる条件もできてきました。

その点は、文学や美術などの芸術分野でも同様でした。丸山は、「元禄の学芸を特徴づけるものはなによりもその自主性であった」(p.119)とし、歌学の戸田茂睡・僧契沖、俳諧の松尾芭蕉、浮世草子の井原西鶴、浄瑠璃の近松門左衛門、歌舞伎俳優の坂田藤十郎、市川団十郎、画家の英《はなぶさ》一蝶、浮世絵の菱川師宣、蒔絵師の尾形光琳などをあげ、その時期の文化的特質を「一切の文化領域が潑剌たる創造性に充ち溢れた。そうしてかの『元禄模様』に表現された華麗にしてしかも繊細な色彩こそ、元禄文化の基本精神であった」(同)と総括しています。つまり、学問・芸術が自立的に世界を形成しはじめたということです。

そこで、問題は、このような自主性と創造性にみちた元禄文化が、どのような政治的経済的社会的条件によって支えられ、それがまたそれらの条件に反作用を与えたかということになります。丸山は、とくにそういう角度からの分析を加えていませんが、論旨を整理すれば、江戸・京・大坂を中心とする大都市の成立と町人の経済力の増大、幕府の峻烈かつ巧妙な大名統御策の完成による太平の実現などの条件をあげています。

ここから、丸山の視線は、一転してその「徳川幕府の最盛期」にすでに潜在し、享保期にしだいに明らかになってきた「危機」の諸相にそそがれます。徳川幕藩制を成立せしめた兵農分離と武士の城下への集住が、身分制的階層関係の固定化を決定的にしたという意味で封建制の完成形態を出現させたが、それは同時に封建制を解体させる要因をみずから作りだす結果になったことを指摘します。武士は、土地と生産者である農民との直接的な関係を断ち切られ、幕府や藩から支給される奉禄による都市生活者、簡単にいえばサラリーマン化していきます。経済的な観点でいえば、一定の商品・貨幣経済を前提にした政策が、それをいっそう促進・拡大するということです。大名統制策の柱である参勤交代は、全国規模で商品流通、貨幣経済を展開させることになりました。参勤交代は、軍役・軍事動員を日常化・儀礼化させた政策ですが、大名にとっては江戸に藩邸をかまえ、原則一年おきに江戸出府というのは、大変な出費になりました。その出費は、大名財政の半分におよんだといわれています。

こうした商品・貨幣経済の拡大の武士階級への影響を、丸山は、「物権中心的生活から債権的生活へ、徂徠のいう『旅宿ノ境界』へと入り込んだ」(p.122) と書いています。そして、ドイツの法学者ラートブルフの「法生活は主として物権に基いている限り静態的な生活をもつが、債権がその主たる基礎となるに及んでは動態的な性格を帯びる」という言葉を引いて、武士は静態的収入によって動態的支出に対応しなければならないという矛盾におちいったとしています。ちょっとむずかしそうな言い方をしていますが、物権中心的生活とは、土地の所有を基礎とした生活で、債権的生活とは売買・賃貸借契約など貨幣によって決済をせまられる生活というほどの意味です。大名は、藩として土地を領有し、土地を基礎とした貢租（年貢）を主要な収入としていますから、静態的収入にたよっていることになります。しかし、参勤交代や江戸の生活は貨幣によって生活しなければならないという意味で動態的支出への対応を余儀なくされます。また、知行地を持たない家臣たちは、名目化した家禄を藩から給米として支給されても、それを貨幣に交換しなければ生活できないわけで、貨幣への依存はさらに強くなるわけです。

幕藩制がかかえたこうした構造的矛盾は、元禄期の都市文化の発展のかげでしだいに顕在化していきます。その様相を、丸山は、幕府の財政破綻と貨幣改鋳政策の失敗を中心として描きだしています。享保の改革を焦点としたその過程の具体的叙述は、とくに説明はいらないと思います。ただ、「『元禄』と『享保』はこの意味においてはからずも近世封建社会の下降期を交互にあざなう二つの時代類型を提示したものであった」(p.124)という指摘は、注意しておく必要があります。二つの時代類型とは、元禄、田沼時代、文化文政(一八〇四〜一八、一八一八〜三〇)いう放漫時代と享保、寛政(一七八九〜一八〇一)、天保(一八三〇〜四四)という緊縮時代という対照的な二つの時代状況をさしますが、時代が下れば下るほど矛盾は深まり、「改革」は失敗し危機は深刻化することになります。こういう近世史のとらえ方は通説の範囲を出たものではありません。注目すべきなのは、政治性の優位によってつらぬかれた徂徠の「新しい儒学」登場の必然性を根拠づける論理として主張されている点です。これは、丸山の思想史方法論にかかわる問題ですが、それについてはあとで触れます。

以上のように幕藩制の体制的問題を検討して、丸山は、つぎに商品流通・貨幣経済の主役である町人の勃興に注意をむけます。しかし、丸山は、そこに新しい時代の担い手を見出そうとしたわけではありません。「武士が『首をたれ』た町人は蔵元・掛屋・札差にしても金銀座の商人にしても材木商等にしても、悉《ことごと》く封建権力の寄生者のそれでありそれ以上ではなかった」(p.126)とし、その経済活動は「新しい生産方法をつくり出す力を欠いだ商業＝高利貸資本でありその利潤獲得は決して正常とはいい難くむしろ暴利資本主義(Wucherischer Kapitalismus)の性格を濃厚に帯びていた」(同)ときわめて低い評価しか与えていません。あげている例も、大坂の豪商で、その財力のゆえに幕府によって財産没収の処分を受けた淀屋辰五郎や投機的商売で大儲けし豪遊したことで有名な紀伊国屋文左衛門・奈良屋茂兵衛などにかぎられています。したがって、「町人がいまだ、『中産階級』を形成しえなかった如く、『町人根性』もマックス・ウェーバーの意味する様な——産業資本の展開の心理的発条としての——資本主義精神からは遠くはなれていた」(p.127) と結論づけることになったわけです。

「マックス・ウェーバーの意味する様な資本主義精神」とは、ウェーバーの『プロテスタンティズムの倫理と資本主義の精神』で論じられているような自立・禁欲・勤勉・計画性・合理性などを特質とする資本家の精神態度のことで、丸山は、近世の商人にはそうした特性はまったくみられないとしています。寄生・放恣・享楽・投機・暴利などが、近世商人の精神態度の特性とされているようです。丸山がいうように紀文や奈良茂などには、伝説もふくめてそういう特性が見出されるかもしれませんが、それで近世商人の全体を語るのはあまりにも一面的というべきでしょう。これは、歴史家の網野善彦におしえられたことですが、現在の経済用語には、もともと日本語であった語彙が多いという事実があります。株、手形、小切手、為替などみな日本製の語彙です。法律や政治の分野で幕末・明治期以来の翻訳語の多さと対照的です。これは、日本では早くから信用経済が発達していたことをしめしています。さきにあげたような近世商人の特性を前提にしたのでは、説明ができない事実といわざるをえません。丸山の論文執筆当時の研究水準に規定されていたとはいえ、おおいに修正が要求される点ではないでしょうか。

近世の社会状況の認識の不十分性は、丸山が「元禄から享保にかけての舞台と楽屋裏を瞥見したわれわれは、この時代を一応洩れなく理解する為にさらに奈落へと降って行かねばならぬ」(p.127)として叙述した「農民」の生活状況の分析にも表われています。主に「御触書」のような統治者側の資料に依拠した分析は、幕府や藩の対農民政策を明らかにすることはできたとしても、それをそのまま農民の実情とすることには無理があります。「慶安御触書」は、現在では慶安(一六四八〜五二)年間に出されたとする根拠はないとされています。また、倹約令や土地売買禁令、博弈《ばくち》禁令などの禁令類もその実効性についてはおおいに疑問が付されています。さらに、「農民」をたんに貢租を負担する農業専従者とする見方も単純に過ぎます。したがって、窮乏化する幕府・藩財政と年貢収奪の強化、商業資本の農村侵入による自然経済の破壊、一方の土地兼併と他方の零細化の進行によって「最低生活線まで押しつめられた農民は物狂わしい一揆に最後の打開を求めて行ったのである」(p.129)という状況認識は、多くの問題をふくんでいます。たとえば、一揆は、けっして絶望的な暴動への決起ではありません。その本質は訴訟です。享保期以後にその数が増大したという事実も、慣習の蓄積と法・訴訟制度の整備との関係をぬきには考えられません。

以上のような、丸山の近世社会の状況認識は、野呂栄太郎(一九〇〇〜三四)、山田盛太郎(一八九七〜一九八〇)、平野義太郎(一八九七〜一九八〇)らのマルクス主義によってたつ「講座派」(一九三二年から刊行された『日本資本主義発達史講座』の執筆者を中心としていたことからそう呼ばれる)

から深く影響されていたことをしめしています。本論文中には、彼らの著作・論文からの引用はまったくみられませんが、それはマルクス主義や社会主義的言論に対する弾圧の激しかった状況によることです。そのため表現としては奥歯にもののはさまったような感じを与えるところもありますが、内容的には講座派的歴史認識を下敷きにしていることはまちがいのないところです。このあたりにも、論文執筆当時の時代状況が反映されています。

ただ、その講座派的歴史認識の内容は、かなり図式主義的で、具体的にも多くの問題をふくんでいます。しかし、現在の研究水準を前提としてどのような近世社会像をえがけるか、それをふまえてどのような思想史が構想できるかについては、論文を読むという本書の目的を超える課題であるだけではなく、それだけで大論文が必要となるテーマでもあるので、ここでは問題の一端を紹介するにとどめました。

それよりも丸山論文に即して問題を指摘すれば、こうした時代背景の叙述が論文の中途にはさみこまれるようになされているということです。なんとなく落ち着きが悪いと思っていましたが、それは丸山がのちに語ったつぎのような事情によるようです。一九六五年に行なわれた「生きてきた道——『戦中と戦後の間』の予備的試み」という座談会（この記録は、『丸山眞男手帖』第四六〜八号に連載され、二〇一四年に『丸山眞男話文集　続一』みすず書房、に再録されている）での丸山の発言ではっきりしました。そのなかで丸山は「構成については、例えば元来の構想は徂徠学の社会的基盤だったかな。それから徂徠学の構造、とこうなっていたわけです。社会的基盤はまずいと。それで初めに徂徠学の方法論を書いて、中途で社会事情とか、徂徠学が登場する元禄、享保の社会的背景みたいなものを真ん中に入れて」と述べています。「まずい」と指摘したのは、指導教授であった南原繁でしたが、それは、当時の言論弾圧の事情を考慮したうえでのことだったようです。

この南原による指導は、状況的にやむをえなかったというだけではなく、失礼な言い方を承知のうえでいえば、「ケガの功名」でもあったように思います。もし、論文の構成が当初のようであったとすれば、思想史上の新しい展開が、背景にある社会的変動の関数であるかのようにとらえられる可能性が高くなると思われます。それは、マルクス主義的なイデオロギー論つまり上部構造の一部である思想は、基本的に下部構造である生産関係に規定されるという論理に近い印象を与えることになります。丸山が、当時社会科学方法論としてのマルクス主義の強い影響下にあったことは本人も認めているところですが、それでも単純な下部構造規定論者でなかったことも明らかです。思想史を思惟様式の転換として思想論理内在的にあとづけるという丸山思想史方法論の特質は、論文の構成を変えることによってかえって鮮明になったといってよいと思います。

それはともかく、丸山は、徂徠学成立の時代的背景の分析を総括して、徂徠のおかれた状況を、安定した社会と危機的状況におかれた社会との中間の「限界状況」として把握し、その「限界状況(Grenzsituation)にのみ、現実を直視する真摯な政治的思惟は存立しうる」(p.130)と政治性の優位を中心とした新しい儒教つまり徂徠学の登場を位置づけています。社会的危機が、直接的に「危機の思想家」を生みだしたとしているわけではないのです。ここに、思想的変化が社会的基盤と関連しつつも、その基盤的変化とは相対的に区別された独自の論理のうえに展開されるという発想をみることができます。この節の末尾にいたって、単純な下部構造規定論でもなく、思想の自己展開という観念的思想史でもない、丸山らしい思想史のとらえ方がふたたび姿を現わしたといえるのではないでしょうか。

政治社会組織改革論

丸山は、徂徠学の思想史的分析をまとめるにあたって、最後にその政治社会組織の改造論をとりあげています。しかし、そのとりあげ方は、少しばかり簡略に過ぎるような気がします。丸山は、その理由について、ほかに適当な紹介書もあって比較的よく知られていること、政治論そのものよりもその底に潜む思惟様式に注目していることをあげていますが、かならずしもそれだけではないようにも思えますし、若干誤解を与えるような点もみえますので、必要なかぎりで補足しながら読み進めたいと思います。

まず、丸山は、徂徠の武士階級の困窮の原因の分析と、それへの対策の問題を論じています。原因について、徂徠は、根本的原因と直接的原因の二つがあり、前者として①すべての武士が「旅宿ノ境界」にあること、②何事につけても制度のないこと、の二つをあげ、後者については「困窮ノ上ニモ近年困窮甚《はなはだし》ク成《なり》タル子細ニ色アリ。一ハ諸色《しょしき》ノ値段高値ニ成タルコト、二ニハ金銀ノ数減少シタルコト、三ハ借貸ノ路塞リテ、金銀少ク、不通用ナルコト是也」(『政談』)と三つの原因をあげています。そして、まず当面の困窮対策として、銭貨の増鋳による「一種の通貨膨張政策」を実施し、生活の安定をはかり、そのあとに根本的問題の解消に取り組むべきだとします。「旅宿ノ境界」とは、旅に出たときの生活のことですが、そこでは必要なものは金で買わなければ調達できません。城下に集住した武士の生活をたとえているわけですが、そういう生活であるかぎり貨幣に頼る生活にならざるをえず、また都市での生活が派手で奢侈になりがちなため、そこから困窮がはじまります。したがって、それを改めるためには、すべての武士に知行所を与えて土着させなければならないというわけです。そのうえで制度をたてる。つまり、日常生活の起居・動作から衣服・住居にいたる礼楽をきちんと整備するということです。

その場合、人情・風俗の変化の作用を深く理解している徂徠は、当然、一片の法令や細かい規則の強制によってその改革策が実行できると考えていたわけではありません。改革が成功するか否かは、なによりもそれを実行する「人」によると徂徠は主張します。そのため、丸山が「彼の政治論の最も輝ける部分である」(p.136)と評価する人材登用策が説かれることになります。丸山は、それについて、さらに「気質不変化説はここに遺憾なく活用され、各人の個性の豊かな伸長が力説される。そこには封建社会の類型的人間観は殆ど全く影を没しているのである」(同)と書いていますが、具体的なことはそこには書かれていないので、若干補足しておきます。

『政談』には、人材登用の仕方について細かに書いてありますが、ここでは『太平策』によって、その一端を紹介します。まず徂徠は、「人君ノ職分、タヾ人ヲ知ル一ツニ帰シテ、是ヲ人君ノ智ノ徳ト定メ、外ノ智恵ハイラヌコトナリ」と、上に立つものは人を知ることを第一とすべきだと主張します。そして人を知るとは「人ノ人柄長短得失ヲヨク知」ることではない。「人ヲ用《もちい》ル道ハ、其長所ヲ取テ短所ハカマハヌコトナリ。長所ニ短所ハツキテハナレヌモノ故、長所サヘシレバ、短所ハシルニ不及《およばず》。唯ヨク長所ヲ用レバ、天下ニ棄物ナシ」で、長所だけを知ればよい。では、長所を知るにはどうしたらよいか。人は「活物《かつぶつ》」だから、観察したり、過去を調べてみてもわからない。「用ヒテミレバ長所アラハル、モノ」だ。さらに、その人物にことを任せれば「長所益々ハタラキテ、今マデナキ才智モ生ズルハ、人ハ活物ナル故、……器量ノ人出来ルナリ」ということだ。それなのに、人を用いるときに、自分に合わせてしか用いず、過ちばかり責めると、人はまちがいのないようにとばかり立ち廻り、前例にしたがっているだけの凡庸な官僚しか育たない。その凡庸さをみて、人材がいないなどというのは大きなまちがいだ。人材・賢才はつねにいる。「古ノ世ニ、国ニ賢才ナシト云ヘルハ、上ニ賢才ナキコトヲ云ナリ」ということだ、と徂徠は主張しています。

そして、徂徠は、こうもいいます。すなわち「今ノ諸侯ヲミルニ、先祖正統ノ血脈ハ大形《おおかた》断ヘテ、傍支ヨリ家ヲ継タル類、十ニ七八ナリ。是ヲ以テ占フニ、元祖ノ沢漸《ようや》ク尽ルニ似タリ。サレバ上ニ愚庸ノ人多キモ、モハヤ其時節トミヘタレバ、賢者ヲ下ニ求ムル時節ナリト知ルベキナリ」と。『政談』では、聖人は「賞罰ノ法ヲ立、下タル者ノ才智アルヲ立身サセ執立《とりた》テ、上タル者ノ実子ナクテ滅亡スベキト、悪事有テ滅亡スベキハ、天心ニ任セテ是ヲ亡《ほろぼ》ス」ともいっています。これは、御家大事で家の存続こそがもっとも重んじられた近世社会の常識に真っ向から挑戦しているといってもよいかもしれません。また、太平がつづき、役職が家筋によって固定化している現状についてもきびしく批判しています。その意味で、徂徠の人材登用策は、気質は多様であり、変化させることは不可能であって、社会にとって有用な性質を成長させることこそが重要だという気質不変化説の適用だけではなく、支配層の入れ替えをも含んでいるという点で、彼の改革論の中核をなす議論だったのです。

これは、余計なことですが、人君の職分は人を知ることにあるなどの主張は、なかよし人事や派閥・年功人事で閣僚の辞任という失敗をくりかえしている当世の政治家に聞かせてやりたい気もします。また、長所をみて短所をみるな、まず使ってみよ、任せよ、欠点や過ちをきびしくとがめるな、性質は多様だから組み合わせを考えよ、人は生かして使えなど、現在の組織の人事にも役に立ちそうなこともいろいろ書かれています。興味のある人は、『政談』や『太平策』は比較的読みやすいので是非読んでみてください。

それはともかく、徂徠の武士の土着を中心とした改革策は、丸山がいうように「原始封建制」への復帰という復古的性格を色濃くもっていることは否定できません。しかし、そこには、これも丸山が指摘しているとおり「政治的集中の要素」「絶対主義的観念の萌芽」が潜んでいることも事実です。徂徠は、公儀（将軍）といえども「御買上」で必要なものを調達しているかぎり「旅宿ノ仕掛《かか》」たるをまぬかれないことを指摘したうえで、「天下ヲ知食《しろしめさ》ル、上ハ、日本国中ハ皆御国也。何モ彼モ皆其物ヲ直ニ御用《もちい》ナサル、故、御買上ト云フコトハ無キ筈也。……日本国中ハ皆我国ナレバ、何モ彼モ日本国中ヨリ出ル者ハ我物ナルヲ、人ノ物ト思召《おぼしめし》テ代リヲ出シテ買調《ととのえ》ルコト、大ナル取違也」（『政談』）と天下を統治する将軍に絶対性のないことを批判しています。それでは「天下ヲ知食テモヤハリ大名ノ仕掛」（同）にとどまっていることになってしまうというわけです。実体として、将軍・幕府権力は、軍事的・経済的に圧倒的優位に立った徳川家という大大名が、他の諸大名を抑え込むというかたちで成立したものでした。徂徠は、その将軍を、諸大名に超越した絶対者にしたてようというのです。したがって、「総ジテ四五十万石・百万石ニ余ル大名、日本小国ニハ過タル者也。……大名ノ家、三十万石ヲ限ニ仕度《したき》事なり」（同）と大名の平均化を提言するとか、古代には行なわれていた諸侯からの「土産ノ貢」（特産物の献上）について「当時（現在の、という意味）ノ諸大名ハ古ノ諸侯ナレバ、土産ノ貢ヲ上ルベキ事、例ト言《いい》、道理ト云《いい》、不献《けんぜず》シテ不叶《かなわざる》コト」（同）とその復活を主張したりしています。

さらに付け加えておけば、この将軍絶対化への志向は、外交関係のうえにも現われてきます。外交関係といっても朝鮮通信使来聘《らいへい》の場合の対応に関することですが、徂徠は、「公儀ト朝鮮王トヲ同格」とみるべきだとし、「朝鮮ヲ禁裏ト同格ト見ル故、公儀ハ一格落コトニナリ、国体ヲ取失ヒ、甚《はなはだ》不宜《よろしからざる》事也」（同）と林羅山以来の応接方針に反対しています。

この問題もふくめて、徂徠は禁裏＝朝廷との関係についても重大な危惧をいだいていたようです。「天下ノ諸大名皆々御家来ナレドモ、官位ハ上方ヨリ綸旨《りんじ》・位記ヲ被下《くださる》コトナル故、下心ニハ禁裏ヲ誠ノ君ト存ズル輩モ可有《あるべし》。当分唯御威勢ニ恐テ御家来ニ成タルト云迄ノコトナド、ノ不失心根《こころねうしなわざれ》バ、世ノ末ニ成タラントキ、安心難成《なりがたき》筋モ有ナリ」（同）と、大名の忠誠の対象が、将軍と天皇に分裂することをおそれています。将軍自身も従一位右大臣征夷大将軍（正式にはもっと長いのですが）という武家の最高官位に叙任されているだけではなく、近世の大名は、もちろん幕府の許可によるのですが、朝廷から官職と位をもらっていました。たとえば、紀州や尾張の殿様は正三位大納言という大名としては最高の官職と位をもらっていました。これは、禁中並公家諸法度の「武家官位は公家当官の外」という規定による純粋に名目的なものですが、この官位が大名の格付けの規準とされていましたから、名目とはいえ重要な意味をもっていたのです。徂徠は、この武家官位の制度が、将来忠誠の分裂をもたらす危険があるとみて、幕府独自の勲階制度を設け、これを武家の格式の規準とし、幕府としてこの勲階のほうを重んじるように提案しています。これも、「総ジテ御政務ノ筋、何事モ堂上方邪魔ト成テ、上ノ御心一杯ニ御取行ヒ難被遊《あそばされがたき》筋有様ナレバ、及此愚案也」（同）と、将軍権力絶対化の障害を取り除くことにねらいがあるわけです。

以上のように、丸山の整理によりつつ、若干の補足を加えて徂徠の政治社会改革論を検討してきましたが、ここでどうしても気になることが二つあります。一つは、徂徠があれほど強調していた「安民」はどこにいってしまったのか、という問題です。これまでの要約では、将軍・幕府をふくめた武士階級に関することばかりで、民についてはほとんど論及されていません。それから、もう一つは、改革は制度の建て替えということですが、制度は聖人あるいは聖人になぞらえられた開国の君主（開祖）がたてるものだったはずですから、そのこととの関係で改革がどう位置づけられるかという問題です。これらの問題について、丸山は、ここではとくに論じてはいませんから、論文を読むというかぎりでは不必要なことかもしれませんが、徂徠の思惟様式を理解するために資するところもあるでしょうから、検討を加えておきたいと思います。

まず、「安民」についてです。もちろん、徂徠は『政談』『太平策』において「安民」について何度も言及しています。「安民」は聖人の道の目的であり、人君の実現すべき最終的目標であるといっています。また、当時の民衆の生活状態についても、じつに詳細に観察し、問題点の鋭い分析も行なっています。ちなみに、『政談』の「目録」をみても、「出代《でがわ》リ奉公人締リ之事」からはじまって、「遊女・河原者種姓之分並ニ非人・乞食締リ之事」など民衆諸階層の状態を分析し、博奕、強盗、地子銭、田畑売買、鰥寡《かんか》孤独、養老など民衆生活に関するさまざまな問題について論じています。それらの分析を読むと、徂徠がいかに民衆の生活状態に精通していたかがよくわかります。そうした観察・分析の結果、徂徠がたどりついたのは、「旅宿ノ境界」は武士に限らず、民衆の生活にも浸透しているということでした。一例をあげると「田舎ノ百姓ヘモ御城下ノ風儀移リテ、面倒ナルコトヲ嫌ヒ、サツパリトシタルヲ好ム風俗ニ成リ、譜代ハ損也、出替リ者ガヨシト了簡《りょうけん》シテ、……多クハ入作（小作）ニシテ、手前ニセヌコトニナル」（『政談』）と、都市の風俗が田舎にうつり、譜代より出替り――現代でいえば終身雇用の正社員より有期雇用の契約社員や臨時社員のようなものと考えてください――を好むようになったことが指摘されています。そして、そのことは、徂徠は別の個所で、人間的信頼を基礎とした譜代との関係が破壊され、一時的な計算ずくの関係にとってかわられ、そのため詐欺のような犯罪まがいの行為が増加した原因となると論じています。

徂徠は、それ以外にも「旅宿ノ境界」が民衆生活にもたらす弊害についていろいろあげていますが、要するに、それもみなもとはといえば、武士の城下集住からはじまったことで、責任は武士にある。だから、徂徠は、民衆に対して倹約令のような号令・法度を乱発したり、取り締まりの強化をすすめたりはしていません。問題は根本的な構造にあるわけですから、そこをただすこと、つまり武士の生活のあり方をかえること、具体的には田舎に土着させ、制度を立て、田舎の実情をよく知るようにすることがもっとも重要な改革の課題になると徂徠は主張することになったのです。武士が土着し、質実な気風をとりもどせば、その風はおのずと民衆にも伝わる、という風俗の作用を重視する徂徠らしい判断だと思います。たしかに武士についての改革策が中心になっていますが、その根底には「安民」の目標がしっかりとすえられていることを見逃すべきではないでしょう。

つぎに、開祖と改革の関係についてですが、一般論のレベルでいえば、聡明叡知の徳を備えた聖人が、「ヨク未来ヲ鑑ガミ、礼楽制度ニ弊少キ様ニ工夫シテ」国をたてても、「礼楽制度一タビ定マレバ、数百年ノ後ニハ、必弊生ジテ、コノ弊ヨリ世ハ乱ル、コト」になる。禹のたてた夏は六百年、湯王の殷は七百年、文武周公の周は八百年と漢唐以後にくらべればはるかに長いけれども、「万古一轍《ばんこいってつ》」の治乱の道はまぬかれることはできない。それは「天運ノ循環ナレドモ、全ク人事ニヨルナリ」(以上『太平策』)。だから、人事つまり人間の働きによって、循環の速度をかえることは可能だ、ということになります。改革を可能にする論理は、徂徠の歴史観のなかに埋めこまれているといってもよいでしょう。

それでは、近世徳川幕府の支配についてはどうでしょうか。徂徠は、徳川支配の成立を中国の王朝の成立に準じて考えていたようですので、開国の君（開祖）は当然家康ということになります。その家康の治世についてつぎのように述べています。すなわち「抑《そもそも》御神祖海内ヲ一統シ玉ヒ、諸侯ヲ悉ク御城下ニ聚メヲキ、民ニモ心次第ニ何者ナリトモ来ル者ヲバ拒マズ、民ノ心ノマヽニ仕カケ、住ミヨクアリヨキヤウニシ、天下ノ財貨悉御城下ニアツマルヤウニシ、見物所・傾城町マデコシラヘヲキ、海内士民ノ心ヲヒキ、遊楽ニフケリテ太平ヲタノシミ、乱世ヲ厭フ心日ヲ追テツヨクナルヤウニ仕カケ玉ヒ、桀驁《けつごう》ノ気ヲ柔ラゲ、姦雄ノ心変ジ、都ノ重リヲ強クシ、重キヲ以テ軽キヲ御スル勢ヲナシ玉フ。古今抜群ノ上策也」（『太平策』）という具合です。道学嫌いの徂徠らしさにあふれた見方だと思いますが、開国当時の上策も、そのままにしておいたため、結局は上下ともに「旅宿ノ境界」に苦しめられることになったと、徂徠は分析しています。前に問題にした「大名ノ仕掛」の問題もふくめて、きちんとした制度をたてられなかったためにそうなってしまったのですが、それは「大坂御陣ノ翌年東照宮薨去《こうきょ》マシ〳〵ヌレバ、天下ヲ知食《しろしめ》シテモ、制度ヲ立サセタモフ間ナキ故、其分ニ過行《すぎゆき》シニ、其以後ニ至テハ、執政ノ面々皆不学ニシテ、……今迄モ受テ執行《とりおこな》ハル、ニ依テ、如此《かくのごとく》アヤマリ有也」（『政談』）と家康の死と歴代の幕閣の怠慢によると、徂徠は主張しています。したがって、徂徠にとって、改革は開祖家康の事業を引き継ぐものとして位置づけられていたことになります。

ところが、徂徠の提起した改革策は、根本的なところでは実現されませんでした。徂徠は、丸山が引いているように「上ナル人ニ学問ナク、聖人ノ道ヲ知ラザレバ、世界早ク老衰シテ、末々ニ至リテハ、権勢下ニ移リ、大海ヲ手ニテ防グ如クニナリテ、上ノ威力次第ニ薄クナリユキ、乱ヲ醸スコト速ナリ。ソノ萌《きざし》今已ニ見エ侍《はべ》ル」（『太平策』）と強い危機感をもっていました。そのうえ、「開国ノ時ニ立《たて》ヌ制度ヲ、中頃ニ立替」るには、「厳廟（四代家綱）ノ末、憲廟（五代綱吉）ノ初ヲ、ヨキ時節ノ至極トス。ソレヨリモハヤ三四十年過テ、世界ノ困窮ヨホドツヨク、高位ノ人ニ愚庸多ケレバ、モハヤナリガタク思ヒ侍ル」（同）と改革も手遅れかもしれないと考えていたようですから、徂徠が危惧していたように弱った病人に無理な治療をほどこして、かえって死期を早める結果になったかもしれません。徂徠死後、徳川の世は、一四〇年もつづいたのですから。

それはそうとして、さきに述べた朝廷との関係について、朝幕関係がもっとも安定していた元禄から享保にかけて、のちの尊皇論につながる問題をみていた見識といい、世人が泰平を謳歌し、「享保の中興」をたたえていた時代にしのびよる危機を見逃さなかった徂徠の慧眼は、「まこと徂徠こそは徳川封建社会が生んだ最初の偉大なる『危機の思想家』であった」（p.138）という、徂徠を論じる最後に丸山が与えた評価が、いかに正鵠を射たものであるかをしめしていると思います。

ただ、徂徠の改革論は、近世の政治社会の分析としても、現在にも通じる政治論としても非常に興味深いにもかかわらず、丸山の扱いが簡略であることは、気にかかります。朝廷との関係を論じているところなど、丸山が直面した時代状況では問題視されるおそれがあったことはわかります。政治論についても、へたに論じれば当時の政治の現状に対する批判を仮託しているのではないかと疑われる可能性も否定できません。その簡略さに当時の状況が反映しているとみるのは、考えすぎでしょうか。それとも、『政談』や『太平策』の政治論としてのおもしろさにひきこまれて、本筋をはずれることに用心をしたのでしょうか。それほど徂徠の政治論はおもしろいと私も思います。しかし、ここは、思惟様式の変化をあとづけるという論文の目的に必要なかぎりで触れるにとどめるという丸山の言葉をそのままうけとっておくことにしておきましょう。

第*11*講

徂徠以後の儒学界

蘐園学派の隆盛と徂徠批判

朱子学的思惟様式の分解から徂徠学の形成過程とその論理をたどってきた丸山は、本論文のもう一つの課題である国学、とくに宣長学との関係の問題に入っていきます。あとで述べるように、儒学と国学はきびしく対立し、国学は徹底的に儒学を排斥したにもかかわらず、丸山はその両者に深い関連性があることを指摘し、分析しているわけですが、なぜそこに丸山が注目したのかということが問題になります。しかし、その問題は、本論文の結論とも関係してきますし、丸山の思想史の方法論とその意味にかかわる問題ですので、最後にあらためて検討することにします。

そこで、以下、丸山の論述にそって分析を進めます。丸山は、まず、徂徠学が当時の思想界に絶大な共鳴を呼んだことを、徂徠自身の言葉を引用しながら指摘します。徂徠が堀景山（一六八八〜一七五七）――京都の朱子学系の儒者で、本居宣長の儒学の先生でした――への書簡でいっていることはだいたいこんなことです。「自分は怠け者の一病人にすぎない。いまだかつて自分の考えを人に勧めたり、教えたりすることを仕事としたこともない。まして人と自説をもって争うなど考えたこともない。それなのに、あなたに世間が風になびくように自分に寄ってくるなどといわれても、自分でもあやしいと思う。だれか私の学問をよく知らない者がかってに評判を立て、世間が雷同しているか、あるいは時代状況がそうさせているかであって、私の預かり知らないことです」というようなところでしょうか。

堀景山とは、たびたび書簡を交わすような間柄ですが、なにしろ朱子学者から、あなたの評判はすごいですね、といわれたようなものですから、徂徠も皮肉られたと思ったのかもしれません。「豈不《あにふ》佞《ねい》の能く知る所ならんや」という語調にそんな気分が表われているような気もします。しかし、実際には、徂徠の盛名は高まっていたのも事実です。太宰春台以下、名前があげられている人たちは、徂徠生前の弟子たちで、いずれも当時の一流の学者として評価されている人物です。そういう人物・俊才が徂徠のもとに集まってきていたのです。徂徠が好むと好まざるとにかかわりなく、「蘐園《けんえん》学派」と称されるに足る陣容が形成されたわけです。「蘐園」とは、徂徠の書斎の号で、そこに弟子たちが集まってきたので、こう呼ばれることになりました。

ここで、丸山が、わざわざ「徂徠はその寛容的精神からしてギルド的な学派の形成を甚しく忌み、かつそれを排撃している」(p.140-1) と書いていることは、後年の丸山の言動と照らし合わせて興味をひかれるところです。だれがいいはじめたかはわかりませんが、世間的に丸山の教え子たちを総称して「丸山学派」という言い方が広がっていたのに対して、「丸山学派なんてものは存在しませんよ」と、丸山自身がいっていたのを思い出します。もちろん、この論文を書いていた当時、丸山は助手という立場ですから、まだ教え子の一人もいなかったわけです。したがって、丸山学派などといわれることを想像していたはずもありません。丸山の学派嫌いは、いうまでもなく丸山の寛容的精神からきていると思いますが、それは案外徂徠を研究するなかから生まれてきていたのかもしれません。あるいは、非寛容な雰囲気を強めていた青年期丸山の時代状況に対する反発が、徂徠のそういう側面に注意を向けさせたのではないでしょうか。

閑話休題。徂徠が意図して形成したわけでもありませんが、おのずと形成されてしまった蘐園学派は、徂徠の没後に全盛期を迎えることになります。丸山は、那波魯堂《なはろどう》(一七二七~八九)の『学問源流』から引用して、その隆盛ぶりを紹介しています。魯堂によれば、徂徠の学説が一世を風靡するようになるのは享保のなかごろからだといいます。徂徠が亡くなったのは享保一三(一七二八)年で、享保は二〇年ほどありますから、徂徠の最晩年以後ということになります。京都では、元文(一七三六~四一)の初年から延享(一七四四~四八)・寛延(一七四八~五一)のころまで――ちなみに寛延の末年は一七五一年――の一二、三年の間で、その盛んであった様子については、程朱の注を用いて講義をする人、すなわち朱子学者のところへは行く人もいないので、にわかに朱註(朱子の注)に

『論語徴』（徂徠の注釈書）をまじえて教えるような人も出てきたと皮肉交じりに述べています。

実際、魯堂のいうとおりだったかどうかはともかくとして、徂徠学の評判が高まり、蘐園学派に多くの俊才が集まるようになれば、当然それへの反発・批判も強くなってきます。徂徠の古文辞学という方法論、六経主義、そしてその解釈にもとづく教説が、きわめて画期的であったことが、学統（師子相承による学問の系統）を重んじる学者たちからのきびしい批判を招くことになりました。徂徠存命中は、徂徠の学問的力量、学派にこだわらず広く交友を求めたことなどによって、表立った批判はありませんでしたが、弟子たちの時代になると、丸山が「一個の学説にかくの如く論難攻撃が集中したことは日本思想史上恐らく空前のことといえよう」（p.142）と評しているように、宝暦（一七五一～六四）から天明（一七八一～八九）の一八世紀後半、徂徠学批判の著書が続々と版行されるようになりました。その数、丸山は三十余種と書いていますが、標題に非徂徠学のように明示していないもの、部分的に徂徠批判に及んでいるものを含めればもっと多かったでしょう。

そういう徂徠学批判の書について、丸山は「おびただしい反駁書も理論的には殆んど言うに足るものはなかった」と一蹴していますが、どのような批判の仕方であったかを少しみておきましょう。

あとで出てくる懐徳堂の中井竹山（一七三〇～一八〇四）は、徂徠の『論語徴』を批判すべく著した『非徴』（天明七年刊）において、「吁嗟《ああ》徂徠物氏学術の病は、その症、自ら大にして名を好むに在り。しかしてその因は仁斎伊藤氏を圧倒せんと欲するに在り」と、その動機を問題にします。そして、その動機について、前に述べたように、徂徠が仁斎に書簡を送って返事を得られなかったことをあげ、「徂徠忿懥《ふんち》に勝《た》へず。蓋《けだ》し自ら謂《おも》ふ、我の名を成す、何ぞ彼の容接を仮らんと」と、徂徠の自負心の強かったことに原因があると断定しています。また、徂徠の古文辞学について、古言と今言《きんげん》の異なるのは、篆書《てんしょ》体と楷書体とが異なるようなもの——篆書のほうが楷書より古い——で、今言をもって古言を解釈するのは、楷書で篆書を書き換えるようなもので、「理勢自然、初学の士、古へを知らんと欲すれば、是を舎《お》きて、将に安《いず》くに依らんとするや」と、まったく当たり前のことのように書いています。しかし、古言と今言の相違を明確に指摘し、その経典解釈上の重要性を最初に主張したのは、すでに論じてきたように徂徠その人だったのです。徂徠を批判しようとして徂徠の方法を当たり前であるかのようにいうのは、まさに語るに落ちたというべきでしょう。

もう一人、寛政の三博士と称せられ、寛政の改革で朱子学の復興に努めた尾藤二洲《びとうじしゅう》（一七四五～一八一三）の場合をみてみましょう。尾藤は、天明七（一七八七）年に初学者向けに『正学指掌』という入門書を刊行し、その「附録」で仁斎学・徂徠学などを異学として排斥する論を述べています。そのなかで、徂徠学について二つの点から批判をしています。一つは「古文辞学ハ、物徂徠ヨリ起ル。余初年学ビタル故ニ能ソノ意ヲ知レリ。其学ノ主トスル所ハ功利ニアリテ、聖人ノ言ヲ仮《かる》ハ縁飾《えんしょく》マデナリ」であり、もう一つは「左レバ其学タヾ理民ノ術ノミニテ、自己ノ心身ハ置テ問ハザルナリ。故ニ身ニ非法ノ事ヲ為《す》レドモ恥トセズ」という二点です。

さすがに本人もいうとおり、かつて徂徠学を学んでいただけあって、中井竹山のように個人的うらみに原因を求めるようなことはしていませんが、徂徠学の原点を「功利」の一点に求め、そこから批判を展開していくというやり方は、徂徠学批判の典型の一つです。ちなみに、尾藤のいう「功利」とは、「理民ノ術」つまり民を治める政治技術、あるいは「功業ノ成敗《せいばい》」という結果だけを問題にする態度を指しています。政治と道徳の分離を説いた徂徠を正しく理解しているわけですが、尾藤はそれを道徳・修身の立場から批判しようとしているわけです。実際、蘐園学派のなかには、道徳的に問題があり、「淫縦奇怪ノ行《おこない》ヲスル者」もいたようですから、批判にまったく根拠がなかったわけではないようです。そのことはあとで触れます。

いずれにしても、他者の思想を個人的動機や人格・性格――尾藤は徂徠について「功利ノ人」とか「カレガ功利ノ心腸」と評しています――に帰着させて批判するというやり方では、論争を批判的に提起し、論争のなかから新たな視点を見出し、思想の新しい展開の可能性を開くことはできません。それは、批判のための批判でしかないでしょう。このような批判の仕方は、一種の、それもきわめて卑俗なイデオロギー暴露といってよいと思います。さきにも指摘した、日本思想史における「早熟なイデオロギー暴露」の問題が、ここでも現われているわけです。

ところで、丸山は、儒学界における徂徠学批判を「理論的には殆んど言うに足るものはなかった」と一蹴したあとで、意外にも平田篤胤《あつたね》（一七七六～一八四三）を引いて徂徠学の思想的影響の巨大性を主張しています。平田篤胤は、いうまでもなく「徂徠学を含めた一切の儒学の徹底的な対立者たる」国学者です。篤胤は儒学の徹底的な批判者らしく、『西籍概論』、『呵妄書』などで、とくに徂徠の弟子太宰春台をとりあげて、口をきわめて論難しています。その篤胤が、徂徠について「皇国にも古より儒者多き中に。物部茂卿ばかり。見解大きく才すぐれたるはなし」と最大限の評価を与えているわけです。この徂徠論は、『気吹舎筆叢』という篤胤の随筆集に「物部茂卿の学問」と題して収録されていますが、平田が、なぜ徂徠を高く評価したかを述べているところを、丸山が省略している部分を含めて引用しておきましょう。

「然るは世の漢学者おしなべて。宋儒の説にのみ迷ひ居れる非言をためて。彼国の故辞に徴して解ことを教へ。また義理を断る事も。普通の儒者の及びがたき事はいふも更なり。俗の漢学者とも。宋儒の説をのがれて。古辞に徴して。その義を述べまた彼の国の文辞をも古のさまに。ものする事をおぼえたるも。皆この人の功によりてなり。然るを更に其の蔭を思はず。実に毛を吹いて疵を求むる如く。此の人の非説をせぐり出して。誹《そし》る者の多きは。いかにぞや。甚しきに至りては。茂卿は考証の学なき人なりと云ひ。又は古文辞を知らざる男なり。などやうにいひ罵れども。是らみな茂卿の蔭に依りて。茂卿の非説を。見出るばかりには成れる也。然れば今の俗の儒者どもの。善説をいひ出《いで》たらむは。云ふもてゆけば。茂卿の後説といはむも。ひがことならず。凡て物の最初を開く事は。いと難き事にて。其源とある漢国にてすら。心づかざりし事の。初めをひらきたるなれば。謬《あやまり》もなどか無からむ。尤も茂卿より先に。仁斎あれども。其の立たる筋もやゝ異あれば。今の大概の儒者の祖を。茂卿に係ていふも。非言ならず」。

少しばかり長くなりましたが、中井や尾藤の徂徠批判に比べて、篤胤の公平さがわかると思います。篤胤は、中井や尾藤に比べれば後世の人ですし、徂徠学の衝撃も過去のことになっていますから、より客観性は増しているのは当然だともいえるでしょう。ただ、丸山が、篤胤を引いて徂徠の思想的影響力の大きさを論じているのは、思想の影響力は学説や学派を超えて現われるものだということをいいたかったためではないでしょうか。学説や学派・学統にこだわる態度――現在でもおうおうにしてみられることですが――からは、なにも新しい価値あることは出てきません。敵対している、あるいは批判の対象にしなければならない思想からすら学ぶことができるはずだ、ということを教えられているような気がします。

それはともかく、この篤胤からの引用は、論文の展開上からいえば、国学とくに宣長学と徂徠学の関連を論じる伏線になっています。それにしても、国粋主義、尊王愛国主義全盛の時代に、その祖ともいうべき平田篤胤の客観的かつ公平な徂徠論を引用するというのはどういうことでしょうか。徂徠は、中華崇拝者――かならずしもそうでないことは丸山も指摘しているとおりですが――として批判される人物です。その人物を、皇国主義者篤胤が高く評価しているという事実を示すということは、徂徠を擁護したいという丸山の願望の現われではなく、篤胤崇拝者に対する批判がこめられているような気がします。そこに丸山の時代に対する反骨精神を見出すといったら、考えすぎとのそしりをうけるかもしれませんが。

蘐園学派の分裂と没落

丸山は、徂徠学批判の動向について論じたあと、徂徠学派自体の動向について分析を加えています。その結論を先取りしていえば、徂徠学の没落です。丸山は、徂徠学を没落せしめたものについて、「汗牛充棟《かんぎゅうじゅうとう》の反徂徠学的文献でもなければ、松平定信の『寛政異学の禁』でもなく、実に蘐園自らである」（p.145）と書いています。丸山が、そう結論するにいたった理由について検討してみましょう。

丸山が、没落の原因としてあげている最大の要因は、蘐園学派の分裂です。その分裂とは、太宰春台に代表される経学派と服部南郭に代表される詩文派の対立です。その対立の淵源は、丸山によれば、徂徠の思想自身のなかにありました。徂徠は、さきに分析してきたように、政治と倫理・道徳を分離し、聖人の道の本質を治国安民に求め、儒教を政治化すると同時に個人の感情世界を倫理道徳の規範から解放しました。それは、丸山が公私の分岐と呼んでいるものですが、その分岐は、学問の対象としては「治国平天下的経学」と「見聞広く事実に行き渡」ろうとする詩文や歴史の二つの方向への分裂の可能性をはらんでいました。そして、その可能性は、徂徠という超人的博学多識な人格によってはじめて顕在化せずにすんでいたのです。

徂徠が没すると、この二つの方向への分裂は、それぞれが別の人格によって担われるという事情によって顕在化してきます。「出藍《しゅつらん》の誉れ」などということは、それがめずらしいからいわれるのであって、多くの場合、弟子は師の一部を継承するにとどまります。まして、徂徠ほどの巨大な人格を、まるごと継承することなど不可能であったにちがいありません。また、弟子には弟子なりの性格・能力があり、それが師の異なる側面を受け継ぐことになるのも仕方のないことでしょう。徂徠の弟子の場合、さきに述べたように太宰春台と服部南郭がその典型となりました。

　春台は、その主著ともいうべき『経済録』の「序」に、「昔人千金ヲ費シテ、竜ヲ屠《ほう》ル術ヲ学ビシガ、屠ルベキ竜無シテ、空シク一生ヲ終シトカヤ。純（春台の名）ガ如キ者、是ニ似タリ。然ドモ此身此儘《このまま》ニテ終ラバ、学ビ得タル屠竜ノ芸、徒《いたずら》ニ土中ノ物トナルベキモ惜ケレバ、拙キ筆ニ録シテ、篋中ニ蔵《おさめ》置《お》キ、広キ世間ニ、若《もし》竜ヲ屠ント思ハン人有ラバ、潜《ひそか》ニ是ヲ授テ、其謀ヲ賛《たす》ケント願フ。是純ガ平生ノ微志也」と書くほど、経術に志高く、自負も強い人物でした。また、自負するところあるため、師の徂徠に対しても遠慮なく論争を挑み、その経術実践の不徹底を批判するほどだったようです。

　それに対して、南郭は、徂徠に師事するきっかけになった柳沢吉保への近侍も、その歌文の才を認められてのことでしたし、吉保死後、柳沢家を致仕するに際しても、「出処もまた大なり。然れども我が輩より之を視れば、即ち禄利も、また惟陸沈《ただりくちん》、世を玩するに近し。玩すれば斯《ここ》に傲《ごう》し、傲すれば斯に悒《いか》らる。奈何ぞ野心馴《な》るべからざるの性を以て、能く自ら欺き以て久しきを側目の間に持せんや」（『南郭先生文集』）。ちょっとむずかしい言い回しなので、意訳しておきます。つまり、「出処進退は大事なことだが、禄を受けていても、精神は在野のときと同じだ。ただ、そういうと傲慢に思われ、非難される。他人に迎合しない性格なのにそれを自分から欺いて、同僚のねたみになぞ付き合っていられない」というようなところでしょう）と友人に書き送っています。これも、詩文の才にたのむところあったとすれば相当なものです。

こういう性格の二人ですから、徂徠の公私二つの側面をそれぞれ継承したとしても当然といえるかもしれません。それは仕方ないとして、やっかいなことは、二人が対立してしまったことです。対立の原因は、春台が、徂徠からよく思われていなかったと思い込んでいたことや、『徂徠文集』の編纂が南郭中心に行なわれ、春台がそれに参画できなかったことにもあるようですが、それが、丸山が指摘するような対立にまで広がってしまったことが問題でした。丸山は、こう書いています。「けだし彼等は夫々《それぞれ》――エピゴーネンにふさわしく――意識的にか無意識的にか已れの継受した面を徂徠学それ自体として絶対化することによって、各自の領域を無視し同じ面に於て競合するに至るからである」（p.143）と。春台や南郭をエピゴーネン、つまり独創性なき追随者と呼ぶのは、その業績をみれば少しばかりはばかられますが、次世代になると、まさに丸山が指摘するような事態になっていきました。

春台の経学派も、後継者に恵まれず、南郭の詩文派も、丸山が太田錦城（一七六五～一八二五）を引いて論じているように、淫逸に流れるもの少なからず、という有様で、蘐園学派は、その人数を加えるにしたがって混迷を深め、思想的創造性を失っていったのです。

ここで、蘐園学派の興隆と混迷の状況について、丸山とは異なる視点から検討しておきたいと思います。徂徠の登場は、儒教思想の面で画期的であったばかりではなく、詩文の世界でも大きな刺激を与えたことは、丸山が指摘しているとおりですが、問題は、近世社会の構造と時代状況にあります。元禄から享保にかけて、近世社会は戦国の遺風を脱し、泰平を謳歌すると同時に、貨幣経済に依拠しながら貢租徴収を可能ならしめる農業生産力の強権的維持（たとえば、田畑永代売買の禁や農民の移動の禁止など）を図るという構造的矛盾が次第に深刻化するという状況にありました。その時代状況を徂徠は鋭敏にとらえ、幕藩制の危機と認識し、改革を可能にする論理を儒教思想の枠組みを最大限度に拡大しながら提示しました。そして、実際に幕府政治の制度的改革のための諸方策を将軍に対して献策しました。これが、忍び寄る危機の時代に、制度改革の論理を内包しない朱子学の限界を突破する画期的な意味をもっていたことは疑いのないところです。

しかし、「祖法墨守」（開祖家康の建てた制度・法を固く守ること）を原則とし、武家諸法度に「新《しん》儀停止《ぎちょうじ》」（新しい企てをいっさい禁止すること）を定める幕藩制の枠組みを破壊しないかぎり、どんな改革案も、またそれを支える思想もその可能性を最大限に発揮することは不可能でした。そして、享保期の幕藩制は、まだ復古主義的改革によってしばらく延命が可能な段階にありました。経学派は、幕藩制のそういう現実の壁にその発展をはばまれていたのです。

他方、天下泰平下での文運興隆は、出版文化の発展と文化を享受する社会層の拡大によって支えられると同時に、文化の「大衆化」といってもよいような状況を生みだしました。吉宗が『六諭衍義《りくゆえんぎ》』

の頒布を命じたように、儒教的倫理の民衆への浸透が図られ、儒教も通俗化されつつ大衆化していきますが、詩文を中心として漢学が非武士身分の教養層に広く受け入れられるようになるのも享保期以後のことです。徂徠学が斬新な詩文の学として受け入れられていったのも、そういう文化状況を考えればよく理解できると思います。したがって、蘐園学派の頽廃・混迷は、その内部対立によるよりも、大衆化にともなう通俗化と体制的限界により多くの原因があるといえるのではないでしょうか。

折衷学派と思想の雑居性

蘐園学派が混迷を深めるなかで、儒学界に登場してきたのは折衷学派ないし折衷考証学派と総称される一群の儒学者たちでした。丸山は、井上金蛾《きんが》（一七三二～八四）以下この学派に属するとされる学者たちの名をあげていますが、その一人一人についての説明は省略し、彼らの共通の性格だけを検討しておきましょう。丸山は、彼らの共通点を「党派的偏異を排し諸説の最長補短を通じて中正の道を求め、広汎な考証的＝文献的渉猟によって是を裏づけて行こうとする態度」（p.145）に見出していますす。そして、彼らが、「各学派のドグマティックな党派性に抗議して自由研究を主張した点」（同）に「多少の積極性」（同）を認めます。しかし、総体としては、折衷はしょせん折衷であって、そこに創造的理論の提示はみられないときわめて低い評価しか与えていません。

この評価の問題はあとで触れるとして、さきに進みましょう。丸山は、徂徠以後の儒学界の潮流として、つぎに懐徳堂一派を取り上げます。懐徳堂は、三宅石庵（一六六五〜一七三〇）を第一代の学主として大坂で開かれた学塾で、大坂の町人層を基盤とした特色のある学風で知られていました。朱子学を標榜していましたが、かならずしもそれにとらわれることなく、広く詩文の学も含む諸学も講じられていたようです。丸山も指摘しているように、石庵の学問は「鵺《ぬえ》学問」（正体不明の学問という意味）と評判されていましたし、伊藤仁斎の子東涯も招かれて講義をしています。さきに徂徠学批判に関連して触れた四代学主中井竹山もはげしい徂徠批判をすると同時に、山崎闇斎の偏狭固陋さも攻撃の的にしていました。こういう懐徳堂の学問のあり方にも、丸山は折衷的傾向を指摘しています。

さらに、丸山は、そういう思想的折衷性の典型として、石門心学に論及します。石門心学は、享保の末ごろ石田梅岩（一六八五〜一七四四）によって創始された学問で、手島堵庵《とあん》、中沢道二《どうに》、柴田鳩《きゅう》翁《おう》などによって発展せしめられ、幕末に至るまで広く庶民層の倫理・道徳説として普及していた学問です。実際、筆者が調査した各地の村に残る蔵書には、かならずといってよいほど心学関係の書籍が含まれていました。

その心学は、宋学の概念を基礎としてなりたっていますが、倫理説としては神道・仏教・老荘思想など修養に役に立ちそうなものは何でも取り入れていました。これは、丸山が、徂徠学が儒教として聖人の道の純粋性を貫きつつ、異なる思想を「道の裂けしのみ」として許容するのと対比して指摘しているように、「雑多な思想系統が流入混淆している」（p.147）だけのことといえるかもしれません。

少なくとも心学に原理的一貫性が欠けているのは事実です。したがって、「心学は通俗道徳としての普及性をいかに誇ろうとも、理論的価値においては、折衷考証学派の上にすら出るものではなかった」(同)と評されてもしかたないと思います。

以上のように、折衷考証学派・懐徳堂・石門心学を概観した丸山は、「儒学界を覆うこうした折衷性は近世儒教がすでに独創的な発展を停止したことを告示するものにほかならぬ」(同)と総括します。そして、長州の学者茅原虚斎《ちはらきょさい》(一七七四〜一八四〇)が著した『茅窓漫録』におさめられた「朱子学四書来由」のなかの「悍窩。徂徠の二先生は。当代文学の儒祖たるべし」という文章をひいて、徂徠学が「儒教の最後的な再建として、理論的にも絶頂を占めた」(同)ことの傍証としています。論文の構成上からいえば、このように論ずることで、儒学から国学へ、徂徠学から宣長学へという近世思想史の展開を必然的な発展過程として位置づけることが可能になっているわけです。

それにしても、思想の折衷性に対する丸山の評価にはきわめてきびしいものがあります。折衷学派には考証学的にはすぐれた成果がないわけではありませんし、懐徳堂からは『出定後語』を著した富永仲基《なかもと》(一七一五〜四六)や『夢の代《しろ》』を書いた山片蟠桃《やまがたばんとう》(一七四八〜一八二一)のような独創的な思想家も出ています。石門心学にしても町人を中心とした庶民層の生業や生活を基礎づける倫理・道徳観を提供したという点で重要な役割を果たしましたし、それを西欧のプロテスタンティズムの倫理に比するアメリカの研究者もいるくらいです。そういう点を考慮すると、論文構成上の必要とはいえ、あまりにもきびしすぎるという印象はぬぐえません。

そういうきびしい評価を丸山が下したことについては、二つの要因が考えられます。一つは、近世思想史を論じるにあたって当時の丸山がもっていたと思われる思想観あるいは思想評価の規準についての問題です。論理的首尾一貫性、体系性、世界観的包括性などを評価基準の上位におき、普及性、社会的影響力などを下位に置けば、高い頂点を連ねた山脈のように思想史を描くことになります。丸山の思想史がそういう傾向を帯びていることは否定できません。動機や環境要因によって説明するのではなく、あくまで論理の上でかならずしも明示されていない思惟様式に着目してその継受・発展の過程を明らかにしようとする丸山の方法が、そういう傾向を強めているといってもよいでしょう。折衷性は、そういう評価基準からみれば、評価に値しないことにならざるをえないわけです。

二つめの要因は、論文執筆当時の思想状況の問題です。丸山は、戦後、「日本の思想」(『日本の思想』岩波新書所収)のなかで、日本の思想の歴史的・構造的問題として思想における「雑居性」について論じています。「私達の思考や発想の様式をいろいろな要素に分解し、それぞれの系譜を遡るならば、仏教的なもの、シャーマニズム的なもの、西欧的なもの——要するに私達の歴史にその足跡を印したあらゆる思想の断片に行き当るであろう。問題はそれらがみな雑然と同居し、相互の論理的な関係と占めるべき位置とが一向判然としていないところにある」とか、「あらゆる哲学・宗教・学問を——相互に原理的に矛盾するものまで——『無限抱擁』してこれを精神的経歴のなかに『平和共存』させる思想的『寛容』の伝統」とか、思想の雑居性の問題を鋭く指摘しています。その指摘には、西欧のファシストの概念を援用して日本精神を高唱する右翼思想家や、突然先祖がえりのように日本回帰する知識人があとを絶たなかった戦時下日本の思想状況への痛切な反省がこめられています。論文執筆当時の丸山が、どこまでその問題に自覚的であったかは、推測するほかはありませんが、原理的一貫性を欠いた右翼と対峙せざるをえなかった経験（このことについては第1講で触れています）をふまえれば、丸山が、思想の雑居性、また雑居性につながりかねない折衷性に対してきびしい評価を下していることは当然というべきではないでしょうか。

念のためにいい添えておけば、筆者は、丸山擁護のためにこんなことをいっているわけではありません。思想の評価ということがいかに複雑でむずかしい問題であるか、また、どんな著述も時代的制約を免れることはできない、という筆者の思いを告白しているだけだということです。

それはともかく、丸山は徂徠以後の儒学界を一瞥したうえで、国学の問題に踏み込んでいきます。あらかじめ筆者の問題意識を提示しておけば、儒学にかわって国学が思想界の主役になったと位置づけられるのかということがあります。その答えを丸山のこの論文のなかで見出すことができるかどうかはわかりませんが、丸山にしたがってさきに進むことにしましょう。

第12講　国学の確立と徂徠学の影響

国学の登場と徂徠学

国学とは何か、という問題は簡単なようで簡単ではありません。辞書的に定義すれば、「古事記・万葉集などの日本の古典を研究して、日本固有の思想・精神を究めようとする学問」（『大辞林』）ということになりますが、この定義ではみずから国学者を名乗らない者を含む可能性を排除することはできません。民俗学者柳田国男や折口信夫《しのぶ》（一八八七～一九五三）なども含まれることになります。ただ、ここでは近世の話ですから、近世に限定して考えなければなりませんが、儒学者でありつつ、日本古典の研究や神道を説いた学者、たとえば林羅山や山崎闇斎のような学者もいましたから、問題は複雑になります。

丸山の論文では、国学の完成者としての本居宣長（一七三〇～一八〇一）とその先駆けとしての賀茂真淵（一六九七～一七六九）が主要な研究対象として取り上げられています。それは、この二人が、日本古典の研究で画期的な研究業績をあげただけではなく、その成果の上に立って「日本固有の思想」を一つの「道」として、あるいは一つの「世界観」として体系的に示そうとした学者であったからです。さきの国学の定義に付け加えれば、人間である限りしたがうべき「道」、世界がどういうものであるかを定義しうる概念を提示し、それが日本という場所に固有に顕現したと主張する学問ということになります。そういう学問をもっとも強烈に主張したのは、平田篤胤ですが、篤胤は宣長の正統な継承者であると自己規定しており、徂徠学との関係でいえば、かなり後世の学者ということになりますから、ここでは主要な研究対象から除外したとしても問題はないと思います。

ところで、真淵や宣長が、国学者として自己主張をはじめた時代は、学問とか道とかいえば、それは儒学を指すのが当然とされていた時代でした。学問や道という言葉が、われわれが使うような普通名詞ではなく、儒学という特定の学問・思想を指す固有名詞であった時代といってもよいでしょう。そういう状況において、当然とされていた学問や道＝儒学に対して、それではなくこれこそが真の学問、真の道だと主張するには、当然とされていた学問や道を徹底的に批判することが必要であったことは明らかです。したがって、真淵や宣長、あるいは篤胤以下の国学者が儒学批判を、彼らの主要な課題として論じているのも当然でしょう。

実際、丸山の国学に関する論述も国学者の儒学批判の様相の叙述からはじまります。ただ、何故に、国学が、あるいは儒学批判が、一八世紀、近世と時代区分される幕藩時代のまっただなかにはじまったのか、という大問題はこの論文では明示的には論じられていません。朱子学的思惟様式の分解と徂徠学の形成について論じられていたような、政治・経済・社会の歴史的条件の変化の分析が、ここでは行なわれていないことが、そういう印象を与えているとみることもできるでしょう。しかし、思想と論理のレベルの問題としては、論じられているとみることもできます。すなわち、儒学がその理論的展開の結果として徂徠学を成立せしめ、近世儒学としての最高到達点に達したことが、国学を体系的「道」の学問として飛躍せしめたことを丸山が指摘し、その論理的・方法的関連性を明らかにしているからです。徂徠学は、儒学という思想の範囲内において、方法論から政治論にいたるまで首尾一貫した論理を体系的に構築しました。これは、儒学者でない者にとっては、批判の対象が明確になったということを意味します。どこを批判すべきか、批判すべきアルキメデスの点はどこかがはっきりしたということです。

ただ、ここで注目してほしいのは、批判が生産的であるのは、批判者が批判すべき対象からもっともよく学んだ場合であることです。そういう場合にこそ思想史のドラマが生まれます。揚げ足取りや動機の暴露というレベルのイデオロギー批判からは、新しい思想は生まれてきません。徂徠学から宣長学という断絶と継承の過程において、日本思想史では稀有な生産的思想のドラマが演じられたと思います。そのドラマを、丸山はこの論文のなかで描いています。そこで以下、丸山の描いたドラマの筋書きを追っていくことにしましょう。

国学と徂徠学との人的関係

それでは、丸山にしたがって国学者による儒教批判の様相を検討することにします。

まず、丸山は、国学者による儒教批判の必然性について論及し、その儒教批判が徂徠学、とくに太宰春台を念頭に置いたものであることを指摘しています。国学が、みずからを「古学（いにしへまなび）」と称したことから、儒教の古学との相違を明確にしなければならなかったという事情もあります。しかし、なによりも徂徠学派とくに春台が、聖人の道を絶対化し、徹底した神道批判を展開したことが国学者の攻撃を招くことになりました。真淵の『国意考』も篤胤の『呵妄書《かもう》』も、春台の『弁道書』を直接の批判対象として書かれています。宣長には、直接春台を対象として批判した書はありませんが、『葛花《くずばな》』で論争を展開した相手は、徂徠学派の儒者市川鶴鳴（一七四〇〜九五）でした。丸山は、こうした国学者たちの徂徠学批判は、その両者が単純に敵対していたのではなく、かえって発想が近いために激しい攻撃となって現われたとみています。

国学は、近世初頭からの神道家の中世的神仏習合的神道からの脱却の動き、歌学を中心とした文芸復興の気運のなかから発展してきたという面からみると、徂徠学との関係は相互に独立した関係のようにもみえますが、意外と両者には接点がありました。丸山は、両者の関係を論じるにあたって、まず人的関係を述べるところから出発します。真淵については、幼少期に春台の弟子渡辺蒙庵から漢籍読解のてほどきを受けたことが指摘されます。しかし、これは幼少期のことであり、どれほどの影響を受けたかははっきりしません。より重要なのは、真淵が蘐園詩文派の中心人物であった服部南郭と親交を結んでいたという事実です。両者を結びつけていたものは、「道」という言葉で表現される政治や道徳に関する教説ではありえないことは明白でしょう。それは、真淵の和歌、南郭の詩文における文芸観あるいは文学観であったとみてまちがいはないでしょう。のちに検討されているように、真淵・宣長の文学論が、徂徠の文学観を前進せしめたとするならば、この二人の交流は小さくない意味をもつことになります。

つづいて丸山は、宣長とその漢学の師であった堀景山との関係について言及しています。景山は、朱子学者を標榜していますが、その発想はきわめて徂徠学に近接していたようです。その景山に、宣長は京都遊学中に師事していますが、それはつぎのような事情によるものです。宣長は、伊勢松坂の商人の子として生まれますが、生来の学問好きを案じた母親が、医者になることをすすめ、京都に医学修行に出したことにはじまります。当時、医学は漢方が主でしたので、その修行には漢籍を読めるようになることが必須でした。そこで漢籍の専門家である儒学者に教えを受けることになったというわけです。それが景山であったことは、宣長にとって幸運であったというべきかもしれません。ちなみに、宣長は、二二歳から七年間の京都遊学中、相当自由を謳歌したようですが、医者としての修行も怠らなかったらしく、松坂に帰郷後医者を開業し、終生小児科を中心とした医療に従事しました。宣長が国学入門書として書いた『初山踏《ういやまぶみ》』にある「才のともしきや、学ぶことの晩《オソ》きや、暇《イトマ》のなきや

により て、思ひくづおれて、止《ヤム》ることなかれ、とてもかくても、つとめだにすれば、出来るものと心得べし」という言葉には、医療に従事しながら国学の確立にはげんでいた宣長の実感がこもっているように思われます。

それはともかく、宣長が師事した景山は、朱子学者とは思われないほど徂徠学に接近しています。たとえば、丸山が引用しているように「理と云ふものは、畢竟極つたやうなもので極まらぬもの」(p.151)と理の概念の定準のないことを認めたり、「何をいふても先づ文字の意に通達せいでは、聖賢の語意を実に合点のゆかうやうはなきこと也」(同)と古文辞学に通じるようなことをいったり、「聖人と云ふ名は、古は大形みな徳を以て天下を治め得たる天子のこと」(同)と、聖人を、「天下の礼楽を作り民を教へ風俗を正し」(同)た古代の君主としているなど、徂徠との類似性は明らかでした。

なかでも丸山がとくに注目したのは、その人情論と文学観です。景山は、欲=人情とし、それがないものは木石にひとしいとし、人欲の禁圧を説く朱子学的禁欲主義に反対しています。そして、詩(『詩経』)の解釈に勧善懲悪の論理を持ち込む朱子の解釈に反対し、「我しらずふつと思ふとほりを云ひ出すが詩と云ものなるべし」(p.152)という点に文学的表現の本質を見出します。「人の邪念より出ぬ詩をよしとすることは勿論なれども」(同)という留保はついていますが、詩が、「正念」に発しようと「邪念」に発しようと、文学的表現の本質とは関係ないということです。さらに景山は、「和歌と云ものも本《もと》は詩と同じものにて」(同)と、当時詩すなわち漢詩を高級なものとする風潮に対して、和歌にも同等の文学的価値を見出し、和歌を「見るもの聞くものに触れて按排《あんばい》工夫なしに思はず知らずふつと言ひ出せる詞」（同）として評価しています。

このような景山の人情論・文学観は、丸山が指摘しているとおり、徂徠の影響なしには考えられないでしょう。この景山のもとで若き日の宣長が学んでいたのです。宣長は京都遊学中、師景山が宝暦七（一七五七）年に亡くなるまで密接な交流をつづけていたことが、宣長の「在京日記」からもうかがわれます。したがって、宣長が、景山の影響――間接的に徂徠の――を受けていたことを否定することはできないでしょう。また、宣長自身も徂徠の書を読み、抜き書きを作っていたといわれています。しかし、こうした人的関係は、徂徠学と宣長学との関係を論ずるうえでは、しょせん、背景的事実の指摘にとどまります。問題は、あくまで思想の論理にかかわります。

聖人作為の論理――徂徠学と国学の否定的関連①

さて、思想の論理のレベルでの両者の関連性について、丸山は、その否定的関連の指摘から検討を開始しています。否定的関連というのは、ちょっとわかりにくい表現かもしれませんが、徂徠学が、国学にとって否定すべき対象を明確にし、否定の論理すら提供したという意味での関連であって、徂徠学の方法・発想・論理を受け継ぎ発展させたという関連とは明確に区別された関連です。そういう意味での否定的関連として、丸山は、二つの論点をあげています。一つは、徂徠学が、「聖人の制作」

という「事実」に「道」の普遍妥当性の根拠を求めたという点です。もう一つは、神儒一致を説く近世前期の「神道」に対して、儒学の立場から徂徠学が攻撃を加えたという点です。

まず前者の論点から検討しましょう。丸山は、ここで近世朱子学から徂徠学にいたる儒教の「道」の基礎づけの仕方の変遷過程を概観していますが、それは繰り返しになるので省略します。要は、徂徠が、道の妥当性の根拠を聖人の作為に求め、作為の主体たる聖人を絶対的人格にまで高めたことが、国学者にとって儒教批判のよりどころを与えたということです。丸山は、「法を作るものは、徳ではなくて権威である」というホッブスの言葉を引きながら、「権威は権威を信ずるものにとってのみ権威たりうる。徂徠学においては聖人の権威を信じない者にはもはや道の真理性を以て説得する事が出来ない」(p.153)と、徂徠学が拠って立つ究極の基盤こそが、批判者による批判を容易にしていることを指摘しています。つまり、問題が、信ずるか信じないかに帰着してしまえば、信じない者は、「聖人の作為」の一点に批判を集中すれば、全体系の批判に代えることができることになるからです。

真淵の儒教批判も、その点に集中します。丸山が、真淵の『国意考』から引用しているところ(p.153-4)を解説すれば、「中国の儒学者がいう道とは、人がわざわざ小さく作ったもので、人が作った道＝制は、その人が属する国の風土によって異なるはずであり、また、時間的にも過去の一時点で作ったものがその後も守りつづけられると考えるのは愚かなことである」ということです。要するに、儒学者のいう道が、人(徂徠学では聖人すなわち古代の政治的君主)が「作った」ものであるという論理を前提にして、それが時と所を異にしても妥当するはずだという主張を問題にしているわけです。真淵の儒教批判は、「聖人の作為」に究極的根拠を置く徂徠学の論理を儒教の本質として批判していることになります。

つづいて丸山は、宣長の儒教批判を取り上げます。宣長の批判は、聖人概念そのものに向けられます。宣長は、『古事記伝』の冒頭におさめられた、彼の神道論の精髄ともいうべき「直毘霊《なおびのみたま》」において、聖人とその道についてつぎのように述べています。丸山の引用部分（p.154）を要約すれば「中国でいう聖人とは、威力があり知恵もあって、人を惹きつける魅力もあるが、人の権力を奪取し、それを維持することばかりに思いをめぐらし、しばらくは良い政治をすることもあるが、その政治を後世の法とする人だ。その聖人が作り、定めたものを道というが、それは、しょせん、人の権力を奪い取り、その維持をはかるためのものにすぎない」ということになるでしょうか。

この宣長の聖人批判は、典型的な動機の暴露というイデオロギー批判ですが、徂徠が尊崇して止まない聖人を、権力簒奪者にすぎないというのですから、徂徠とは正反対の評価を下していることになります。しかし、論理的組み立てをみると、両者の共通した構造が明らかになります。つまり、聖人は政治をする人であり、道は聖人が作為したものであり、道の本質は政治的なものである、という論理構造はまったく同じなのです。丸山の言葉を借りれば、「彼等（国学者）の儒教批判の方向を決定したのは、まごう方なく徂徠学であった」ということです。これが、徂徠学と国学の否定的関連の第一点です。

思想的純粋性——徂徠学と国学の否定的関連②

第二点めの否定的関連を指摘するにあたって、丸山は徂徠学の思想的純粋性を問題にしています。丸山の論述とは前後することになりますが、まず、徂徠学の思想的純粋性とは何かということを検討しておきましょう。

徂徠の学問が、古文辞学を方法的基礎とし、儒教の依拠する最終的な経典である六経の厳密な理解によって成立していることは、さきに論じてきたとおりです。その厳密な理解によって、徂徠は、孔子以後の後世の学者の経典解釈上の誤り、体系的理論構築における主観的歪曲を徹底的に否定し、六経のなかに見出した聖人とその作為した道を絶対的信仰の対象にまで高めました。その結果、儒教に混入していた仏教的あるいは道教的要素をはじめとする異なる思想的要素は決定的に排除されることになりました。これが、徂徠学の思想的純粋性ということです。

こういうと、徂徠は仏教に対しても、その他の思想に対しても寛容だったのではないか、という疑問がわくかもしれません。たしかに、徂徠は、自分の信ずる儒教以外の思想に対して、「道の裂けしもの」としてその存在を容認しています。しかし、それはあくまで自己の外部にその存在を容認しているだけにとどまります。自己の思想の内部に、異なる思想を雑居させたり、混入させたりすることを認めたわけではありません。余計なことですが、思想的純粋性と寛容とは両立できるものなのです。

それはともかく、この徂徠学の思想的純粋性が、国学とどのような関連をもつのかが、ここでの課題でした。この課題に答えるためには、神道をめぐる近世初期の思想状況を検討しておく必要があります。近世初期の神道は、前にも述べましたように、神儒一致論が大勢をしめていました。これは、儒学にとっても問題でしたが、国学にとっては、もっと重大問題でした。儒教に対抗して、「日本固有の道」を明らかにしようというのが国学ですから、その問題は国学の成立基盤そのものにかかわるからです。

それで、丸山は、近世初期の神道の思想状況についての概説から論をはじめているわけです。ここでは、論点をしぼるためにくわしい解説は避けたいと思いますが、必要なかぎりでの説明はしておきましょう。近世以前には、神道は、仏教の圧倒的影響下にありました。日本の神々は、仏教の諸仏（本地）が、仮の姿をとって日本に顕現した（垂迹《すいじゃく》）ものという本地垂迹説がそれです。神道と同じく仏教の支配下にあった儒学が、前に述べたように、近世権力の成立とともに、仏教から自立したわけですが、その自立の過程で、儒学者が激しい排仏論を展開したのも当然といえば当然でしょう。それがなぜ、儒学者をして神道に接近せしめたかは問題ですが、ともかく儒学者の側から神道への接近がみられたのは事実です。林家朱子学の祖林羅山が、理当心地神道を唱え、純粋朱子学の代表と目されていた山崎闇斎が垂加神道を建てています。また、熊沢蕃山や山鹿素行などが、神道への肯定的な評価を与えていることもあります。

他方、神道家のほうからも儒学への接近がありました。神道は、もともと明確な教義の体系をもっていませんから、体系化の必要があれば、有力な思想の概念・論理を借りてこざるをえないので、仏教が優勢な近世以前には仏教と習合していました。仏教が衰退し、儒学が興隆してきた近世初期に、神道家から儒学への接近が試みられるのも、これまた当然といえるかもしれません。丸山は、伊勢神宮信仰を中核とする伊勢神道中興の祖度会延佳《わたらいのぶよし》（一六一五〜九〇）や京都の吉田神道から出て幕府神道方となった吉川惟足の神道論をあげて、神儒一致論——丸山の表現によれば神儒抱合——が、近世初期に有力になった状況を概説しています。その神儒一致という場合、儒とは朱子学であることにも注意しておく必要があります。

このような近世前期の神儒一致論あるいは儒教的概念による神道の基礎づけが盛行している状況に一撃を加えたのが徂徠学でした。徂徠は、神道について「鬼神ハ崇ムベシ、増テ我国ニ生レテ吾国ノ神ヲ敬フ事、聖人ノ道ノ意也」とその鬼神——中国語では、死者・祖先の霊魂という意味になります——への敬意という意味では肯定していますが、根本的には「神道ハナキ事」と、思想の論理の上では完全に否定しています。思想としての儒学の純粋性を確信する徂徠にとっては、当然の論理的帰結です。徂徠の弟子太宰春台は、その徂徠の論理を徹底し、さらに一歩を進めて神道を「巫祝《かんなぎ》の道」にすぎないと断じます。巫祝とは、占い・呪術を業とする祈祷師のことですから、神道否定は、神道をおとしめるところまでいったといってよいでしょう。

国学者たちが、そこまでおとしめられた神道を救い出すために、激しい春台批判を展開すると同時に、儒学と抱合した旧神道に対して戦いを宣することになるのも当然でしょう。その状況を、丸山は、「かくて国学者の古神道と徂徠学とは全く異った立場から、神儒の抱合に対して奇しくも共同戦線をはることとなった」(p.156) と、その逆説的関係について述べています。

その逆説的関係を端的に表わしているのが、宣長の徂徠や春台に対する評価です。宣長は、徂徠の神道否定について、後世――これは宣長のいう神道が事実として生きていた古代以後という意味です――に神道といいながら、実質は儒学や仏教を借りて道を説いている神道家に比べれば、「荻生などが神道と云道はなきこと也と云《いえ》るは至極当れること也」と述べています。また、多くの国学者が目の敵にした春台の『弁道書』についても「太宰が弁道書は予が心にははなはだ道理也と思う也」と、いったん同意を与えます。というのは、これまでの神道家のいう神道は、すべて儒学や仏教の体系性をうらやんで作ったもので、真の神道ではない、だからその偽物を否定するのは、宣長の立場からしても当然だからです。そのうえで、宣長は「まことに彼は真の儒者也」と一見春台をほめあげます。

しかし、この「真の儒者也」が曲者です。宣長は、儒学を彼が排斥する「漢心《からごころ》」の最たるものとみているわけですから、「真の儒者」こそもっとも排斥されるべき対象だということになります。だから、その宣長の徂徠や春台への評価は逆説的是認であって、評価は一瞬にして逆転します。宣長によれば、徂徠や春台の神道否定は、宣長のいう「真の神道」――その内容は後論で明らかになります――を知らないことに発していると、たちまち批判の矛先が彼らに向けられます。そして、この宣長の批判は、「彼等が徒は、ひたすら漢国をのみ尊く何事もすぐれたる如くに云て、皇国をば、殊更《ことさら》につとめて賤しめおとして強《しい》て夷《えびす》にするを卓見の如く思へり」と、猛烈な日本主義・自国第一主義をともなっていました。

それはともかく、丸山は、儒学と国学というまったく相対立する立場に立つ徂徠と宣長の思想に、思想的純粋性という共通の性格を読み取り、それが徂徠学と国学とを「否定的に媒介せしめている」と主張しているわけです。

若干の補足

ここで、儒学と神道の接近、とくに儒学者からの接近と宣長によって一つの極点に達した日本主義・自国第一主義の問題、それから丸山が徂徠と宣長に見出した思想的純粋性という問題について、丸山論文を読むという趣旨からは少し逸脱することになるかもしれませんが、若干の補足をしておきたいと思います。

まず、前者の問題について。近世の儒学者の多くが、神道に接近したことの背後には、何があったのでしょうか。もっとも純粋な朱子学を目指した山崎闇斎には、「山崎先生嘗《かつて》物語ニ、唐ヨリ日本ヲ従ヘントセバ、軍《いくさ》ナラバ堯舜文武ガ大将ニテ来ルトモ、石火矢《いしびや》ニテモ打ツブスガ大義也」という逸話が、崎門の三傑と称された浅見絅斎《けいさい》（一六五二～一七一二）の『中国弁』に伝えられています。また、山鹿素行には『中朝事実』という著作があり、日本こそが中朝（中華）であるという、これまた猛烈な日本主義が展開されています。こうした儒学者の日本主義は、王朝交代が頻繁におこった中国に対して、儒学が重んじる忠という徳目を皇統一系である日本こそがもっともみごとに実現しているという主張がありました。「忠」という儒学の範疇を基準として日本を中華とする主張は、明らかに矛盾を含んでいます。ですから、近世の儒学の世界では、日本をどう位置づけるかが大きな論争のテーマとなっていました。

この矛盾をおかしてでも日本を「中華」としたいという願望が、多くの儒学者をして神道に接近せしめたといえるかもしれません。

こうした日本主義の問題は、儒学者にかぎったことではありません。宣長をはじめとする国学者にこそもっとも典型的に現われた問題です。さらにいえば、丸山が本論文を執筆していた当時、もっとも猛威をふるったといっても過言ではないでしょう。そういう問題に丸山が気づいていなかったはずはありません。気づいていながら、何も論じていないことを責めるとすれば、それは何を論じても権力の弾圧を受けることがない時代に生きている者の傲慢というものです。

ただ、ここで言いたいことは、今日、神道・儒学・国学の問題を考える場合、この日本主義の問題は避けることができないということです。とくに、安全保障問題を糸口にして国家主義への傾斜が強まるのと歩調をあわせるかのように、「日本のすばらしさ」を喧伝する声がマスコミをおおっている現状をみると、その思いはいっそう強くなります。それはたんなる自己愛にすぎないかもしれませんが、かつての誇大な日本主義に転換する可能性がないとはいいきれませんから。

ちょっと余計なことを申し上げましたが、第二の思想的純粋性の問題について補足します。この問題については、戦後丸山は、さらに進んだ議論を展開しています。前にも紹介した『日本の思想』で展開されている議論がそれです。そこで、丸山は、日本の思想に少なからず現われる「雑居性」の問題をとりあげています。実例としてあげられていることの一つは、戦前にかまびすしかった国粋主義右翼の言動です。憲法学者の美濃部達吉（一八七三〜一九四八）や歴史学者の津田左右吉などを攻撃した右翼が、自己の思想の正当性を主張するとき、西洋哲学の概念、とくにドイツ・ナチスの哲学を援用してはばからなかったことです。自分に都合のよい概念や論理をそれが組み込まれている思想の構造・体系から切り離して、便宜的に接合していることを雑居性として批判しています。そして、その雑居性に無自覚なものが、他者に対してもっとも非寛容な態度をとることの逆説を指摘しているわけです。

丸山が、加藤周一（一九一九〜二〇〇八）の「雑種文化論」を評して、「雑種ならいいんだが、雑居だからね」といっていたことを思いだします。雑種は、異なる種の組み合わせによって、ともかく新しい何かを作ることをいいますが、たんなる雑居からは何も新しいものは生まれないからです。思想の問題としていえば、異なる思想と出会ったとき、自己の思想と原理的なレベルで徹底的に突き合わせ、対決して、新しいレベルで論理的に首尾一貫した思想形成への努力がもとめられます。丸山がいう思想的純粋性とは、そういう首尾一貫した思想形成への努力がなされた思想であるかどうかを問題にしているのです。その意味で、徂徠と宣長は、日本思想史上稀有な存在といってよいかもしれません。

この、徂徠と宣長の否定的関連の部分は、本論文の構成上からみれば、決定的重要性をもっているとはいえないでしょう。また、それを日本思想史に現われる通弊ともいうべき思想の雑居性の指摘とすることも、深読みにすぎるのかもしれません。しかし、今日の時点で、本論文を読む者が、そうした問題を発見し、考えるきっかけを与えられたと受けとっても、丸山の意にそむくことにはならないともいえると思います。古典とは、読む者の思考につねになにがしかの刺激を与えつづける作品をいうとすれば、本論文も、そういう古典としての力をもっていると考えます。

第13講 宣長による徂徠学の継承・発展とその帰結

徂徠の「聖人＝天」と宣長の「神」

さて、ここからが徂徠学と宣長学との関連についての肯定的あるいは積極的な面についての考察であり、本論文のもっとも肝心な部分ですが、その検討にはいります。

丸山は、まず儒教とくに朱子学と習合した神道の神の構想について、総括しています。そして、林羅山、度会延佳、吉川惟足、山崎闇斎の諸説を検討し、彼らの神道が、多かれ少なかれ汎神論的構成をもっていると指摘します。汎神論とは、ごく簡単にいえば天地万物あらゆるものに神が内在する、あるいは神性がやどっているという考え方です。それは、朱子学において宇宙万物に理が内在しているとし、その理が個々の事物を超越し、それに価値を与える究極の実在とされる理論構成と共通した発想です。朱子学の「理」を「神」と置き換えれば、儒教と習合した神道の神の位置づけがわかりやすいでしょう。

こうした汎神論は、吉川惟足の「此則《すなわ》ち国常立尊《くにのとこたちのみこと》（惟足は、この神を最高神としています）にして、みじんの中にも其の霊やどらずと云ふことなし」という主張に典型的に現われています。また、丸山が、汎心論といっているのは、羅山や延佳のように、人間について心＝理（心即理）を説いている点を強調しているわけですが、すべての人間に心があり、その心のなかに主たる神があるという理論構成は汎神論と同じ構成といってよいでしょう。

そういう汎神論的構成をとる神儒一致論的神道に対して、神道の真の姿を古代に求める古神道の立場から最初に批判を展開したのは賀茂真淵でした。真淵は、「凡《およそ》天が下のものには、かの四時（春夏秋冬の四季）のわかち有《ある》ごとく、いつくしみも、いかりも、理《ことわ》りも、さとりも、おのづから有こと、四時の有限りは絶《たえ》じ。それを人として、別に仁義礼智など、名付るゆゑに、とること、せばきやうには、成《なる》ぞかし。たゞさる名もなくて、天地の心のまゝ、なるこそよけれ」（『国意考』）と、人の主観によって作った仁義礼智などの概念（儒教の狭い理屈）をしりぞけ、「天地の心のまゝ」がよいとします。しかし、その天地の心は、「老子てふ人の、天地のまにまに、いはれしことこそ、天が下の道には叶ひ侍るめれ」（同）と、いちじるしく老子的無為自然の主張に接近しています。

この真淵の論理について、丸山は、「むしろ無神論的自然哲学の色彩を帯びた」と村岡典嗣《つねつぐ》（一八八四〜一九六四）の規定を援用して説明しています。ここで無神論的というのは、積極的に神の存在を否定するという意味ではなく、道の概念を構成するにあたって、神の観念が必ずしも必要ではないような構成になっている、いい換えれば天地＝自然という観念で説明がついてしまうという点を指摘しているわけです。いずれにしても、真淵の論理では、朱子学の「理に代って『自然』が世界の価値的規準に置かれたわけで、道の根拠が非人格的なものに求められた点では変りはなかった」（p.161）とされるわけです。

こうした真淵の自然に価値的規準を求める論理に対して、宣長は、記紀神話に登場する神々に究極的根拠を求める論理を展開して、神道論の大転換をはかりました。

ここで、まず、宣長の神のとらえ方について概略をみておきましょう。宣長は「鳥獣《トリケモノ》草木の類《たぐ》ひ、海山など、其余何《ソノホカナニ》にまれ、尋常《ヨノツネ》ならずすぐれたる徳《コト》のありて、可畏《カシコ》き物」（『古事記伝』、カタカナのルビは原文、平仮名のルビは筆者が随時ほどこしたもの。以下宣長からの引用のルビは同じ扱いです）を迦微《カミ》＝神と定義します。巨岩、巨木にしめ縄を張ってあることを見たことがあるでしょう。また、菅原道《みち》真《ざね》という実在した人物が天神様として神にまつられていることもよく知られていることです。宣長は、自然物でも人間でも、尋常ではない何か特別な力を感じさせるものを神といっているわけです。したがって、神は無数に存在することになります。まさに八百万《やおよろず》の神です。

そのうえで宣長は、神には「貴《タフト》きもあり賤《イヤシ》きもあり、強《ツヨ》きもあり弱《ヨワ》きもあり、善《ヨ》きもあり悪《アシ》きもあり」（同）としますが、その神について「善《ヨ》きも悪《アシ》きも、いと尊《タフト》くすぐれたる神たちの御うへに至りては、いともいとも妙《タヘ》に霊《アヤシ》く奇《クス》しくなむ坐《まし》ませば、さらに人の小《チヒサ》き智《サトリ》以て、其理《そノことはり》などちへのひとへも、測《ハカ》り知らるべきわざに非ず、たゞ其尊きをたふとみ、可畏《カシコ》きを畏《カシコ》みてぞあるべき」（同）としています。善神であれ、悪神であれ、とくに力のすぐれた神々は、霊妙このうえなく、その智恵の一端すら人間の小さな智恵では測り知ることができない存在であって、そういう人智を超えた不可知の存在に対しては、人間はただおそれかしこまるしかできないのだとします。

この神についての宣長の定義は、宣長にとっては純粋に古典の厳密な解釈から出たものだということになるでしょうが、そこに神を貴賤上下に段階づけ、世界を生み、動かしていく神々を体系化しようとする意図がないとはいえないと思います。しかし、ここでは丸山の論理を追うことが課題ですから、その問題についてはこれ以上触れないことにします。

こうした神々のなかで、宣長がもっとも高く位置づけたのは高皇産霊神《たかみむすび》と神皇産霊神《かみむすび》の二神です。宣長は、この二神について「世に神はしも多《サハ》に坐《ましませ》ども、此《コノ》神は殊に尊《タフト》く坐々《ましまシ》て、産霊《ムスビ》の御徳《ミメグミ》申すも更《サラ》なれば、有《アル》が中にも仰《アフ》ぎ奉るべく、崇《イツ》き奉る神になむ坐ける」としています。産霊とは、「凡《スベ》て物を生成《ナ》すことの霊異《クシビ》なる神霊《ミタマ》」のことで、神々も含め万物を生成する根元的力のことです。ただ、この力は、ポテンシャル（潜在的力）であって、それ自体として万物を作り出すのではなく、他の神々の働きをまってはじめてその力を発揮します。その意味では、万物を創造する絶対神ではありません。記紀神話によれば、大八島国《おおやしま》（日本の国土）も天照《あまてらす》をはじめとする諸々の神々も、伊邪那岐《いざなぎ》・伊邪《いざ》那美《なみ》二神によって生み成されたことになっていますが、その生み成す力は産霊神に由来する、いい換えれば、産霊神の生み成す力は、伊邪那岐・伊邪那美二神によってはじめて実現されるということです。この国生み、諸神誕生の神話は、神話教育を受けたことのない世代にとっては、まったく未知のことがらだと思いますが、丸山のこの論文を読むにあたっては、かならずしもくわしく知る必要はないと思われますので、説明は省略します。ただ、神話は神話として知っておいたほうがよいでしょう。念のため。

以上のように神々をとらえることによって、道を根拠づける仕方も朱子学や真淵の仕方とは一変します。丸山が、『古事記伝』の冒頭部に置かれ、宣長の神道観の精髄をまとめた「直毘霊《なおびのみたま》」から引用(p.161)しているところを意訳すれば、「道とは、どういうものかというと、天地に自然にできたものでもなく、人間が作ったものでもなく、産霊神の力によって、伊邪那岐・伊邪那美二神がはじめて、天照大神が受け継ぎ、伝えたものである」ということです。すなわち「道は老荘的自然でもなく、聖人の作為でもなく、皇祖神の創始に帰せられる」(同)ことになったわけです。

宣長の、こうした道の根拠づけの論理は、徂徠の道――道の内容はまったく異なることはいうまでもないでしょう――の根拠づけの論理と論理の組み立て方においてほとんど等しいと丸山はいいます。徂徠は、すでに述べたように、道の根拠を天と連続した聖人という人格の作為にもとめました。これは、宣長が、産霊神－岐・美二神－天照の創始と継承に道の根拠をもとめたことと論理として同じであるといっていいでしょう。丸山は、この徂徠学と宣長学の関係を「思惟方法における深き契合」といい、徂徠学が「近世神道が依拠した儒教思想の汎神論的構成を破壊することによって宣長学による旧神道の革新を内面的に援助した」(p.162)としているわけです。

もちろん、儒学者たる徂徠と国学者である宣長には、根本的相違があります。天概念についての相違が典型的です。徂徠においては、「天の心有る、豈《あ》に彰々として著明ならずや」と、聖人と連続する天を命を下す主体として人格的存在とされます。それに対して宣長は、「そもそも天はたゞ天つ神たちのましゝます御国のみにこそあれ、心ある物」(『玉勝間』)ではないとし、天を天空すなわち空間的場所と主張します。したがって、天のとらえ方について、徂徠と宣長は対極的といってもいいほどちがっています。しかし、この両者つまり徂徠の天と宣長の神は、体系的位置づけにおいては明白に共通しています。結論的主張においてまったく異なるにもかかわらず、その思惟方法における一致点を見出したところに丸山の思想史方法論の特質があります。その特質の意義については、のちに述べたいと思います。

丸山の徂徠と宣長の思惟方法上の共通点の指摘は、さらにつづきます。朱子学的合理主義に対する徂徠の批判と儒教的思惟＝漢意《からごころ》の排除の論理との共通性です。徂徠は、すでに検討してきたように、聖人を、私智すなわち聖人ならざる人の智恵を越えた超越的人格とし、聖人の制作した事跡をそのまま道とする立場から、宋学を代表とする後世の儒者による主観的解釈を「私智を逞《たくま》し」くするものであると徹底的に排除しました。宣長の場合は、人智を超えた絶対的存在は、神々です。宣長の神の観念からみれば、聖人といえども人にすぎないことになります。実際、徂徠においても、聖人は基本的に中国古代に実在したとされる帝王ですから、どんなにすぐれていたとしても人であることは否定できません。徂徠の「〈天－聖人〉対〈後世の儒者を含む人〉」の関係を、「〈神々〉対〈聖人を含む人〉」

の関係に置き換えると宣長の論理になります。ですから、論理構成はまったく同じだといってもよいでしょう。

また、宣長は、儒教の道概念を徂徠的に理解しています。つまり、聖人の作為によるものとしているわけです。徂徠の場合、その道の概念によって宋儒の天理にもとづくとされた道の概念を否定しているのですが、宣長は、その徂徠の道の概念を含めて儒教の道概念をすべて限界のある人の「私智」によって主観的に主張されたものとしてまるごと否定しています。これを丸山は、徂徠の「宋儒攻撃の逆用」といっています。さらに、宣長は、両部神道の神儒仏三教の「勝を取て劣を捨つ」という折衷主義を批判し、三教の勝劣を決めるのは、結局「己が凡心」ではないかと主張します。その際、儒教について「儒者は、儒道の古聖人の説を用ゐ」るのが当然であると、徂徠の説をそのまま援用してさえいます。ここにも、丸山は徂徠と宣長の思惟方法の一致をみているわけです。

文献学的＝実証的方法論の継受・発展

さて、以上のように、徂徠と宣長の思惟方法上の共通性を指摘してきた丸山は、宣長が徂徠の方法を継受しながら、それを発展せしめた諸点についてさらに分析をすすめています。その諸点とは、第一に「文献学的＝実証的方法論の継受・発展」であり、第二に「歴史的意識の継承と独自的成長」であり、第三に「人間的自然性の消極的承認から積極的承認へ」、第四に「文学の倫理および政治からの解放」の四点です。

そこで、第一の文献学的＝実証的方法論の問題について検討しましょう。徂徠が、彼の儒教学説を展開するにあたって、儒教の古典中の古典である六経に依拠し、その解釈の方法として古文辞学を基礎としたことはすでに指摘してきたとおりです。この徂徠の古文辞学と宣長との関連においてもっとも重視すべき点として、丸山は、「文献解釈における一切の主観的恣意の排除への志向が徂徠学及《および》宣長学の根底に置かれた人格的実在に対する絶対的尊信の態度と相表裏していた点」（p.164）をあげています。徂徠の聖人に対する態度が「信仰」と称するに足るものであったことはもう説明するまでもないと思いますが、宣長の場合には、「信仰」の立場はさらに徹底されます。

徂徠においては、「たとえ自分の判断ではそうではないだろうと思うようなことでも、聖人の道であるからにはけっして悪いことではないはずだと思い取る」といっていますが、そこには「思い取る」という自分＝人間の側の判断がはいりこむ余地が残されているといってもよいでしょう。それに対して宣長は、丸山が『玉鉾《たまぼこ》百首』から引いた宣長の歌に「伝えのないことは、知るべき方法もないのだから知らなくてもかまわない」とか、「かぎりある人間のいやしい力で神のなすわざをどうして知ることができるだろうか」、あるいは「りこうそうな顔はしても人間の智恵はかぎりがあるので神代のできごとをどうして測り知ることができようか」とあるように、人間のあらゆる判断を徹底的に排除した不可知の立場がつらぬかれています。

丸山は、こうした宣長の「信仰」的態度を、「あらゆるアプリオリな範疇を捨て、いかなる排理、いかなる不道徳をも古人の意識内容として其儘《そのまま》に受取ろうとする」（p.165）古典解釈の方法論としてとらえ返しています。この「いかなる排理、いかなる不道徳をも古人の意識内容として其儘に受取ろうとする」という態度について、丸山はそれ以上なにも述べていませんが、大事な点なので若干補足しておきたいと思います。

宣長は、『古事記伝』一之巻「古記典等総論《イニシヘブミドモノスベテノサダ》」に「意《ココロ》と事《コト》と言《コトバ》とは、みな相称《アヒカナ》へる物にして、上代《かみよ》は、意も事も言も上代、後代《のちのよ》は、意も事も言も後代、漢国《カラクニ》は、意も事も言も漢国なるを、……此記は、いさゝかもさかしらを加へずして、古より云伝たるまゝに記されたれば、その意も事も言も相称て、皆上代の実《マコト》なり」と書いています。要するに、意味と事実と言語とは本来一致しているもので、時代が変われば時代ごとに、国が変われば国ごとにその三つは一緒に変わる、とりわけ此記すなわち『古事記』は、すこしもこざかしい解釈を加えず、昔からの言い伝えをそのまま記録したものだから、意も事も言も一致して古代の真実そのものである、ということです。したがって、残されている言語・書（宣長にとっては『古事記』）を明らかにすれば、事実も意味（神代・古代の真実）も明らかにすることができることになります。逆にいえば、神代・古代の真実を知るためには、『古事記』の記述をそのまま真実としてうけとめることが必要だと主張しているとみることもできるでしょう。

だから、こういう主張も出てきます。伊邪那岐とともに国土造りをした伊邪那美が死後黄泉《よみ》の国に行き凶悪な神に変身したという神話を引いて、「かやうに申せば、たゞいと浅はかにして、何の道理もなきことのやうには聞ゆれども、これぞ神代のまことの伝説にして、妙理の然らしむるところなれば、なまじひの凡智を以て、とやかくやと思議すべき事にあらず」（『玉くしげ』）と、いまの常識（宣長にとっては漢心ということになります）では浅はかに聞こえることでも、そのまま神代の真実としてうけとるべきで、後世の知識で余計な解釈を加えるべきではない、という主張です。

このような主張は、現代のわれわれにとっては、一見突拍子もないことのように思われるかもしれません。しかし、この主張は、現代の文化人類学の方法にも通じる重要な問題を提起しています。異なる発展過程を経てきた文化・社会を対象にして、それを理解するとは、どういうことでしょうか。自分が属している文化・社会の「常識」からみて、それにあわない事象について不合理だとか、迷信だとかという判断をくだしてしまうのは、自分の「常識」を真実の高みにあげ、そこから他の文化・社会を裁断しているにすぎないのであって、すこしも理解していることにはならないのではないでしょうか。現代の文化人類学は、そういう他文化・社会への接し方を「文明」社会の「おごり」として戒めるところから出発しています。そして、そういう発想は、異文化理解とか、多様なるものの共存とかが叫ばれる今日にあって、あらゆる他者理解のために求められる思考方法だといってもよいかもしれません。自分のもっている価値観なり価値判断の基準をいったんカッコにいれて、対象それ自身をできるかぎり内在的に理解しようと努力すること、それが相互理解の出発点であることはまちがいないと思われるからです。

すこしばかり話を広げすぎたかもしれませんし、宣長も、もちろん古神道を信ずるという立場から「さかしら」の排除を主張しているのであって、他者理解の一般的方法を論じているわけではありません。ただ、宣長の主張を、彼の立場をはずして方法論として一般化してみた場合、どのような問題がみえてくるのかを考えてみたわけです。

話をもとに戻しましょう。丸山は、宣長の方法論について、さらに、「事と辞」を重んじた徂徠と同じく、宣長も「神代のあと即ち事跡を尋ねること」を彼の学問の第一の目標としたことを指摘したうえで、宣長が徂徠と異なる点についてつぎのように述べます。徂徠の「古文辞学を通じて明らめれた道はやはり先王の教え或は術として説かれているのに対し、後者（宣長）では『事跡』が単に道を尋ねる階程にとどまらず、その事跡そのままが道であって、いかなる意味においても『教え』として規範化さるべきものではない」（p.165）とされていると。

この指摘のうち、徂徠については説明の必要はないと思いますが、宣長については説明を加えておきましょう。宣長は、「古の大御世《オオミヨ》には、道といふ言挙《コトアゲ》もさらになかりき、其はたゞ物にゆく道こそあれ、物のことわりあるべきすべ、万の教へごとをしも、何の道くれの道といふことは、異国《アダシクニ》のさだなり」（「直毘霊」）としていますが、これが丸山が、「その事跡そのままが道であって、いかなる意味においても『教え』として規範化さるべきものではない」と書いていることにあたります。つまり、道＝「人がなすべきこと」は、日本の古代にあっては、事跡として象徴的に、あるいは寓話としてしめされているので、それを素直にうけとめればよいのであって、ことごとしく理屈だてて説教するのは無用だということです。だから、事跡そのものを明らかにすることこそが、学問の第一の目標とされているのです。

このように事跡を明らかにすることを第一の目標としたことによって、学問観自体に重要な変化が生まれます。学問がもし「教え」だとすれば、「教え」を忠実に守ることが「学ぶ」ということの中心的課題になります。師から弟子への「師子相承」が重視されるゆえんです。そうなると、だれが一番師匠の教えを受け継いでいるかが問題となり、学問のなかに正統争いが生じることになります。朱子学者山崎闇斎の門下で、破門とか絶交という争いが絶えなかったのは、そういう学問観に根拠がありました。また、そういう学問観のもとでは、学問は進歩する可能性はないでしょう。宣長のように、事跡を明らかにすることを第一の目標としたときには、事跡を明らかにしたという実績だけが問題になりますから、正統争いが起こる可能性はきわめて小さくなります。実際、宣長は、丸山が引用しているように「吾にしたがひて物まなばむともがらも、わが後に、又よき考へのいできたらむには、かならずわが説にななづみそ、わがあしきゆゑをいひて、よき考へをひろめよ」（『玉勝間』）といっています。

こうした宣長の学問観について、丸山は、「われわれはこうした学問的精神が封建教学のさ中にいかに貴重な意味をもつかを知るために」として、徂徠の講釈をこととする儒学への批評を引いています（p.167）。これは、実は、近世の封建教学に対する批判ではなくて、丸山が感じていた当時の学界の状態に対する批判でもあったのではないでしょうか。この丸山の批判から、われわれはどこまで自由になれているのか、反省をせまられているような気がしてなりません。

歴史的意識の継承と独自的成長

それでは第二のテーマである「歴史的意識の継承と独自的成長」の問題にうつりましょう。ここでも丸山は、朱子学の合理主義が勧善懲悪という超歴史主義であったこと、その批判を展開した徂徠が、いわば「歴史の発見」を成し遂げたことの指摘から叙述をはじめています。そして、宣長が、その徂徠的歴史観をさらに進めて、「超人的規準（例えば天命・天道・神）による歴史の合理化」（p.167）にも反対していることをとりあげています。「超人的規準（例えば天命・天道・神）による歴史の合理化」とは、歴史をなにか人間を越えた絶対的な存在による善なるものの実現（進歩）の過程としてとらえる、あるいは逆に終末にむかっての堕落・没落の過程として説くような見方をいいます。そういう見方に反対するとされる宣長の歴史意識について、丸山がどのように述べているか、それをまず検討してみましょう。

丸山によれば、宣長は、善人が滅び、悪人が栄える実例を好んであげ、そういう歴史的事実について実証的態度をつらぬき、善悪含めたいっさいの出来事は神によって支配されているという信仰と結びついて、「神の倫理化の拒否」を導きだした。そして、それは、神を人間的価値判断から超越した存在としようとする宣長の志向からの当然の結論であって、その点、徂徠が、聖人も人間であって、得手・不得手があるが、にもかかわらず人智を超えた絶対的存在としたことと共通するとします。そのうえで、丸山は、宣長が「古神道」の立場にたちながら、古代への復帰を説く古代主義にくみせず、宣長の歌論を援用しつつ歴史的進歩の事実を認めていたこと、さらに非実証的な復古主義について、それは「からごころ」の変形にすぎないと批判していたことを指摘しています。そして最後に、仁斎、徂徠を経て「歴史的精神が固定的な儒教合理主義の重苦しい土塊をおしのけつつ歩一歩と独自的な生長を遂げて行く過程が鮮かに浮び出ている」(p.169)と総括しています。

最後の総括は、抽象的でわかりにくいかもしれませんが、いわんとするところは、歴史的事実に対する実証的態度の問題で、朱子学の勧善懲悪の立場から過去の出来事を裁断するという超越的歴史認識(そこでは、時間を無視した現在の立場からの善悪の判断が優先され、事実そのものの認識は問われないことになりがちでした)に対して、仁斎そして徂徠が朱子学批判の論理のなかで事実そのものについて実証的認識への道をひらいたこと、さらに宣長にいたって歴史に対する実証的態度がより徹底されるにいたったとしているところにあります。要するに、丸山は、歴史に対する実証的態度の深化・徹底こそ、宣長が徂徠から受け継ぎ、独自に成長させた点だとしているわけです。

丸山が指摘しているとおり、宣長が実証的歴史認識を深化させたのは、「倫理化を拒否された神」の発見によるわけですが、その「倫理化の拒否」とはどういうことかをもうすこし説明する必要がありそうなので、補足しておきたいと思います。

丸山が引用している『葛花』の一節、つまり、天道は「善に福《さいわ》ひし淫に殃《わざわ》ひす」ということは、一文字も学んでいない児童でもわかる理屈であるが、それはあくまで理屈にすぎないのであって、事実はけっしてそのとおりではない、という文につづけて、宣長は、「世には悪神もある故に、返て善にも殃し、淫にも福すること、古今にあげてかぞへがたし」と書いています。善であっても禍にあい、悪であっても福がもたらせられる事実はいくらでも歴史に見出せる、仏教でいう因果応報などということは、事実として証明できない、だから事実を事実として認識することから出発するしかないという主張になるわけです。その主張は、神代の神々の事跡によって裏づけられているという宣長の認識と表裏していますが、とにかく事実を事実として認識せよということにはなります。

ここで、宣長の神についての定義を思いだしてください。神は無数に存在し、とにかく尋常ではない力をもっているものですから、そのなかには当然善神も悪神も混在していることに不思議はありません。その神が吉凶禍福のすべてを決定するのであって、人間が善人であるか悪人であるかはまったく関係ないことになります。そのうえ、悪神が「あらぶる」ときは、いかなる善神も皇祖神も、いかんともすることができないとされます。たとえば、スサノオが高天原《たかまがはら》で凶悪をはたらいたとき、アマテラス（天照）さえどうしようもなく天岩戸《あまのいわと》に隠れるしかなかったようなことです。また、善神といえども、「あらぶる」ときには、人間に災いをもたらし、悪神も「なごみ、やわらぐ」ときは福をもたらすことがあるとすらいっています。そういう宣長の神あるいは神々は、人間に行なうべき善を教え、その教えに背いたものに罰を与えるという意味で倫理的存在であるとはいえないのは当然でしょう。それどころか、神をそういう倫理的存在と考えること自体が、人間の「さかしら」のなせるわざとして否定されています。「神の倫理化の拒否」とは、そのような宣長の神についてのとらえ方をさしています。

それでは、そういう神のとらえ方をしたときに、世の中の出来事やその連鎖としての歴史はどのようにみえるのでしょうか。宣長は『玉くしげ』においてつぎのように述べています。「さて世中にあらゆる、大小のもろもろの事は、天地の間におのづからあることも、人の身のうえのことも、なすわざも、皆ことごとく神の御霊《みたま》によりて、神の御はからひなるが、惣《そう》じて神には、尊卑善悪邪正さまざまある故に、世中の事も吉事善事のみにあらず、悪事凶事もまじりて、国の乱などもをりをりは起こり、世のため人のためにあしき事なども行われ、又人の禍福などの、正しく道理にあたらざることも多き、これらはみな悪き神の所為なり」と。このなかで注目すべきなのは、とくに悪事凶事をとりあげて、それを悪神の所為によると述べているところです。宣長は、悪事凶事の根元は、黄泉の国のケガレから生まれ出た禍津日《まがつび》神の御霊にあり、その御霊によって悪事をなす神々があらぶるときには、皇祖神の力もおよばないとし、それが「神代よりの趣」であるといいます。ちょうど、産霊神の潜在的力が、諸神の行為を通じて実現されるように、悪事凶事も禍津日神の潜在的力が、諸神（このなかには普通であれば善をなす神もふくまれます）の行為によって現われるということですから、禍津日神の御霊の威力たるやおそるべきものです。

こういう禍津日神の御霊の威力を前にして、人間のできることは、その御霊の威力を事実として認め、御霊のしずまること、なごみやわらぐことをねがい、いのり、まつることだけです。そうしたところで、効果が期待できるものではないことはいうまでもありませんが、宣長は、禍津日神に対して、その禍《まが》を直す神＝直日神《なおびのかみ》が存在しているといいます。また、日本は、天照大神が照臨し、その神勅によって天照大神の御霊が賦与され、それを受け継いでいる天皇がいるかぎり、天照大神がほどなく天岩戸から出てきたように、悪事凶事も長くはつづかないともいいます。

都合がよいといえば都合よく、救いがあるといえば救いがあるこうした論理は、いかに『古事記』にしるされた事実だと主張されても、現代のわれわれからすれば、非合理かつ荒唐無稽といわざるをえないでしょう。宣長の実証性を強調するためとはいいながら、丸山が、以上に述べてきたような宣長の所説を紹介していないことに不満を感じることもあるかもしれません。しかし、宣長の所説を宣長流の『古事記』解釈であり、神話を事実として主張しているにすぎないといいたくてもいえない状況に丸山がおかれていたことをわすれるわけにはいきません。丸山がこの論文を執筆していた時代は、神話を神話と言うことが処罰あるいは社会的制裁の対象となる時代だったからです。

補足といいながら長くなりました。しかし、これも、丸山が強調したかったことが、実証精神は時代の変化によって自然に成長するものではなく、一見非合理的と思われる論理（具体的には、神の絶対化）によってようやく現われ、成長していくものであるという点にあったことを際立たせたかったからです。実証精神や合理的精神は、単線的に発達してきたわけではありません。そのように考えるのは、すでに到達してしまっている者が、その高みに立って過去を見下しているにすぎないと思います。そういう態度では、歴史から何も学ばないことになるのではないでしょうか。

人間の自然性の積極的承認

さてそれでは第三の論点の検討にはいりましょう。この論点について、丸山は、「宣長学の反リゴリズムはあまりに知られていて改めて述べるまでもなかろう」といっていますが、いちおうその内容を紹介したうえで論をすすめることにしたいと思います。それは、『玉勝間』四の巻にある「うはべをつくる世のならひ」に書かれています。「うまき物くはまほしく、よききぬきまほしく、よき家にすままほしく、たからえまほしく、人にたふとまれまほしく、いのちながゝらまほしくするは、みな人の真心也、然るにこれらを皆よからぬ事にし、ねがはざるをいみしきことにして、すべてほしからず、ねがはぬかほするものの、よにおほかるは、例のうるさきいつはりなり」という、たしかに宣長を知る者にとっては有名な文章です。これにはつづきがあって、先生や上人といわれて尊敬されるような人物が、いかにも何もほしがっていないような顔をするのは「人とあらむものの心にあらず」としますが、うわべをかざるのもそういう人物にとっては仕方のないことで、とがめるにはおよばないと、きわめて寛容なことをいっています。ここまで、人間の心情を理解し、認めることは、朱子学者のみならず儒学者一般にはありえないことでしょう。

儒学者にとっては、倫理規範や政治が第一義的に問題であることは、いうまでもないでしょう。朱子学者は、その太極 - 理気 - 陰陽五行説によって、〈自然 - 倫理規範 - 政治〉を直線的に包括する道学的合理主義の壮大な体系を作りあげました。そこでは、人間の自然性は「人欲」として禁圧されるべき対象と位置づけられることになりました。その朱子学の体系に対して、仁斎が倫理規範としての純化の論理によって批判を展開し、徂徠が政治と倫理の分離を主張し、朱子学的合理主義を徹底的に批判したことは、すでに検討してきたとおりです。その朱子学批判の過程で、「人欲」として否定されてきた人間の「自然性」が、道学の拘束から解き放たれ、人間が当然にもっている心情として肯定的にとらえられるようになってきました。しかし、その段階では、人欲は、朱子学的道学批判の結果として拘束を解かれただけという意味で消極的に容認されるにとどまっていました。宣長にいたって、人欲は、それがあることによって人間でありうる性質として、積極的に承認される段階にたどりつきました。宣長が、「神の倫理化」を拒否していたことは、さきに指摘されてきたところですが、その「教え」のないところに道の在り様を見出すという宣長の論理が、人間自然性の積極的な承認の基礎づけを与えたと、丸山は論じています。

その宣長にとって、道とは、「もと学問をして知ることにはあらず、生れながらの真心なるぞ、道には有りける、真心とは、よくもあしくも、うまれつきたるまゝの心をいふ」(『玉勝間』)というものでした。「よくもあしくも」とある点に注意してください。真心とは、善悪を含んだ自然の心の在り様をいっていることになります。これが人間自然性の全面的承認ということです。だからといって、宣長が善悪の区別をいっさいしていないということではありません。人間は産霊大神の霊力によって「人のつとめおこなふべきほどの限りは、もとより具足して生れたるものなれば、面々のかならずつとめ行ふべきほどの事は、教をまたずして、よく務め行ふものなり」(『玉くしげ』)と善への志向がもともとそなわっているといい、それにはずれて悪を行なう者もいるが、それは「悪神の所為」であると悪神の論理をもちだして善悪の分かれ目について説明しています。ただ、宣長にとっての問題は、善悪そのものの区別にあるわけではありません。それはいずれにしても神の所為によることで人間にはいかんともしがたいことです。問題は、その区別をことごとしく言いたてて、「人の身のおこなひを、あまり瑣細にたゞして、窮屈にする」漢国の聖人の教え=漢心にあります。そういう窮屈な教えはかえって「人の心偏狭《セバセバ》しくこざかしくなりて、おほくは悪くのみなることとなり」(同上)と、宣長は主張しています。

こういう宣長の論理について、丸山は、「『生れながらの真心』を本然の性に、『漢意』を気質の性に置代えて見るがよい。それはそのまま朱子学の人性論になる」(p.170)と述べています。いうまでもなく、〈真心と漢心〉と〈本然の性と気質の性〉の論理は、〈本来あるものとその発現を妨げているもの〉を対比しているという点で置き換えができるだけで、それを基礎づけている原理はまったく異なるものです。丸山が、その当然のことをあえて無視して、宣長の論理を朱子学の人性論と等置したのは、「『天理』の自然性に道を見た朱子学のオプティミズムは徂徠学において気質不変化というペシミズムに逆転し、三転して『人欲』の自然性に道を見出す宣長学に到達した」(同)という思想展開の逆説的性格を強調したかったからというべきでしょう。実際、丸山は、宣長のオプティミズムを「道学的なオプティミズムの否定の否定としていまや漸く本来の感性的なオプティミズムが誕生した」

（同）と、新しい次元に位置づけています。「置代えて見るがよい」というような挑発的言い方は、いかにも丸山らしい感じはしますが。

それはともかく、宣長は、真心にしたがって「ほどほどにあるべきかぎりのわざをして穏《おだい》敷《し》く、楽しく世をわたらふ」と儒仏到来以前の日本上代のすがたをえがき、それを「ただ天皇の大御心を心として、ひたぶるに大命をかしこみいやびまつろひて」（「直毘霊」）と天皇崇拝とむすびつけて理想化しています。このへんに宣長の「日本主義」の問題が顔をのぞかせていると思います。しかし、当時の丸山にその問題を論じろ、というのは無理だったにちがいありません。無理だったとはわかっていますが、一言ほしいところではあります。

この人間自然性の承認に関する問題を論じる最後に、明治の啓蒙思想家津田真道《まみち》（一八二九～一九〇三）の『情欲論』を引いて、宣長の論理が、時代を超えて影響をおよぼした事実を丸山は指摘しています。津田の「人欲豈《あに》天理ニ非ズト謂フベケンヤ」などの表現は、「人欲も即ち天理ならずや」という宣長の言葉とそっくりではありませんか。津田が、どこまで宣長を意識していたかはわかりませんが、そこに宣長の論理の響きを聞くのも思想史家としてのすぐれた感性というべきでしょう。

それにしても、「欲しがりません勝つまでは」という禁欲主義的標語が声高に唱えられようとしている時代状況において、「人欲」の解放を思想的進歩の文脈で語るということも、それなりに覚悟のいることではなかったでしょうか。

ここで、四つ目の「文芸観」についての検討にはいるべきですが、この講が、長くなったのと、

「文芸観」の問題は、つぎの「徂徠学の継承・発展とその帰結」というテーマのなかで、帰結のほうとくに関係してきますので、次講であわせて論じたいと思います。

第*14*講

宣長による徂徠学の継承・発展とその帰結（続）

文芸観の新展開

前講で述べたように、人間の自然性を積極的に承認するにいたった宣長は、人間の自然性の発露とその表現である歌・物語（文芸あるいは文学）に独自の価値があることを主張しはじめます。この主張こそ、宣長が徂徠を継受しつつ、さらに「漸次的克服への発展を示している」（p.171）と丸山が評価し、宣長の政治・社会論を理解する鍵になるとしている点です。宣長の文芸観が、その政治・社会論とどうつながっているのかはあとで検討することにして、まず、丸山にしたがって、宣長の文芸観そのものをみてみましょう。

宣長は、まだ京都遊学中に著した『排蘆小船《あしわけおぶね》』において、おおむねつぎのように述べています。

「歌（和歌）は、政治をたすけるために詠むわけではない。また身を修めるためにあるわけでもない。ただ、心に思うことを表現するだけのものだ。政治のたすけにするとか、修身のためだとかいうなら、もっと役に立つものはほかにいくらでもある。どうして歌などというまわりくどいものを選ぶ必要があろうか」と。この主張は、丸山が引用している徂徠の『徂徠先生答問書』の詩（漢詩）についての論述とほとんど同じ論理です。すでに徂徠の文芸観について検討したことですが、もう一度確認しておくと、徂徠は「詩経は、わが国の和歌と同じで、修身や治国のための道を説いているものではない。古代人が心配事やうれしいことにつけて思わず口に出した言葉にすぎない。詩が勧善懲悪のためのものだというなら、もっとよいやり方があるはずだ」としています。丸山がいうように、論法はほとんど同じですから、ここに徂徠の宣長への直接的影響をみることができます。

さらに、丸山は、宣長と徂徠の共通点を、歌および詩の「益」（効用）についての議論のなかでも指摘しています。両者の議論をまとめていえば、「歌あるいは詩は、人間の情を自然に表現しているものだから、それを読むことによって、身分の上下にかかわりなく、人の情を知ることができるという効用がある。だから、人の上に立つ者には、人情を知って政治に役立てることができるという効用がある」ということです。このように、初期の宣長は、徂徠あるいは師の堀景山の影響下に、詩と歌という対象のちがいはあれ、ほとんど徂徠と同じ議論を展開していたといってよいでしょう。

しかし、宣長は、そこにとどまってはいませんでした。歌からさらに物語（『伊勢物語』や『源氏物語』）の世界にしたしむにつれて、宣長の文学観は深まっていきます。

文学・文芸の倫理・道徳からの解放、政治的・公的領域に対して私的領域の独自の価値の承認という問題は、さらに文芸・文学そのものの価値にかかわる問題につながります。徂徠は、これも前に紹介したと思いますが、日本の「歌」について、「何となくただ風俗の女々《めめ》しく候は、聖人なき国故と被存候《ぞんぜられ》」、つまり、和歌は漢詩とちがって、なんとなく弱々しく、愚痴っぽいが、それは聖人がいない国だからであると思われるといっています。「女々しい」という言葉は、弱々しく、愚痴っぽいという性格を女性に固有の性格とみなした差別的表現であることはいうまでもありませんが、ここでは、和歌という文学表現の価値を「女々しい」かそうでないかという基準で論じているところに問題があると、丸山は指摘しているわけです。この点は、宣長の師であった真淵の場合も似たり寄ったりであったといってよいでしょう。真淵は、その「歌論」において、平安時代の歌風を「たをやめぶり」(漢字で書けば、「手弱女振り」つまり力のない、なよなよとした風俗という意味)として、古代の万葉などにみられる「ますらをぶり」(「益荒男(丈夫)振り」つまり雄々しく力強い風俗)を称揚しています。徂徠にも真淵にも、丸山がいうように、彼らの文学観には封建時代の武士的意識形態(「武士=男=雄々しく、力強い」という規範的価値意識)が潜んでいるといってまちがいありません。

それに対して、宣長は、まったく反対の立場をとります。詩については「三百篇の風雅の詩(『詩経』のこと)は人情をありのままにいひのべたるゆゑに、女童の言めきてみなはかなきもの也、これが誠の詩の本体なり」(『排蘆小船』)と、徂徠が六経の一つとして尊んだ『詩経』の詩のなかに、いわば「女々しさ」を発見し、それこそ詩の本質だと主張しています。宣長は、徂徠の『詩経』についての見解を知らなかったとは思えませんから、徂徠の論理を意識的に逆転させているといってよいでしょう。

さらに、宣長は、『紫文要領』では、文学表現の本質についていっそう踏み込んでつぎのように述べています。丸山も引用（p.173）しているところですが、長いので意訳しておきます。「武士が戦場で討ち死にしたことを書く場合、外形的事実だけを書けば、いかにも勇者らしく書けるが、その内面の心情をありのままに書けば、父母も恋しい、妻子にも会いたい、命も惜しいというだれでももっている人情を否定するわけにはいかず、どうしても女童のようにみれんがましくなってしまうだろう」ということです。宣長が、外形的事実の叙述ではなく、心情のありのままの姿を表現することに文学的価値を見出していたことは明らかでしょう。『玉鉾百首』の有名な歌「うごくこそ人の真心うごかずといひてほこらふ人はいはか木か」と、ものに触れてうごくのが人間の真情であって、不動だなどといっている人は岩や木にひとしいとする宣長の主情主義からの当然の帰結です。宣長が、この主情主義を徹底することによって、「一切の道学的範疇からの文学の独立はここにはじめて確保」（p.173）されたことになります。

たとえば、『源氏物語』の評価に関する宣長の見解のなかに、そのことは端的にしめされています。『源氏物語』を勧善懲悪の書として読む、仏教の無常観が表現されているものとする、絵空事しか書かれていない女童のもてあそびものとしてさげすむ、そういう読み方が主流であった——現在では、そんな読み方をする人は、まずいないと思いますが――時代状況に対して、宣長は「此物語は物の哀をしるより外なし」と断じています。儒教や仏教の教説にとらわれない、文学としての独自の価値の主張が、「もののあはれ」論を中核としてはじめて現われたといってもよいでしょう。そういう宣長の文学論について「文学の独立」としてその近代性を高く評価する丸山の主張は、「文学報国」が叫ばれはじめていた当時にあって、どういう政治的意味をもっていたかはいうまでもないでしょう。

「もののあはれを知る心」論と「真心」

丸山が主情主義といっている宣長の文学観は、「もののあはれ」論あるいは「もののあはれを知る心」論としてよく知られているところです。したがって、丸山もそれについてはほとんど論じることなく、宣長の古道論と「文学の政治化」の問題に移行しています。しかし、それらの問題の根底には、「もののあはれ」論があることは否定できませんし、宣長の思想を理解するためにはきわめて重要なポイントですから、すこし寄り道になるかもしれませんが、「もののあはれ」論について検討しておきたいと思います。

ところで、「もののあはれ」という言葉は、不思議な言葉ではないでしょうか。辞書的に分解すると「もの」と「あはれ」が「の」という所有をしめす格助詞でつながっている言葉ということになります。「もの」という言葉もきわめて多義的ですが、ここでは、ある何かの物体および現象としておきましょう。それは、人間によって知覚される対象として、人間の外部に存在するものといえます。それに対して「あはれ」は、なにか外部にあるものに触れて、人間の内面に引き起こされる感情のうごきをさす言葉です。その意味では、「あはれ」は「もの」自体のなかにあるわけではありません。まったく属する世界が異なる言葉をむりやりつなげているという意味で不思議な言葉といわざるをえません。実際、宣長の著作のなかに「もののあはれ」についての厳密な定義をさがしても、発見することはできませんでした。それに対して「もののあはれを知る心」については、いろいろと述べられています。ですから、小林秀雄（一九〇二～八三）がいうように、「もののあはれ」論は、結局のところ「もののあはれを知る心」論なのかもしれません。

それでは、「もののあはれ」論ないし「もののあはれを知る心」論をどのように理解しておけばよいのでしょうか。誤解をおそれずに、比喩的に説明してみましょう。宣長の神についての定義を思いだしてください。宣長は、尋常ではない何か特別な力をもっているものを神としていました。したがって、岩であれ、木であれ、それが特別の性格をもっていれば神として畏敬の対象になるということです。苔むした巨岩、巨木を見たときに、そこに何か神秘的・霊的力を感じるとか、そこからスピリチュアル・パワーを受けるとかいう経験をしたことはないでしょうか。そういう経験をした人は、すくなくないでしょう。しかし、どんな巨岩・奇岩・巨木を見ても、ただの岩、ただの大木としか見えない人間もいます。非常に即物的ないい方ですが、神は、それを見よう、感じようとする人間の心のなかにしか存在せず、岩や木そのもののなかに存在するわけではない、ということです。神は、その存在を知覚しうるものにとってのみ存在するといってもよいでしょう。その意味では、主観的なものです。「もののあはれ」も同じです。それは、「もののあはれを知る心」をもっている者に対してのみその姿を現わす、ということです。

それでは、すべては主観のなかにあって、人間の知覚対象としての外部的・客観的存在の性質にはまったく関係ないといえるのでしょうか。どうも、そうでもないようです。音楽の場合を考えてみましょう。バッハやモーツァルト、ベートーベンばかりを聞いている人が、シェーンベルクやジョン・ケージ、シュトックハウゼンなどの現代音楽を聞いたらどうでしょうか。たぶん、それは音楽ではないとか、クラシックではないというような反応をしめすのではないでしょうか。オーネット・コールマンやアーチー・シェップなどのフリージャズとなったら、もう雑音としてしか聞こえないかもしれません。それには、もちろん好みの問題があります。しかし、好みだけではありません。それらの異なるジャンルの音楽を聴くためには、それらの音楽に固有の「文法」や歴史を知る必要がありますし、聴くに足るだけの「感覚」を鍛えておく必要があります。また、それぞれの音楽には、傑作と駄作、よい演奏とわるい演奏があります。よりよく聴くためには、聴き分ける能力ももとめられます。その意味では、聴く側の問題は小さくありませんが、聴く対象として外部的・客観的に存在する音楽それ自身の性質も、人間の感情をゆりうごかす、感動させる何かの力をもっているといっていいでしょう。その意味では、音楽の場合には、音楽それ自身の性質と聴き手の聴く力とが合致したとき、もっとも深い感動を味わうことができることになります。「もののあはれ」と「もののあはれを知る心」

との関係も、そういう相互作用の関係にあるといえるでしょう。「もの」と「あはれを知る心」との交感関係といいかえてもよいかもしれません。

たとえ話はこれくらいにして、宣長の文章をみてみましょう。宣長は、ほうぼうで「もののあはれ」について論じていますが、ここでは『紫文要領』からあげてみます。「見る物聞物につきて、哀也共《とも》かなし共思ふが、心のうごくなり、その心のうごくが、すなはち物の哀をしるといふ物なり」とし、さらに「すへて見る事聞事につきて、おもしろし共おかし共、おそろし共めつらし共、にくし共、哀共思ひて、心のうごくは、みな感する也、さてその物事につきて、よき事はよし、あしき事はあしし、かなしき事はかなし、哀なる事は哀と思ひて、其ものことの味をしるを、物の哀をしるといひ、物の心をしるといひ、事の心をしるといふ」と宣長は述べています。「心のうごく」「物の哀をしる」「感する」「ものことの味をしる」「物の心をしる」「事の心をしる」という言葉の相互関係を厳密に関係づけると、前の文では、「心のうごく」＝「物の哀をしる」となり、後の文では「心のうごく」＝「感する」、「ものことの味をしる」＝「物の哀をしる」・「物の心をしる」・「事の心をしる」となって、一見対応していないようにみえます。しかし、宣長がいいたいのは、「もの」すなわち森羅万象に触れて心がうごき、森羅万象のそれぞれの性質におうじて異なる感じ方をする、そういう心のはたらき方の総体を「もののあはれを知る」という言葉で表現していると考えれば、いちおう理解できるのではないでしょうか。

「もののあはれ」論ないし「もののあはれを知る心」論を以上のように理解できるとして、つぎに検討しなければならないのは「もののあはれを知る心」が、人間という存在にとってどういう位置を占めるかということです。さきに丸山が引用した『玉鉾百首』の歌に「うこくこそ人の真心」とあったように、「うこく心」すなわち「もののあはれを知る心」は同時に「人の真心」ということです。そして、その「真心」とは「産巣日神《ムスビノ》の御霊《ミタマ》によりて、備《ソナ》へ持て生れつるまゝの心をいふ」(『葛花』)わけですから、人間に生まれつきそなわっていることになります。ただ、ここで注意しておかなければならないのは、「真心」と宣長がいう場合、現在いわれている「誠実な善心」というような意味ではないということです。『葛花』では、「さてこの真心には、智なるもあり、愚なるもあり、巧《タクミ》なるもあり、拙《ツタナ》きもあり、善《ヨキ》もあり、悪もあり、さまざまにて」とつづけています。つまり、「真心」とは、人間の「さかしら」すなわち限られた小さな智恵のはたらきを交えず、善悪を問わない生まれつきのままの心だということです。

ただ、宣長は、こうもいいます。「世中に生としいける物、鳥虫に至るまでも、己《オノ》が身のほどに、必《ズ》あるべきかぎりのわざは、産巣日神《ムスビノ》のみたまに頼《ヨリ》て、おのづからよく知《リ》てなすものなる中にも、人は殊にすぐたる物とうまれつれば、又しか勝《スグ》れたるほどにかなひて、知《ル》べきかぎりはしり、すべきかぎりはする物」(「直毘霊」)であるから、仁義礼譲孝悌忠信などの徳目も、強いて教えの力を借りなくても自然とできるはずであると。これは、一種の性善説ですし、人間の生まれつきの性質を善悪を越えたところにみる視点と矛盾することになりますが、宣長にいわせれば、日本の古典に記述されている神代の事跡が、それを証明しているということになるのでしょう。

さらに、宣長は、性善説的発想を日本に適用して、「此皇大御国《スメラオホミクニ》は、天照大御神の御国にして、産巣日神《ムスビノ》の御霊《ミタマ》も殊なれば、国も万の国に勝《スグ》れ、人の心もすぐれて、生《ウマ》れつきたれば、直情径行（ここでは、「生れつきのままの心」と同義とみてよいでしょう）即中《チ》正を得て、道はおのづから備《ソナハ》りたる物」（『葛花』）と、日本は特別だと主張しています。この主張は、「漢国もその余の国々も、直情径行にては、畜生島を免《マヌカ》る、ことあたはざるは、天照大御神の御国にあらずして、悪神のあらび多く、人の心もあしく、国がらの悪き故」（同）に、「さかしら」をもって無理やり作り出さざるをえなかったのが「聖人の道」であって、それを金科玉条とするのは、かえって自分の国を畜生島と認めることになると、儒学者を批判する論理として述べられたものです。ここに、宣長の文学論すなわち「もののあはれ」論の政治性が端的に現われています。

つまり、宣長は、「もののあはれを知る心」は、「生れつきたるままの心」であり、「真心」であって、日本にこそすぐれた心として生まれ、伝えられてきたとされ、外国とくに漢国では国柄が悪いため、ことごとしく、説教がましく、もっともらしい教えが作られ、「漢意」がはびこるもととなったと、日本のみをよしとする日本主義の論理を構築したのです。これも、「文学の政治化」のひとつの現われです。そして、この日本主義が、大きな政治的力を発揮するのは、宣長死後ずっと後世のことになりますが、その影響力の大きさを考えると見過ごすことはできません。しかし、丸山は、この問題については論じていませんので、ここでも問題の指摘にとどめておきます。

「文学の政治化」と「政治の非政治化」

さて、本筋にもどります。丸山は、宣長の文学論の画期性（文学の政治・倫理からの完全な独立）を指摘したあとで、その文学論が、宣長の古道論の核心的地位を占めることによって、「一旦修身や治国より解放された文学は再び政治的＝社会的性格を身につけたかに見える」（p.173）と論じています。宣長の文学論の政治・倫理との逆説的関係を指摘した文章ですが、逆説的なだけ理解がむずかしいので、その論理を解きほぐしてみましょう。

まず、丸山が引用している『初山踏《ういやまぶみ》』の文章ですが、現代語ではこうなります。「すべて神の道は、儒教や仏教の道のように、是非善悪を細かに弁別して、ああしなさい、こうしなさいと命ずるような理屈は少しもなく、ただゆたかに、おおらかに、風雅のあるもので、歌のおもむきがもっともそれにかなっている」ということです。ですから、「神の道」＝古典に記された日本古代の神々の事跡（古道）と、「歌のおもむき」＝「もののあはれ」の表現としての歌とは一致していることになります。しかも、古代の神々の事跡がしめすところによれば、漢意に毒される以前の古代の人々はおだやかに、おおらかに暮らしていた理想的状態にあったということですから、「もののあはれを知る心」のままに生きることが、理想的社会の状態を実現することになるわけです。理想的社会状態実現の条件をしめすことは、政治的意味をもつ行為です。したがって、「もののあはれ」論ないし「もののあはれを知る心」論という文学論は、そのまま政治論に転化することになります。丸山が、宣長の「もののあはれ」論の一つの帰結として「文学の政治化」を指摘したのは、そういう意味ではないでしょうか。

丸山はさらに分析をすすめ、「文学が文学ながらに政治化されることは、反面からいえば政治が文学化されること、ややパラドキシカルにいえば、政治が非政治化（Entpolitisieren）されることにほかならぬ」（p.174）ともう一つの逆説的命題を提示します。逆説につぐ逆説で、論理展開を追うのも疲れますが、もうしばらく辛抱して論理を追ってみましょう。

「文学の政治化」というと、文学を政治の道具とする、あるいは文学の内容を政治的プロパガンダにするということを想像する人もいるかもしれませんが、丸山によれば、宣長の「文学の政治化」は、そういう意味での文学内容の変質をいうわけではありません。宣長にとって、文学は、あくまで「もののあはれ」をつかみとり、表現するためのものであり、そこに独自の価値があるのであって、文学以外の価値、たとえば政治や倫理道徳に奉仕することを目的とするものではないのです。それが、文学以外の価値実現の役に立つことを認めているにしても、それは副次的な効果を認めたにすぎません。そうではなくて、「もののあはれ」を表現することを核心にした文学が、理想的社会状態を実現する条件と完全に重なってしまうことが、結果として政治的意味をもつという意味で、宣長において文学が文学のままにまるごと政治化したといっているわけです。

それでは、「政治が文学化される」あるいは「政治が非政治化される」とは、どういうことでしょうか。宣長のいうことを聞いてみましょう。丸山も引用している（p.179）ところですが、宣長は、『源氏物語玉の小櫛』において、「物のあはれをしるといふことを、おしひろめなば、身ををさめ、家をも国をも治むべき道にも、わたりぬべき也」と、「もののあはれ」の拡大が、修身斉家治国平天下を実現すると主張しています。その根拠は、「人のおやの、子を思ふ心しわざを、あはれと思ひしらば、不幸の子はよにあるまじく、民のいたつき（生活）、奴（臣下）のつとめを、あはれとおもひしらむには、よに不仁の君はあるまじきを、不仁なる君不幸なる子も、よにあるは、いひもてゆけば、もののあはれをしらねばぞかし」という先の一文のつづきに示されています。要するに、「もののあはれ」を知りさえすれば、親不孝も不仁の君主もいなくなり、万人が穏やかに楽しく暮らす社会が出現するということになります。したがって、治国平天下あるいは理想的社会を実現するという政治的行為は、「もののあはれを知る」こと、すなわち歌を詠み、物語を読むという文学的行為のなかに解消されてしまっているわけです。そこでは、為政者のあるべき姿をしめす、法・制度を設計・制定する、政策を策定・実行する、政策を実行するために権力を獲得し、行使するなどいっさいの政治的行為およびそれを根拠づける理論は、「こちたきさかしら」（こうるさい屁理屈をならべたてる浅知恵というような意味ですが、その典型が漢意であることはいうまでもありません）によるものとして排除されます。すべては、「もののあはれ」を知るか知らないかにかかることになります。これが、「政治の文学化」あるいは「政治の非政治化」ということです。

それでは、「もののあはれ」を知りさえすれば、穏やかで楽しく暮らせる社会が実現するわけですから、「もののあはれ」を知らしめるように、教育する、教誨をくわえる、あるいは倫理として強制することになるのかといえば、そうはなりません。そういう行為は、「もののあはれ」を知ることを「道」として規範化することであって、それ自体が「もののあはれ」を知らない行ないだということになるからです。規範化する、いい換えればこうすべきだという論理を作ることが、生まれつきのまま自然のままの心の在り様を、外部から規制し、ゆがめることとして否定するのが、宣長の論理だということです。宣長の師真淵が礼賛した老子の「無為自然」の思想を排撃したのも同じ論理によります。丸山が、『鈴屋答問録《すずのや》』から引用しているところを要約すれば、「老子のいう自然は、真の自然ではない。儒者よりもゆがんでいる。自然というなら、世の中がどう変わろうとも成り行きにまかせるしかないのであって、それを儒学が盛行しているからまちがっているなどというのは、かつてあった昔の自然を強制しようとするものであって、それこそ自然に反する」となりますが、たとえ「自然」がよいとしても、それを理想化し、規範化してしまえば、たちまち自然を尊ぶといいながら、自然を無理強いする不自然をおかすという自家撞着におちいってしまうということが主張されているわけです。

さらに、「無為自然」を説く老子の思想が否定されるだけではなく、「自然に帰れ」、「自然であったいにしえにもどれ」という復古主義も否定すべきものとなります。すべては自然の成り行きにしたがってそうなっているのだから、そしてその成り行きは不可知の神の所為（しわざ）によってそうなっているのだから、それにさからって自然に帰れだの、古代に復帰せよだのということは、神のしわざにそむくことになる、と。

こうして、「文学の政治化」あるいは「政治の非政治化」が、いっさいの規範主義を拒否する宣長の思惟様式に由来するものであること、と同時に神の絶対化の論理を前提とするものであることが明らかになったと思います。

反規範主義的思惟の行方

これまで、宣長が徂徠の思想を受け継ぎながら、それを文学論においてさらに発展させ、文学の政治的・倫理的価値からの完全な解放すなわち「文学の独立」を主張するところまで高めたこと、そして、その文学の論理が「政治の非政治化」という逆説をみちびきだし、それが宣長の反規範主義的思惟と密接に関連するものであることを、丸山の論述を敷衍しながら明らかにしてきました。そのうえで、さらに検討をくわえなければならないのは、その反規範主義的思惟が、政治思想史的にみてどのような帰結をみちびくかという問題です。この問題は、宣長論を越えるテーマをふくみますが、そこに、丸山が、当時の思想状況に対してどのようなスタンスをとったかを理解するヒントがかくされているという意味でも重大な問題があります。この点については、この講の最後で触れることにします。

ところで、宣長が、吉凶禍福ありとあらゆることが不可知の神の「しわざ」によるとしていたことは、すでに指摘してきました。そして、その神の「しわざ」は、「神典《カミノミフミ》」である日本の古典にしるされているという宣長の見解も紹介してきました。したがって、純粋な心情をもってその古典を素直に読めば、神の「しわざ」あるいは「事跡」がそのままに理解できるはずであって、余計な「思弁」はいらないし、かえって邪魔になる。それどころか、余計な思弁をくわえることが規範主義のもとになるという宣長の主張も理解しやすいと思います。

こういう純粋な心情の尊重と宣長の古典を読む場合の「学問論における客観的＝実証的態度」との関係について、丸山は「密接に結びついている」と表現していますが、ことはそれほど単純ではないようです。「客観的＝実証的態度」とは、きわめて高度な知的能力を発揮することなしには到達できない態度です。高度な知的能力を発揮するとは、思弁のかぎりをつくすということです。すでに「思弁の産物」（宣長にとってその代表が儒教であり、老荘思想です）に毒されてしまっている状況において、純粋な心情の尊重すべきことを客観的かつ実証的に説かなければならないということが矛盾をふくんでいます。ですから、純粋な心情の尊重と客観的＝実証的態度との「密接な」むすびつきとは、きわめて逆説的というしかないむすびつきなのです。

それはともかく、反規範主義的思惟の基礎にある、すべて世の中の出来事は、神のしわざによるとする論理は、社会や政治についてどのような態度をとるべきだということになるのでしょうか。宣長は、『玉くしげ』において、つぎのように述べています。「世中のうつりゆくも、皆神の御所為《シワザ》なるからは、人力の及ばざるところなれば、其中によろしからぬ事のあればとても、俄《ニハカ》に改《アラタ》め直《ナホ》すことのなりがたきすじも多し、……されば今の世の国政《コクセイ》は、又今の世の模様《モヤウ》に従《シタガ》ひて、今の上《カミ》の御掟《オキテ》にそむかず、有来《リキタ》りたるまゝの形《カタ》を頽《クズ》さず、跡《アト》を守《マモ》りて執行《トリオコナ》ひたまふが、即《チ》まことの道の趣にして、とりも直《ナホ》さずこれ、かの上古の神随治《カムナガラヲサ》め給ひし旨《ムネ》にあたるなり」と。つまり、現状は現状として受け入れるしかないということです。これは、紀伊藩主にむけていっていることですから、為政者のこころがまえを説いているような形になっていますが、被支配階級たる民衆に対してもいおうとするところは同じです。とにかく、現状はすべて神の所為によるのだから、支配者も被支配者もひとしくそれにしたがうほかはないということです。これ以上の現状追随主義はないというほどの現状追随主義です。

いかに現状追随主義であろうとも、宣長にとって、当時の現状は彼の理想とする上古の姿からはかけはなれた問題の多い社会であったことも事実でした。その認識があればこそ、紀伊藩主の要請に応じて『秘本玉くしげ』『玉くしげ』（前者は、具体的な政策論を述べたもので、後者は、前者の別巻として添えられたもので、古道論を基礎とした宣長の政治哲学というべき内容が述べられている）の両書を奉呈しているわけです。しかし、具体的政策論としては、とくに検討すべき見解が示されているわけではないので、ここでは内容には触れません。しかし、宣長の政治論の帰結だけは紹介しておきましょう。「直毘霊」の最後に、日本には上代に教えとしての道は別になかったとしたうえで、「もししひて求《モト》むとならば、きたなきからぶみごゝろを祓《ハラ》ひきよめて、清々《スガスガ》しき御国《ミクニ》ごゝろもて、古典《フルキフミ》どもをよく学《マナ》びてよ、然《シカ》せば、受行《ウケオコナフ》べき道なきことは、おのづから知《リ》てむ、其《ソ》をしるぞ、すなはち神の道をうけおこなふにはありける、か丶れば如此《カク》まで論《アゲツラ》ふも、道の意にはあらねども、禍津日神《マガツビノ》のみしわざ、見つ丶黙止《ナホ》えあらず、神直毘神《カムナホビ》大直毘神《オホナホビ》の御霊《ミタマ》たばりて、このまがをもて直《ナホ》さむとぞよ」と書かれているのがそれです。つまり、「きたない漢心を祓い清めて、きれいな大和心をもって古典を学びなさい。そうすればわざとらしいしたがうべき道などというものがないことがわかる。それがわかるのが神の道を行なうということだ。このようにわざわざ論じるのは、禍津日神のしわざを黙っているわけにもいかないので、直毘神の霊力をいただいて禍を直したいと思うからだ」ということですから、人にできることは古典を学ぶことだけで、結果は直毘神にたよるしかないという「神頼み」ということになります。「神頼み」といえば、七〇年前の戦争末期、「天佑神助」だの「神風」だのということが唱えられことを思うと、宣長のような論理は遠い過去の話だとばかりはいえないと考えさせられます。

それはともかく、丸山は、宣長の主情主義と現状追随主義について、二つの点を指摘しています。一つは、「これは徹底した非政治的態度（unpolitische Haltung）であり、それ故にまた一切の政治原理を包容する可能性をはらんでいる。そこにあるのは保守的心情というよりもヨリ正確にはあらゆるロマン的心情に共通する機会主義的な相対主義である」（p.180）という指摘であり、もう一つは、「幕府形態の歴史的、かつ――彼によれば――神意的な必然性を承認することによって、却って、自ら意識すると否とを問わず、それからアプリオリな絶対的基礎づけの可能性を剥奪したのである」（p.180–1）という点です。前者は、思想論一般の問題をふくみますので、近世政治思想の枠内で議論しうる後者から検討してみましょう。

　宣長は、すでにみてきたように、あらゆることが人智を超越した神のしわざによるとしますから、そのときそのときの政治も法もただただかしこまって尊重するしかないことになります。宣長の時代では、幕藩制あるいは幕府の全国統治が時代の制度ですから、「東照神《あづまてる》の命の安国《やすくに》と鎮めましける御世は万代《よろづよ》」という賛美の歌が詠まれるのも不思議ではありません。しかし、これは、幕藩制あるいは幕府政治の正統性を主張していることにはなりません。神のしわざに根拠づけられているという意味では、正統性の裏づけがあるように思われるかもしれませんが、神の意思は人には不可知であって、その神の気が変わってしまう可能性は排除できませんし、とくに禍津日神があらぶったときにはなすすべがありませんから、その体制が永久につづく保証は何もないという意味では、正統性の根拠はきわめて薄弱だということになります。

　朱子学の場合には、封建的社会秩序は、天地自然をつらぬく「理」という確固たる根本理念によって基礎づけられていました。たとえ、暴君が革命（いうまでもなく易姓革命のことです）によって放伐されることがあっても、封建的社会秩序自体は否定されませんし、君主も仁徳を失わなければその地位がゆらぐことはありません。徂徠の場合にも、封建的社会秩序は超越的・絶対的聖人の作為の結果として正統化されていました。幕藩制に関していえば、聖人になぞらえられる開祖の君家康の制作によるものとして、正統化されています。朱子学から徂徠学に至る儒学には、論理は異なっても体制を正統化する論理があったわけです。

こうした儒学の論理に対して、宣長の場合には、目の前の体制にはしたがえという論理はあっても、その「不動の」正統性を主張する論理はないのです。丸山が「アプリオリな絶対的基礎づけの可能性を剥奪した」といっているのは、そういう意味です。実際、幕府は、寛政期ころから、みずからの統治の正統性根拠を「大政委任」という論理にもとめるようになりますが、家康開幕のときに委任の事実はなく、「大政委任」の論理をもちださざるをえなかったところに、幕府支配の正統性危機の深刻さが現われています。そして、その論理は、「大政奉還」の論理に逆転され、幕府統治にとどめをさすことになったことは周知のとおりです。もちろん、宣長が、そこまで見通していたわけではありませんが、すくなくとも結果的に統治の正統性への疑問を生みだす思想的根拠を与えたといってもよいでしょう。思想とは、そういう思わざる結果をもたらすことがあるのです。

それでは、つぎに、前者の問題について検討しましょう。

さきにも論じてきた宣長の現状追随主義が、現状を変更しようとする人間の活動のみならず、現状を維持しようとする活動まで「神のしわざ」にさからうものとして否定していること、また歌・物語を読み、古典そのままに理解することだけに意義を見出していることから、そういう宣長の態度を「徹底した非政治的態度」と丸山が規定するのは当然でしょう。しかし、「一切の政治原理を包容する可能性をはらんでいる」と傍点付きで書いているのは、大げさすぎるような気もします。宣長の時代、政治原理といっても、善政か悪政かの相違か、古代天皇政治か公家政治、武家政治あるいは儒学者のあいだで議論されていた郡県制か封建制かぐらいのもので、民主主義や独裁政治、さらに自由主義、社会主義、ファシズムなどの政治原理が問題になっていたわけではないからです。「一切の」という強調は、そういう現代の問題になっているさまざまな政治原理をふくめていることをわざわざしめすためにつけられているように読みとれます。たしかに、論理的には宣長は、もし現代まで生きていたとするならば、それらの原理にもとづくどんな政治も「神のしわざ」としてうけいれたにちがいありません。

しかし、思想をそれが生まれた時代に即して内在的に理解し、その意味を明らかにするために論理的に再構成しようとしてきた丸山が、そういう時代を超越したものの書き方をするはずはありません。にもかかわらず、あえてそうしているにはわけがあるはずです。そのわけを知るてがかりが「ヨリ正確にはあらゆるロマン的心情に共通する機会主義的な相対主義である」という一文です。ここでも、「ヨリ正確には」とカタカナ表記の強調句や「あらゆる」という形容句がつけられていることに注意してください。それが「ロマン的心情」という言葉にかかっているのです。「ロマン的心情」という言葉で示しているものは、丸山が論文を執筆していた当時の思想状況を想起すれば、日本浪漫派であることにまちがいはないと思います。

当時、日本浪漫派は、合理主義的思考に対して、心情の尊重されるべきことを主張し、日本的美を称賛していました。その浪漫派が、「近代の超克」論を媒介としてウルトラ・ナショナリズムあるいはファッショ的戦争体制に合流しようとしていたのです。丸山が、宣長を論じながら、日本浪漫派が重視する国学への批判的評価を書きこまざるをえなかった背景には、そういう当時の思想状況があったと思います。その評価は、「機会主義的な相対主義」という言葉に現われています。機会主義とは、オポチュニズムすなわち日和見主義、状況次第でどうにでもなる思考態度をいいます。相対主義とは、絶対的原理を認めないことです。それが機会主義とむすびつけば、たんなるニヒリズムか、自己保身をはかるだけの御都合主義におちいるだけです。その意味では、原理的であろうとする（一つの原理を絶対化して、それに固執することをいっているわけではありません。念のため）者にとって、これほどの侮辱的評価はありません。丸山が、「文学の独立」を主張した宣長の思想にその近代性を認め、高く評価していることを思えば、そのような侮辱的評価が宣長にむけられていたのではないことは明らかでしょう。

すこし脱線気味になりましたが、もう一つ付け加えさせてください。それは、「一切の政治原理を包容する」という思想の包容性という問題です。丸山は、戦後に書いた「日本の思想」（この論文は、すでに紹介したように岩波新書『日本の思想』に収録されています）で、日本の思想の克服すべき課題として「思想の無限抱擁性」の問題を論じています。「包容」といえば、「寛容」を説いているようで、よいことのようにもみえますが、「包容」と、原理と原理を徹底的に対決させ、そのうえで異なる原理に立つ者のその原理を主張する権利を認める「寛容」とは決定的に異なります。「包容」が、なんでも抱き合わせることにすぎないとすれば、それはたんに雑居させているだけです。その自覚に欠けている者は、原理的であろうとする者を、包容性に欠けるとして非難することになります。「包容」が「非寛容」を生みだしてしまうことを、丸山はその論文で指摘しています。もちろん、「一切の政治原理を包容する」と書いたときに、そこまで考えていたといいたいわけではありません。ただ、そういう主張にいたる萌芽が、ここにあったのではないかと想像しているだけです。もし、その想像がまちがっていなければ、処女論文恐るべしではないでしょうか。

本筋にもどります。宣長の思想を論じてきた最後に、丸山は、またむずかしいことを書いています。「宣長学の『道』は結果的には自己矛盾として現われる」とか、「規範性の否定が否定として徹底化されるや必然にそれはそのまま肯定に転ずる」とか、「いつしか否定と相即していた肯定は肯定として自己発展を開始する。古道は一つの積極的規範となる」（いずれもp.181）という文章です。まるでヘーゲルの弁証法を思わせるような文章で、頭が痛くなりますが、最後ですから脳髄をふりしぼって理解につとめてみましょう。

宣長が、いかに規範化を拒否しようとも、宣長のいう古典に穏やかに豊かに楽しく生活する理想的社会がえがかれているという「事実」を、宣長が否定することはできません。また、宣長がそういう状態を実現することを望ましいと考えていたことも明らかです。「望ましい」が、一定の条件——古典を古典のままに理解すること、および「もののあはれを知る心」をもつこと——を満たせば「可能だ」ということになると、その条件を満たすことを人としてなすべきこととして「規範的」に提示するようになるのは、論理的展開としては不自然ではないでしょう。それが、「古道は一つの積極的規範となる」ということです。そしてその古道の規範化は、宣長の正統な後継者であることを自認した平田篤胤によっておしすすめられることになったと、丸山は総括しています。そして、その総括は、「実証的＝客観的精神が非政治的態度と不可分に結びついて居る点に、儒教の政治化の後をうけて、その否定者として現われた国学の思想史的地位から来る悲しいジレンマがあった」（p.181）と、丸山がよって立つ基盤とする「実証的＝客観的精神」の誕生が、非合理主義の極地ともいうべきウルトラ・ナショナリズムを準備してしまったのではないかという「悲しい」まとめでしめくくられています。

平田篤胤が、そういう否定されるべき思想を準備してしまったかどうかの検証をふくめて、宣長以後の国学の流れを追うことは、いままで検討してきたこの丸山論文ではしていませんし、戦後もその問題について丸山は深くは追求していません。丸山にとってはウルトラ・ナショナリズムの誤謬は「敗戦」という事実に示された自明なことだったかもしれません。しかし、自明なことだったはずのことが、いつのまにか、丸山の言葉を借りれば「背後からしのびよる」事態になっているようにも思います。その事態にどう立ち向かうのかは、丸山のあとにつづこうとしている者の責任です。余計なことですが、宣長から篤胤につづく思想の展開を分析し、そこにどういう問題がはらまれているかを論じることを筆者自身の課題としたいと考えていることは、はっきり述べておきたいと思います。

第*15*講

思惟様式の変容と近代的意識の成長

前講では、私的な決意表明でおわってしまいましたが、「近世儒教の発展における徂徠学の特質並にその国学との関連」というういかにも学術論文らしいタイトルがつけられた論文の検討も、やっと「むすび」という節の検討をもって「むすび」をむかえる段階に到達しました。この「むすび」において丸山自身がこの論文をどのように意味づけていたか、また、そこに表わされている思想史の方法にどのような意義を読みとるべきかについて検討することにしましょう。

儒教思想の自己分解過程と近代意識の成長

丸山は、この「むすび」において大きく三つの論点をあげて、総括をしていますが、その第一の論点は「儒教思想の自己分解過程を通じての近代意識の成長を、思惟方法の変容という観点から見ることにどの様な根拠があるであろうか」（p.183）という点です。この論点を、丸山は、さらに、①思惟方法の変容に焦点を当て、政治的な反対者的要素にもとめなかったのはなぜか、②儒教の自己分解過程のみを跡づけたことの意味、の二つに分けて論じています。

まず、①についてですが、論文の主題が近世日本における近代意識の成長にあるとすれば、反封建的あるいは反幕藩的思想をとりあげるのが当然のように思われるかもしれません。実際、反幕藩的であるという理由で、蟄居《ちっきょ》を命じられたり、幽閉されたり、処刑された思想家もいました。丸山があげている大塩平八郎、竹内式部（一七一二～六七）、山鹿素行のほかにも熊沢蕃山、三宅尚斎、芦東山、山県大弐《だいに》（一七二五～六七）など、何人もいます。そういう思想家をおいて、幕府絶対主義的な主張をした荻生徂徠や幕府政治を礼賛した本居宣長を近代意識の成長過程を論ずる思想史の主役においしたてたのはどうしてか、という問題です。

この問題に対して丸山は、ヨーロッパの近代思想史においては、思惟様式の変革と政治思想の変革とが「ほぼ」並行したのに対して、日本では、反封建的思想が、「多分に」偶然的条件に支配され、根底的思惟との連関を欠いていたため、反封建的政治論をそれだけでとりあげても、恣意的な思想史にしかならないと主張しています。そして、ヨーロッパと日本における思想展開を分けた要因として、「市民的な社会力」成長の仕方の相違をあげています。こうした丸山の見方に対しては、「ほぼ」という形容句がつけられているとしてもヨーロッパにおいてはたして根底的思惟様式と政治論にどれほどの並行関係があったのか、日本の反封建的政治論が「多分に」偶然的条件に支配されていたという評価は正しいかなど、より厳密な検証が必要であるという批判もありうるでしょう。また、「市民的な社会力」の成長という社会構造的、古い言い方では下部構造的要因に帰着させるという発想も批判の対象になりうるところです。

しかし、「あれこれの思想における断片的な『近代性』ではなく、思想の系統的な脈絡のうちに一貫した近代意識の成長を探ること」(p.184)という視点の置き方には、学ぶべき点があると思います。たとえば、「人間はみな平等だ」という主張があるとします。その言葉だけをとれば、近代的な平等思想を表現しているといってもよいかもしれません。しかし、その言葉が、たんに生物の一種としての人間はみな同じだというだけの意味であれば、それは封建的身分制に対して権利や人格としての平等を説く近代的平等観とはまったく異なります。生物種としての人間の同質性の認識と社会的・政治的差別の構造(身分制)とは両立しうるからです。

これは、極端な例かもしれませんが、一つの言葉や命題をそれが組み込まれている論理や観念の体系から切り離してとりあげることは、まったくちがうものを同じものとして評価してしまうというあやまちを犯しかねないのです。また、実際、すでに過去を鳥瞰《ちょうかん》する立場を手に入れてしまった現代の(あるいは後世の)論者が、過去の諸思想から自分の立場に都合のよい言葉や命題を切り取ってきて、それを適当にならべることによって思想の「発展」をえがこうとする恣意的な歴史叙述におちいってしまうという危険はつねに存在しています。逆に、結論として提示されている政治的主張だけに注目し、それを批判するだけでは、批判のための批判におちいる危険があります。どんな結論的主張であれ、その結論にいたる過程に存在する論理そのものがふくんでいる可能性に注目することがなければ、他者から何も学ばない独善といわざるをえません。丸山が、「内面的な思惟方法」とか、「根底的な思惟様式」あるいは「思想の系統的脈絡」ということを強調しているのは、そのような思想史研究あるいは思想評価にひそむ危険性をさけるためであったといってもよいでしょう。

つぎに、②の論点について検討しましょう。この論点についての丸山の解答は、「外からの破壊ではなく、内部からの、いわば思われざる成果としての解体過程の分析」（p.184）を目的としたというところにあります。近世の網羅的近代思想発展史を意図していないから、主流的儒学者をとりあげ、新井白石や三浦梅園（一七二三〜八九）のような孤立的思想家は除外したとか、蘭学も考慮の外においたとかということも書いていますが、それは主要な問題ではなかったはずです。実際、丸山は、本論文の続編ともいうべき第二章では、近世においてもっとも孤立的であった思想家安藤昌益について相当な比重をおいて論述しています。丸山の関心が、「内部からの」という言葉にしめされているように、同じ系列に属する思想の内部での論争によって新しい思想が形成される過程に向けられていたということが、朱子学から徂徠学にいたる思想展開に中心をおかせたとみるべきでしょう。

ところで、「外から」とか、「内部から」という言葉は何を意味しているのでしょうか。それは、近世においては「外国から」と「国内における」という言葉に置き換えが可能だと思います。よくいわれるように、日本の思想や文化には、「外から」入ってきたもの、あるいは取り入れたものによって発展してきたという性格があります。体系的思想にかぎっていえば、ほとんどすべてといってよいくらい外来のものに起源があります。道教、儒教、仏教、蘭学以後の西洋近代思想、それらの思想を抜きには日本思想史は成り立ちません。もちろん、「外から」だから悪いとか、独創性がないというようなことをいいたいわけではありません。「外来」に対して、「土着」、「伝統」を強調したいわけでもありません。問題は、「外から」であろうと、そこにある思想に正面から対峙して、内在的に理解すべく最大の力をそそぎ、自己をとりまく現実とつきあわせ、批判し、乗り越えるべき点があったとすればその点を梃子《てこ》として自分自身の思想をつむぎだす、そういう努力ができるかどうかにあります。したがって、「内部からの」という言葉は、「土着」や「伝統」という言葉に置き換えられるものではなく、たとえその起源が「外」に由来したものであっても、そういう努力によって血肉化されているかどうかにかかわります。

丸山は、戦後に発表した「日本の思想」において、主に明治維新以後の思想状況を念頭におきながら、「外来」の「新しい」思想の流入と普及（そして忘却）の驚くべき速さ、そしてそれらの思想が血肉化されないまま地層のように積み重なり、雑居するさまをえがいています。思想を内在的に理解し、咀嚼《そしゃく》し、血肉化させ、異なる思想と原理のレベルで対峙するのではなく、流行のように変化していった思想潮流を混在させている雑居状態からは、真に独創的な思想、確固とした原理に立脚した思想は生まれるはずがありません。現在でも克服できていないこういう日本の思想状況の問題に、若き丸山が明確に気づいていたとまではいいませんが、「内部から」の変化に着目するという思想史の方法は、そこに展開する可能性を十分にもっていたと思います。実際、朱子学から徂徠学へ、さらに宣長学へという思想史上の展開過程は、咀嚼し、血肉化し、対峙し、批判し、さらに新しい思想の地平がひらかれたという意味で、日本思想史上稀有な思想のドラマが演じられた過程であるといってよいかもしれません。

この論点の最後に、丸山は、日本近世思想史における「後進性」と「非停滞性」という二面性を指摘し、それが方法論を規定したとしています。これは、「まえがき」でしめされた封建制の制約(後進性)と「持続の帝国」たる中国と異なる発展性(非停滞性)という認識に対応するものですが、その認識には大きな問題がふくまれていることは、さきに指摘したとおりですので、ここではくりかえしません。

非合理主義的傾向への展開の意味

丸山があげている、二つめの大きな論点は、「朱子学より徂徠学を経て国学に至る経過は一応合理主義よりむしろ非合理主義的傾向への展開を示している。これは如何に説明さるべきか」(p.185)という問題です。普通、近代精神とか近代的思惟というものは、合理主義を重要な特質としていると考えられますから、非合理主義的傾向をしめす思想を近代的思惟の発展として論じるのはなぜかという疑問が生じることを想定したうえでの論点設定です。この論点についても、丸山は、二つの観点から考察をくわえています。①「世界史的な過程からの考察」と②「朱子学の特殊的性格からのそれ」という二つです。

まず、①の観点からの、丸山の論理を追ってみましょう。丸山は、まず「近代的理性は、決して屢々《しばしば》考えられる様に、非合理的なものの漸次的な駆逐によって直線的に成長したのではない」（p.185）としたうえで、「近代的合理主義は多かれ少かれ自然科学を地盤とした経験論と相互制約の関係に立っているが、経験志向が専ら《もっぱ》経験的＝感覚的なものに向う前には、形而上学的なものへの志向が一応断たれねばならず、その過程においては、理性的認識の可能とされる範囲が著しく縮小されて、非合理的なものがむしろ優位するのである」（同）と述べています。これが、丸山のいう「世界史的観点から」の一般論です。

一般論ですから、抽象的でむずかしいのは仕方ありませんが、すこし極端化して説明してみましょう。問題は、自然界・人間界をふくめてあらゆるところに存在し、発生する事物・現象（森羅万象）を人間がどのように認識するかという問題にかかわります。ここでもあえて極端化し、単純化してしまうと、認識の仕方は二つに分かれます。森羅万象を生じさせ、動かし、司っている究極の存在あるいは意思を認める立場か、森羅万象は経験的かつ法則的に説明可能であるとする立場かの二つです。前者を宗教といい、後者を科学といってもよいかもしれません。前者つまり宗教もまた二つに分かれます。究極の存在をアニマ（精霊）のようなものとして考え、それに人間が働きかけること（呪術）によってアニマの行為の結果に影響を与えることができるという発想か、究極の存在を神（単一か複数かは問わない）とし、その意思は人間の認識能力を超越しているがゆえに、人間の働きかけはなんの意味ももたず、ただ信ずることだけが人間のなしうることだとする発想です。

この二つの発想と合理・非合理の関係は、ある意味できわめて逆説的です。アニマの存在を認める立場は、合理的という言葉を説明可能な理屈がたてられるという意味に限定してしまえば、それなりに合理的です。人間にとってよい結果をもたらすのはアニマに対する働きかけがよかったからであり、悪い結果がもたらされるのは働きかけがまちがっていたからであるとすれば、すべては説明可能になってしまうからです。神を究極の存在とする立場は、そうはいきません。森羅万象は、不可知かつ絶対的な神の意思によるのですから、人間のいかなる働きかけによってもその結果は左右されることはなく、その結果がもたらされる過程を人間の知的能力によって説明すること自体が拒否されていることになります。そのような神への信仰がさきに述べたような意味で合理的であるはずはないでしょう。アニマの世界は完全に否定されることになります。

ところが、この絶対的神への信仰の態度が、近代的意味での合理性への認識をひらくことになるのです。最初はきわめて限定された事象であれ、その発生と結果との因果関係は、限界づけられた人間の知的能力によっても認識可能であることまでは否定できません。アニマを信じる世界は、すべてをアニマの働きに帰してしまう世界です。神を信じる世界は、人間の認識能力の限界を知る世界です。

そこに、いかに限界づけられているにしても人間の認識可能な世界の存在が許容される可能性が生まれます。その可能性は、アニマの世界を完全に破壊することなしには展開することはできません。マックス・ウェーバーのいう「魔術からの解放」です。

いったん解放された人間の認識能力は、森羅万象の背後にあって、森羅万象を森羅万象たらしめている原理の探求にむかいます。それが神の摂理であれ、なにか抽象的な理念であれ、究極的原理とその展開によって森羅万象を説明しようとする点では同じです。そういう究極的原理の探求とそれによる森羅万象の説明への志向を形而上学と呼ぶことができます。そして、その形而上学は、森羅万象を対象とするわけですから、対象の膨大さに対応して壮大な体系を作りあげていくことになります。しかし、その体系が壮大になり、精緻になるにしたがって、多様な動静きわまりない現実とのあいだに乖離が生ずるのも、壮大・精緻な体系が人間の観念の創作物であるかぎり当然といわなければなりません。そこから形而上学的志向への懐疑が芽生えます。形而上学的観念がすべてを説明しつくすことはできないのではないかという懐疑です。その懐疑が、神の絶対性の観念をふたたびよびさまします。その場合、絶対的神は、最終的審判者としての性格をもつ、より人格性をつよめた姿で現われてきます。そうした神観念によって、形而上学のすべての事象を包括した体系は、切り裂かれ、分解され、その結果、人間の観察と経験によって得られる確実に認識できる領域が確保されることになるわけです。近代的合理主義は、そうして確保された認識可能な領域を次第に拡大すると同時に認識能力自体を高める過程で成長してきました。まさに、合理主義的思考は、単純に直線的に発展してきたのではないのです。

過度の単純化による誤解やまわりくどい説明が、かえって丸山論文の理解をさまたげるのではないかというおそれもあると思いますが、筆者の力不足によるものとお許しください。ともかく、ここでは、人格的神への絶対的信仰が、形而上学の観念性・全体性を破壊し、その結果として近代的合理主義が成長してきたという思想史上の事実が論じられているということを理解すれば十分だと思います。

このように一般論を述べたうえで、丸山の論述は、ヨーロッパの中世から近世にかけての哲学史におよんでいきます。といっても、ほんのわずかに触れられている程度ですから、説明も簡単にしておきます。そこで注目されているのは、中世キリスト教神学において壮大精緻な形而上学的体系を作りあげたスコラ哲学（トマス・アキナス〔一二二五?～七四〕が大成したことからトマス主義ともいっています）に対するフランシスコ派およびノミナリスト（唯名論者）の闘争です。フランシスコ派は、神への無私の絶対的帰依に信仰の核心を見出したという点で、ノミナリストは、具体的な個物（物や現象）に普遍的観念（理性的な自然法というような観念）が先行して存在するとするスコラ哲学に対して、個物の先在と普遍的観念とされるものは先在する個物に付せられた名にすぎないとする立場から、カトリック教会の正統教学であるスコラ哲学を批判しました。これを総称して後期スコラ哲学と呼んでいますが、この後期スコラ哲学が、人間の認識能力に広範な制限を課したにもかかわらず、宗教改革と自然科学勃興への道をひらいたと丸山は評価しています。そのうえで、丸山は、トマス主義に対して後期スコラ哲学がもった思想史的意味と、朱子学に対して徂徠学・宣長学がもった意義とを対比し、そこに共通の性格、つまり、形而上学的志向に対する非合理主義的立場からの鋭い攻撃をみたわけです。

以上のような、ヨーロッパの思想展開と日本の思想史とを対比し、日本の思想の意味づけの根拠とするかのような論述の仕方をみて、丸山はヨーロッパを規範的モデルとするヨーロッパ崇拝の徒であるとする批判があります。しかし、それは正しくありません。たとえヨーロッパの歴史からみちびきだされたものであるにしても、その歴史の経験を抽象化し、世界史のレベルで一般化し、そのうえで両者の比較を行なうという態度がつらぬかれている点をみるべきです。ヨーロッパと日本を単純に比較し、ヨーロッパと同じものを日本に発見してよろこぶというのであれば、それをヨーロッパ崇拝と呼ぶことは当然です。丸山が、そういう意味でのヨーロッパ崇拝者でないことは、もはやいうまでもないほど明白だと思いますが、念のために申し添えておきます。

ところで、この「世界史的な過程からの考察」は、なおつづきます。とくに、宣長について、その「窮理」批判と実証的態度との関係について論じていることが目を引きます。論文の構成上からいえば、宣長を論じている本体の部分にくみこまれていたほうがよかったのではないかと思われますが、宣長論の追加として検討しておきましょう。宣長は、すでに検討してきたように、徹底した古神道の立場から、朱子学をふくむ全儒教を完全に否定していました。当然、朱子学の「窮理」も否定の対象です。宣長の古神道論における超越的・絶対的神々の世界の承認と「窮理」否定とをあわせ考えたとき、宣長の思想に合理的自然科学的思考のはいる余地はないように思われます。しかし、丸山は、宣長の思想に「むしろ自然科学的認識の受容に対する素直な心構えを養うもの」(p.186)があると評価します。ここが、宣長も、そして丸山も一筋縄ではいかないところです。

ここで、宣長の「窮理」批判の論理を思いだしてみましょう。宣長は、徂徠を継受して理気陰陽五行が自然界と人間界をつらぬく原理だとする朱子学の形而上学を、人間がかぎられた認識能力(徂徠では「人智」、宣長では「さかしら」)で作りもうけた観念的創作物として否定していました。それは、宣長にとって、見たり、聞いたり、感じたりという感覚の世界では確認できない論理だからです。逆にいえば、感覚でとらえられる世界は、確実な事実として容認されることになります。このことを、丸山は、宣長の著述からの引用をまじえつつ、「素直な心構えを養う」といっているわけです。

しかし、宣長の感覚によって確実な事実とされた世界が、現在の科学的認識においては荒唐無稽とせざるをえない神話上の出来事・事象をふくんだものであることを忘れるわけにはいきません。宣長の論理は、心構えを養うだけであって、それが自然科学的認識、合理主義的思考を積極的に作りだすものではなく、あくまで非合理主義の枠内にとどまっています。にもかかわらず、丸山が、論文のまとめの段階でわざわざ宣長の思想が近代的合理主義へと接続する可能性を秘めていたことを指摘したのはなぜでしょうか。その理由は、論文執筆当時の思想状況にあると思います。当時、国学に起源をもつ「尊皇論」が「国体論」に名をかえ猛威をふるっていました。とくに、神道を排他的なイデオロギーに「高め」、明治維新前後に絶大な影響力をほこった平田派国学者が、維新後ほどなくして「欧化」に対するたんなる反動主義者に転化し、その思想的影響力を喪失していったにもかかわらず、帝国主義的排外主義の先駆としてふたたび脚光を浴びつつある状況への反発が、丸山をして、宣長学の平田派国学とは異なる思想展開の可能性の指摘にむかわせたのではないかと思います。

丸山は、そうした可能性が実現した例として、「明治文化全集」に収録された「必ずしも著名ならぬ」神官の道話集を、注3（p.190-1）でとりあげています。そして、その主張を「是は既に近代的な合理主義の立場」であると明確に断じています。ここに、時代思潮に対する丸山の抵抗精神をみることができるのではないでしょうか。

それでは、大きな論点の②の問題にうつりましょう。②の「朱子学の特殊的性格からのそれ」という論点についての丸山の論述は、①の論点にくらべてはるかに簡略です。朱子学の特殊的性格とは、朱子学的「合理主義」（天地万物のあらゆる事象を、理気陰陽五行の観念で説明しようとする態度）が、「強い道学性」をおびているという事実をさします。朱子学本来の論理が、そういう道学性をもっていたと同時に、日本では、その倫理道徳論の側面が、山崎闇斎とその学派に典型的にみられるように、とくに強く現われていました。そのことが、徂徠や宣長の朱子学的合理主義の批判において、「諸々の文化価値の独立を呼起《よびおこ》す」（p.188）ことになったと、丸山は論じています。すでに本論で論じられているとおり、政治には「安民」、歴史には「実証」、文学には「もののあはれ」という、それぞれの領域に固有の価値基準が与えられ、それによって各領域が自律性を確保できたというわけです。そして、その文化価値の自律性こそ、「『分裂せる意識』として近代意識の最も象徴的な表現であった」(同)と、丸山はまとめています。

この「朱子学の特殊的性格」と「文化価値の独立」との関連を論じている部分は、あまりにも簡略で、説明不足の感があります。そこで、すこし補足してみたいと思います。

近代合理主義の発展を論じる場合、自然科学の発達との関係を大きなテーマとするのが普通です。ヨーロッパの合理主義の成長過程におけるコペルニクスやガリレオの役割を想像してみてください。しかし、丸山のこの論文では、近世日本における自然科学的認識の拡大と近代意識の成長との関係はほとんど論じられていません。主題が「儒教思想の自己分解のなかに近代意識を探ること」ということに限定されていますから、それもやむをえないでしょう。ただ、丸山は「近代的合理主義は多かれ少かれ自然科学を地盤とした経験論と相互制約の関係に立っている」(p.185) ことを認めていますから、主題の限定だけにその理由をみるわけにはいきません。また、その問題を論じるには、まだ準備不足だったということも考えられますが、それはおいておきましょう。

むしろ、丸山は、日本における近代意識の成長が、文化価値(具体的には、政治、歴史、文学など)の領域にかたよっていた、そこに近世日本思想史の特質があり、それは批判の対象である朱子学の道学的性格の強さに起因すると考えていたのではないでしょうか。逆にいえば、地盤となる自然科学、その上に立つ経験論的発想の脆弱さにあったということにもなります。そして、その問題は、朱子学の受容の仕方、つまり朱子学の自然学としての面にあまり注目してこなかったことにも関連しているとすれば、問題の根はかなり深いところにあることになります。「朱子学の特殊的性格」の問題への論及が簡略なのは、そうした別に論文が必要なほど大きな問題へ深入りすることをさけるためではなかったのか、そういう推測も成り立つように思われます。

近代意識を論じることの意義

さて、丸山は、「むすび」の最後に、解答を与えるべき「最も基本的な疑問」として、「儒教思想の自己分解のなかに近代意識を探ることに一体如何なる現代的価値があるのか」（p.188）という問題を提起しています。ここでいわれている「現代」というのは、いうまでもなく丸山が論文を執筆していた当時つまり一九四〇年前後の時代をさしています。ですからこの論点の意味を検討するためには、その当時の思想状況を把握しておく必要があります。といっても、近代ないし近代意識に関するかぎりですが、簡単にまとめておきましょう。

第一次世界大戦後、一九二〇年代から三〇年代は、イギリスの歴史家・国際政治学者E・H・カー（一八九二〜一九八二）の有名な著書のタイトルになっているように「危機の二〇年」でした。戦争と革命が交錯する危機の時代でした。恐慌によって経済は荒廃し、新しい世界戦争の予感に苦しめられながら、経済的・政治的・軍事的覇権をめぐって帝国主義列強は依然としてあらそっていました。他方、資本主義打倒をめざす社会主義勢力は確実に勢力を拡大し、植民地では独立を要求する民族自決運動が激しさをくわえていました。帝国主義国内の排外主義もたかまり、ナショナリズムが世界の思想動向に決定的な影響をおよぼしていました。資本主義の勃興とともにはじまった「近代」は、まさに瀕死の状態にあるように思われました。そのような時代状況を反映して、思想界においても「近代」批判が主要なテーマとなっていました。「近代」は、社会主義的左翼的立場からも、全体主義的右翼的立場からも批判の矛先をむけられ、後退を余儀なくされていました。

日本の思想界も、例外ではありませんでした。日本では、社会主義勢力は早くからきびしい弾圧にさらされ、政治勢力としては壊滅状態にあり、思想としてのマルクス主義がわずかに影響力を残していたにすぎませんから、「近代批判」は、主に民族主義的・ロマン主義的・全体主義的・右翼的立場からなされることになりました。一九四二年に、当時の著名な知識人をあつめて行なわれた「近代の超克」という座談会（現在でも新書版で読むことができます）が典型的です。そういう近代批判の潮流のなかで、近代を象徴する資本主義は拝金主義とののしられ、自由は放埒《ほうらつ》の、個人主義は利己主義の外皮にすぎないとされ、平等は怠惰をゆるすとして否定され、優勝劣敗・適者生存の法則に席をゆずることが主張され、博愛もコスモポリタンの温床として疑いの目をむけられ、優秀民族の世界史的使命がうたいあげられていました。まさに、近代と近代的思惟は、現代のあらゆる害悪の源としてスケープゴートの役割を担わされていたのです。

そういう思想状況にあって、近世日本における近代的思惟の成長を思想の発展としてえがこうというわけですから、一言なしにはすまされなかったのではないかと思います。ここでは、近代的思惟の危機をさけび、近代の超克を主張する声に対して、丸山は、まず「まさにその通りである」(p.189)と一言で答えています。もちろん、前述のような時代思潮に完全に同意したわけではないことは、あとにつづく論述をみれば明らかです。にもかかわらず、この一言を発したのはなぜでしようか。それは、丸山が、近代の超克論者とは内容的に異なるとはいえ、近代の限界についての認識をもっていたことをしめしています。しかし、マルクス主義のつよい影響下にあった丸山が、その限界を克服する方向を、まったく別の、明確に論じることをはばからなければならない方向で考えていたこともたしかでしょう。「まさにその通り」という啖呵《たんか》を切ったような表現には、論じることを断念するという痛切な思いがこめられているといったらいいすぎでしょうか。

それはともかく、丸山は、さきの疑問を「近代的思惟の困難性は果して前近代的なものへの復帰によって解決されうるか」(同)という問題にきりかえます。当然、答えは否です。丸山は、彼が近世思想のなかに見出してきた近代的思惟の核心、すなわち倫理・道徳的規範の拘束をうけない芸術の芸術としての独自の価値の承認、いっさいの規範的制約を排除して歴史的事実を事実としてそのものとしてみる実証性の尊重、そして政治の固有法則性の自覚、この三つをいかなる近代の克服を構想しようとも否定しえない核心として擁護しています。そして、最後にドイツの哲学者ヴィンデルバントの文章を引用して論文を結んでいます。その引用の末尾にある「同じ木に同時に花と実が咲き実ることを望むのは愚かな事にちがいない」(p.190)という言葉は、現代という一つの時間のなかに、国体論という復古主義と近代の超克という来たるべき時代の目標とを両立させようとすることの愚かさに対する痛烈な批判になっていることを確認して、論文本文に即した解説のむすびとします。

思惟様式とは何か

むすびとしますといっておいてなんですが、丸山の思想史研究の方法について一言つけくわえさせてください。丸山の思想史研究の独自性をささえるキー概念が、「思惟様式」という概念にあることは、すでに多くの丸山研究者によって指摘されているところですが、重要性のわりには、その意味はかならずしも明確ではない気がします。いままで検討してきた論文のなかでも「思惟様式」のほかに、「思惟方法」、「思惟構造」、「思惟構成」、「思想構造」というような言葉がつかわれていますし、たんに思惟という場合でも朱子学的思惟とつづけてつかわれるときには、思惟様式と同じ意味とみてよいようにも思われます。また、丸山は発想様式という似たような言葉もつかっています。これらの言葉を辞書風に定義して、相互の関係を厳密につきあわせるというやり方もあるかもしれませんが、それではたんなるいい換えを意味があるかのように勘違いしているだけのことになるか、思惟様式という言葉が内包する豊かさを消してしまうおそれがあります。

とりあえず、思惟様式という言葉を、さきにあげたようなさまざまな類語・同義語を総括した言葉としたうえで、その概念を提起し、つかうことによって何が明らかになるのかという問題を考えてみましょう。

およそ一般的に思想というものは、定言的命題としてまとめられた部分と、定言的命題をひきだすためにつみかさねられた推論、その正しさを証明する論証によって構成されています。思惟様式は、定言的命題そのものに現われるのではなく、推論・論証の過程に現われてくるものです。定言的命題のみにとらわれると、答えはイエスかノーかの二者択一の平板な世界にひきこまれがちになります。たとえば、ホッブスは絶対君主制を正当化しました。ロックは民主主義の正しさを主張しました。その結論の部分だけをとりだせば、両者は敵対するだけであって、思想的には無関係だということになります。しかし、結論に至る過程、つまり自然状態から社会の形成そして社会契約による権力ないし国家の弁証という論理構成に着目すると、両者の共通性がみえてきます。歴史的過程を加味していえば、絶対君主制を正当化したホッブスの論理が、その敵対者である民主主義者ロックの登場を準備したのです。定言的命題の背後にある論理構成――これも思惟様式という概念を構成する一つの要素です――に着目すると逆説にみちた歴史の実相がみえてくるのです。

さらに、推論・論証に注目してみましょう。推論や論証は、論理学で解析されるような論理展開のパターンに解消されるようなものではありません。推論や論証を展開する前提になる事実認識の問題があります。事実として存在していますが、何を、どのように事実として認識するかは、認識者の意識に規定されます。毎日見慣れているはずの景色のなかに、ふといままで気がつかなかった風景を発見しておどろいた経験はありませんか。白内障の手術後、目隠しをとったときに目に見える景色の色のあざやかさにおどろいたことがあります。事実認識にも、認識者の意識のあり方によって特有のパターンがあるということです。そのパターンも思惟様式を構成する要素にかぞえてよいでしょう。また、推論・論証の仕方にも論者に特有のパターンがあることもあるでしょう。そういうパターンは、無自覚的に作用します。思惟様式に注目することは、そういう無自覚的に作用している要因を自覚させることにつながります。

いろいろ述べてきましたが、要するに、思想というものは多様な要因の重層的構造をもっており、思惟様式という概念はその重層的構造にわけいる武器になりうる概念だということです。その武器を十分につかいこなしたとき、他者への理解が深まるのではないでしょうか。そうした他者を理解する努力をつみかさねることが、現在もっとも必要とされる「寛容」の精神をやしなうことになると思います。

思惟様式とは何かを問いながら、結論は別の方向にいってしまいました。また、これだという明確な定義もしめせませんでした。これは、私の力不足のためであるかもしれません。しかし、思惟様式とは精神構造のことだというような、どこかの論者がいった定義は、かえって思惟様式を問題にすることによる思想展開の可能性を閉ざしてしまうと思います。それこそ、思惟様式という概念を提起した丸山の思惟様式を問題にすることのほうが重要だという提議をして、第一章の検討をこんどこそ本当にとじることにします。

第16講 作為の論理の登場とその意味

さて、ここからは、第二章——書籍としての構成上第二章となっていますが、本来別個に執筆された論文ですから、第二論文といったほうがふさわしいかもしれませんが、目次にしたがって第二章としておきます——「近世日本政治思想における『自然』と『作為』——制度観の対立としての——」の検討にうつります。ただし、ここからは、いままでのように忠実に論文の展開に即して注釈をくわえるというやり方はとりません。第二章は、第一章の内容を相当とりこんでいるので、重複をさけるためというのが理由の一つです。また、すでに第一章の解説において、他者の論文を読むときに必要とされる作法や論文執筆者つまり丸山の思想史研究の方法論的特質などについては、十分とはいえないまでも、それなりに論じてきましたから、そういう注釈も必要がなくなったということもあります。

すこし生意気をいわせていただければ、これからさきは、各自が、私の読み方を手本とするなり、反面教師とするなり、どちらでもかまいませんが、各自の読み方を工夫してもらいたいという思いもあります。そういうことで、これからの解説が簡略になることに、御理解をいただきたいと思います。

「自然」より「作為」への推移の歴史的意義

第二章は、第一節「本稿の課題」に「朱子学より徂徠学に至る近世儒教思想の展開は、封建的社会秩序の観方乃至は基礎づけ方の上に如何なる差異となって現れるか、その差異のもつ普遍的意義はどこにあるか、更に徂徠学以後の思想史はそこから何を学んだか」(p.197)とあるように、第一章の〈朱子学－徂徠学－宣長学〉という思想展開の過程を社会秩序観の変化の過程としてとらえなおし、さらに宣長学以後の思想史の分析にまで延長したものです。その場合、キーワードとして設定されたのが「自然」と「作為」という概念です。丸山は、本論を朱子学の自然的社会秩序観と徂徠によるその作為的秩序観への転換から分析をはじめ、そのうえでその転換の普遍的意味の検討にはいっていますが、ここでは順序を逆にして、「自然」から「作為」への転換の普遍的意義の問題からはじめたいと思います。

たしかに、日本政治思想史を対象とした論文の叙述の順序としては、日本の思想史上に生起した問題を事実として提示し、その事実の普遍的意味を普遍的歴史のなかで探求するというほうが正しいのでしょう。しかし、問題を発見する認識上の枠組みあるいは発想の源は、事実の発見の前にあるのが普通です。丸山の研究の志向が、ヨーロッパの思想史にあったことは、丸山自身も認めています。また、丸山の学問的教養の形成過程からみても、ヨーロッパ的教養が先行していたことも事実でしょう。したがって、「自然」から「作為」へという認識の枠組みも、ヨーロッパ思想史の研究を前提にしていることは否定できないと思います。実際、丸山は、『日本政治思想史研究』の「あとがき」のなかで、思想史研究上、もっとも影響をうけた学者としてカール・マンハイム、マックス・ウェーバー、フランツ・ボルケナウ（一九〇〇〜五七）の名をあげています。ただし、それらの学者の影響が、丸山の著作のどこに、どのように現われているかというような穿鑿《せんさく》をするつもりはありませんし、丸山の論文を読むにあたって必要だとも思いません。そんなことは、穿鑿好きの専門研究者か、批判のための揚げ足取りをねらっている批評家にまかせておけばよいのです。

それからもう一つ、念のためということになりますが、発想の源がヨーロッパ的教養にあるからといって、丸山が、ヨーロッパと同じことを日本に発見したとよろこんでいるわけではない、ということにも注意してください。ヨーロッパ的教養を下敷きにしながら日本の思想史上の著作を読みすすめている過程で、逆にヨーロッパ思想史上の出来事を普遍的なものとして再発見するということもありえます。「自然」から「作為」への転換の歴史的意義の検討からはじめるからといって、丸山論文がヨーロッパ・モデルの日本への適用にすぎないなどということをいいたいわけではありません。あくまで、論文を理解するためには、そのほうがよいと判断したからだということを理解してもらいたいと思います。

前置きがながくなりました。それでは、本論にはいります。

丸山は、「『自然』より『作為』への推移の歴史的意義」を論じるにあたって、まず、人間が社会的に結合する場合の二つの類型についての検討からはじめています。その二つとは、「結合が個人にとって必然的な所与として先在する場合」と「個人が自己の自由意思よりして結合を作り出す場合」(p.223)という二つです。この類型論は、ドイツの社会学者テンニース(一八五五～一九三六)の『ゲマインシャフトとゲゼルシャフト』(*Gemeinschaft und Gesellschaft*)の援用であることは明らかです。

丸山は、ウェーバーのいう理念型としての人間の社会的結合としての二つの類型を提示したつぎに、それらを時間的前後関係のなかにおきなおします。「ゲマインシャフトからゲゼルシャフトへ」という順序をつけたいい方がそれです。ただし――たびたび「ただし」で申し訳ありませんが――、前後関係をつけたからといって、後のものが前のものに完全におき換わるということをいっているわけではありません。事実あるいは現実の社会的結合は、この両者の結合の仕方が混合しており、その混合の割合も多様です。たとえば、ゲマインシャフトの典型とされる家族の場合でも、子供にとっては所与の運命的結合ですが、夫婦は婚姻という契約関係で成立しています。逆に、もっともゲゼルシャフト的結合とされる会社(企業)にも、たんに比喩としてだけではなく実際に血縁にひとしいほどの強い情誼的関係が生じることもありえます。しかし、血縁関係を原理的基礎とするゲマインシャフトのほうがより古く、契約関係を原理的基礎とするゲゼルシャフトのほうがより新しいということも歴史的に否定することができない事実です。テンニースは、共同体原理にもとづく集団あるいは組織をゲノッセンシャフトといい、諸個人の自由な意思によって結合したそれをフェラインと呼んで、ゲノッセンシャフトからフェラインへという歴史的発展段階のとらえ方を提唱していますが、基本的には同じことです。

現実の社会的結合の次元では、人間の活動領域が拡大し、社会の規模が大きくなるにしたがって、ゲマインシャフト的結合の領域よりも、ゲゼルシャフト的結合の領域が拡大し、一般的に後者の結合原理が優位になってきたといってよいでしょう。また、そういう変化が、ヨーロッパにおいて、封建制社会から近代市民社会への転換の時期にもっとも顕著に現われたというのもそのとおりだと思います。そして、その変化は、現実の社会的結合のレベルよりも、その結合の仕方についてのイメージあるいは意識のレベルで劇的な形で現われました。もちろん、丸山のこの論文は政治思想に関するものですから、丸山の考察も思想・意識のレベルが中心になります。

その思想・意識のレベルでの転換を国家的規模の社会像に関する転換としてとらえた場合、有機体論的社会像から機械論的社会像へという社会像の転換過程が提示されます。

まず、有機体について、丸山は、これもテンニースによりつつ、「現実在が過去的なものの生成として現われ、未来的なものが既に萌芽として過去的なものに含まれているという事態が典型的に見られるのは有機体である。有機体に於てはそれの外に立ちそれを作り出す主体というものは少くも第一義的には考えられない。有機体は自足的全体であって、一切は有機体の中に自然的に生成する」(p.227)と書いています。かなり抽象的な文章ですから、具体的に考えてみましょう。

有機体とは、一般に植物や動物をさします。植物や動物は、最初に種、卵、嬰児として現われます。それが次第に成長してそれぞれ固有の形状をもった個体になります。成長の過程は、植物であれば根が生え、茎ができ、葉を茂らせる過程であり、動物であれば、頭、手足、目、鼻、耳、歯、毛、内臓などの諸器官をそなえる過程です。その過程は、植物や動物の外部から部品を寄せ集めるのではなくて、種、卵、嬰児に最初からそなわっていた「可能性」が自然に実現してきたかのようにみえます。そして、個体として完成された形状は、親の世代(過去)ですでに実現されたものの再現です。また、種、卵、嬰児から成長した個体まで、それぞれが一つの生命体として完結した存在であり、その個体を形成する諸器官は、その生命体が存在しつづけるかぎりでその一部として存在意義をもつことになります。こうした有機体の生成・成長・死滅の過程の背後に、神の摂理や天地自然の理法というような観念を想定したとしても、有機体の生成・成長・死滅の過程は、永遠に繰り返される「自然」(昼夜の交替・四季の循環など)そのものと同一視されることになります。

以上のような有機体観を基礎にして、社会的結合あるいは社会秩序を一つの社会像あるいは世界像としてまとめるとどういうことになるでしょうか。社会は、人間が構成するものですが、社会が一つの有機体とみなされる場合、個々の人間は有機体を形成する諸器官であって、人間の活動は、それ自体完結した生命体である有機体の活動に対して部分的役割・機能を担っていること以上の意味をもちません。また、有機体を構成する諸器官には有機体全体にとっての重要度のちがいがありますから、それが価値の序列を決定します。これを社会構成に置き換えれば、上下関係の価値序列のなかに位置づけられた身分・職分の体系としての社会像がえがかれることになります。君主は頭脳であり、人民は手足であるというように。

さらに、このような社会像においては、「世界こそがただ一つの精神を具え、ただ一つの法則によって構成された唯一の有機体なのであるから、世界の構造を規定する原理は各個別的全一体の構成に際して必然に立ちかえって来る」（丸山のギールケからの引用。p.231）ことになります。要するに、社会全体を一つの有機体とみなす場合、その社会のなかのあらゆるレベルの社会的結合も、さきに述べたような有機体の論理によって構成されているとみなされるということです。これを近世日本にひきつけていえば、家族・家も、村という地域共同体も、藩も幕府も朝廷も、本質的には同じ有機体の論理によってつらぬかれているといってもよいでしょう。そして、その論理は、「結合が個人にとって必然的な所与として先在する」というゲマインシャフトの論理の典型であり、その全社会像への拡張であって、人工物ではない自然的存在としての有機体をモデルとしているという意味で「自然的秩序観」と丸山が命名したものにほかなりません。

それでは、機械論的社会像とはどういうものでしょうか。これについては、丸山は、端的にホッブスの『リヴァイアサン』の「序説」冒頭の引用（p.227）によって答えています。少し長くなりますが、岩波文庫版『リヴァイアサン』（水田洋訳）から、丸山が省略した部分もふくめて引用しておきます。「自然（神がそれによってこの世界をつくったし、それによってこの世界を統治している、その技術《アート》）は、人間の技術によって、他のおおくのものごとにおいてのように、人工的動物においても、模倣される。すなわち、生命は四肢の運動にほかならず、その運動のはじまりが、内部のある主要な部分にある、ということをみれば、すべての自動機械（時計がそうするように発条《ばね》と車でみずから動く機関《エンジン》）が、人工の生命をもっていると、われわれがいってはいけないわけがあろうか。心臓は何かといえば、ひとつの発条にほかならず、神経はといえば、それだけの数の紐にほかならず、そして関節は、それだけの数の車にほかならず、これらが全身体に、製作者によって意図されたとおりの運動を、与えるのではないだろうか。技術はさらにすすんで、自然の理性でもっともすぐれた作品である、人間を模倣する。すなわち、技術によって、コモン－ウェルスあるいは国家《ステート》（ラテン語ではキウィタス）とよばれる、あの偉大なリヴァイアサンが、創造されるのであり、それは人工的人間にほかならない」（傍点およびアルファベット表記の原語は省略した）と。

ほとんど説明はいらないと思いますが、機械論的社会像とは、それが神の技術にならったものであろうが、人間がその技術によって人工的に作り出したものとして社会（『リヴァイアサン』においては国家）をみることによって得られた社会像をいいます。ホッブスの場合、人工的に作り出したものを「人間を模倣」しているとしているかぎり、人間という有機体の比喩をつかわざるをえないという意味で、有機体論の尻尾を残しているといってもよいかもしれません。しかし、ホッブスが、さきの引用につづけて「この政治体の諸部分を、はじめてつくり、あつめ、結合した協定と信約」に言及していることは、「個人が自己の自由意思よりして結合を作り出す場合」とテンニースがいったゲゼルシャフトあるいはフェラインの論理を明確に自覚していたことをしめしているのではないでしょうか。丸山が「作為の論理」といっているものは、まさにこの機械論的社会像を成り立たせた「人工的に作り出す」という論理をさしていると思います。

以上のような有機体論的社会像から機械論的社会像への転換（さきに名前を出したボルケナウは、その転換を「封建的世界像から市民的世界像へ」という言葉で表現しています）は、ヨーロッパの中世封建制の解体そして近代市民社会の形成期におこった思想的変化です。その思想的変化が、荘園制・農奴制を基礎とする封建的生産関係から資本と自由な労働力を基礎とする資本制的生産関係への転換とどのように関係するかというむずかしい問題はおいておきますが、この思想的変化が、社会や国家は市民が作りかえることができる、一人一人の人間が自己を実現する機会を平等に与えられるべきであるという現代民主主義の発想を切り開くことになったということはまちがいないでしょう。

その意味で、このような社会像の転換は、普遍的意味をもつのであって、その転換がヨーロッパで完全に、日本で不完全な形でおこったなどといったところで、たいした意味をもつわけではないと思います。まして、ヨーロッパを普遍的モデルとして、そのモデルを日本にあてはめようとしているなどという丸山に対する批判は、なんの意味ももたないと思います。もし、このような社会像の転換に関する丸山の所説を批判するとすれば、有機体論的社会像が、勃興期封建制に対応するという点にむけられるべきでしょう。一般にある社会システムが勃興期にあるときには、精緻な理論体系は必要とされません。精緻な理論体系はむしろ、最盛期に準備され、没落期にはいってより精緻さをますというほうが現実に近いと思います。ヘーゲルが『歴史哲学』で書いているように、「ミネルバのフクロウは、夕暮れに飛び立つ」のです。

それはともかく、普遍的意味をもつ社会像の転換が、近世日本においてどのようにおこったかの問題にうつりましょう。論文に即していえば、第二節、第三節に戻ることになります。

朱子学から徂徠学へ

これまで述べてきたような社会像の転換は、近世日本においては、朱子学から徂徠学の登場というかたちでおこったというのが、丸山の主張です。もちろん、朱子学がヨーロッパのスコラ哲学と同じでないように、徂徠の学説もホッブスと同じではありません。思想的伝統も、社会構造も、広く文化一般も大きく異なっているように、思想のあり方もそこで使われる概念も、論理も同じであることはありえません。しかし、社会秩序をとらえる発想の仕方に着目したとき、同質の発想様式が摘出できるという丸山の主張にも根拠がないわけではありません。結論を先取りしていえば、朱子学の提示する自然的秩序の思想は、有機体論的社会像にほぼひとしく、徂徠の作為的秩序観は機械論的というほど徹底しているわけではありませんが、秩序が作られたものであるという論理を提示したという点で機械論的社会像にいちじるしく接近しているといってよいでしょう。この結論の論証は、第一章の論旨と多くの点でかさなってきますので、できるだけ簡潔にまとめておきたいと思います。

朱子学のみならず、一般に儒教では、君臣・父子・夫婦・兄弟・朋友の五つの人間関係（五倫）は、人間の社会関係のすべてを包含しており、永遠不変の関係であり、その五倫を律する仁義礼智信（五常）は普遍的道徳規範とされます。儒教各学派の違いは、その基礎づけ方の相違に帰着します。朱子学の場合には、理と気の概念を中心とした精緻な哲学によって基礎づけられています。その論理を、丸山の整理（p.203-4）を少し敷衍しながら確認しておきましょう。すなわち、「天地万物は、すべて理と気の結合からなり、理は宇宙の究極的根拠（太極）として万物に通ずる普遍的性格をもち、気はその作用によって事物に個別的特殊性を与える。したがって、万物は、特殊性を賦与された事物として千差万別であるが、それぞれは理を一理の分殊したものとして内在させている。そして、万物の一つである人間にも、理は本然の性として内在する。宇宙万物の根源である理は、宇宙万物の正しい運行を支える根拠であると同時に、人間において五倫五常という社会関係および道徳規範の源泉でもある」ということです。つまり、朱子学においては、自然界の法則も人間社会の道徳規範も、天理という同一の「原理」によって説明できるものとされているのです。

このような朱子学の論理を、丸山は、「かくて儒教の倫理的規範は朱子学的思惟に於て二重の意味に於て自然化される。一は規範が宇宙的自然（天理）に根底を置く意味に於て、他は規範が人間性に先天的に内在（本然の性として）すると看做されることによって。そこにはほぼ典型的な形に於て、自然法思想が内包されている」（p.202）と評しています。この自然法思想は、丸山が、「実定的秩序に対する変革的原理となるか、それとも自己を全的に事実的社会関係と合一せしめる事によって、その永遠性を保証するイデオロギーとなるか」（p.203）と書いているように、その機能は一様ではありません。たとえば、君主がとんでもない暴虐を行なう暴君であった場合、自然法はその暴君を「放伐」する論拠になりえます。また、自然法のいう自然の内容をどうとらえるかによって、安藤昌益のような徹底した封建制批判の論理を生みだすこともありえます。しかし、近世初頭の日本朱子学は、丸山が指摘した後者の道、つまり、秩序の永遠性を保証するイデオロギーとなる道をあゆみました。丸山が引用している林羅山の主張が端的にそのことをしめしています。いわく「天ハヲノヅカラ上ニアリテ地ハヲノヅカラ下ニアリ、已ニ上下位サダマルトキハ上ハタツトク下ハイヤシ、自然ノ理ノ序アルトコロハ此上下ヲ見テシルベシ、人ノ心モ又カクノゴトシ、上下タガハズ貴賤ミダレザルトキハ人倫タダシ、人倫タダシケレバ国家ヲサマル」（p.204）と。

羅山の、このような封建的身分秩序を天地自然の秩序と同一とみなす論理を、近世初期において「朱子学を最も一般的普遍的な社会思惟様式たらしめたモメントであった」（同）と丸山は総括していますが、それはそのとおりだと思います。しかし、近世初期を勃興期封建社会とするのはどうでしょうか。それをそのまま認めると、一二世紀から一六世紀の日本の社会はどうなるでしょうか。それは封建社会ではなかったことになってしまいます。近世は、丸山がのちに認めているように、「戦国状況の凍結」という性格をもっていました。ヨーロッパにおいても中世封建制社会は戦争のやむことない騒乱状態でした。日本史でいうなら、南北朝から室町・戦国期の状況を思いうかべてください。そういう争乱状況を、徳川幕府は、最大の大名としての軍事力・経済力で他の諸大名をおさえこみ、他に類例をみないほど巧妙に作りあげたチェック・アンド・バランスの政治システムと「鎖国」という外部からの刺激の遮断によって、「天下一統」という凍結状態を作りだしたのです。したがって、朱子学がもっとも一般的な思惟様式として流布したのは、封建社会が「勃興期」にあったからではなく、その没落をくいとめた「凍結状態」に適合的であったからとみるべきだと思います。もちろん、丸山が論文を執筆していた当時の歴史学界の通説を考えれば、無理な注文だとは思いますが、研究の前進のためにあえて指摘しておきます。

それはともかく、近世初期は、朱子学のみならず、陽明学や徂徠以前の古学においても、五倫五常や「士農工商」という身分制度――士農工商という身分は儒学者の頭のなかに存在しているだけで、現実の近世社会はもっと複雑多様な身分編成によって成り立っていたということは、現在の歴史研究者のあいだでは常識になっていると思いますが――を、朱子学とは異なる論理であるにしても、なんらかの超越的論理や自然発生論的論理で基礎づけていたことは、丸山が、熊沢蕃山、山鹿素行、伊藤仁斎などを引用しながら論じているとおりです。近世前期には、自然的秩序思想はそれほど強い影響力をもっていたのです。しかし、個々の思想家の論理の立て方については、あまりに専門的領域にはいりますので、こまかい説明ははぶかせていただきます。

以上のような自然的秩序観に決定的打撃を与え、社会秩序は「作為」されたものだという新しい論理を提示したのが荻生徂徠でした。徂徠が、どのような時代状況において、どのように朱子学批判の立場に移行し、どのような方法・論理で朱子学の壮大な形而上学的体系をつきくずしていったかについては、第一章で検討してきましたので、ここでは、社会像の転換という角度に限定して丸山の所説を整理しておきます。

丸山は、徂徠の朱子学的自然的秩序観への攻撃を二つの観点から開始したと指摘しています。その第一は、「宇宙的自然を聖人の道から排除した」(p.210) という観点です。宇宙的自然というのは、今日、自然科学が認識・研究の対象としているような自然ということです。それを「聖人の道」から排除したというのは、そこには人間が生きていくうえでよるべき基準あるいは規範＝「道」はないということです。「天道」とか「地道」というのは、それを人間がしたがうべき規範とする朱子学的論理とは逆に人間界の論理の自然界への類推にすぎないとして、否定されます。したがって、山鹿素行のように「凡《およ》そ上下の差別は天地の常経」というような主張も、たんに「礼を賛する言」すなわち礼という人間界の秩序を維持するための規則を修飾する飾り言葉にすぎないと一蹴されます。第二に、徂徠は、「道」＝規範を「礼楽」という人間の内面性にいっさいかかわりない外部的客観的制度に限定することによって、道の実現を、禁欲を手段とする内面性の改造による本然の性の発現にもとめる朱子学の論理を否定したと、丸山は主張しています。

以上のように、「道」を宇宙的自然からきりはなし、人間の内面性とも無縁のものとするならば、また、人間が社会生活を営み、生きていくうえでなにがしかの規範＝「道」が必要であるとするならば、その「道」はどこからくるのか。それは、丸山が、「自らの背後にはなんらの規範を前提とせずに逆に規範を作り出しこれにはじめて妥当性を賦与する人格を思惟の出発点に置くよりほかにはない」（p.212）と書いているように、規範を作りだすなんらかの「主体」を想定することにならざるをえません。徂徠は、その「主体」を中国古代の先王にもとめました。先王は複数いますし、どの王がどのようにして「道」（徂徠においては礼楽）を作ったかということもありますが、それは本質的問題ではありません。問題は、歴史上の特定の人格が「道」を作ったという点にあります。徂徠は、その先王を聖人と位置づけます。聖人とは道を制作した者と定義されるからです。聖人は、朱子学がいうように完全なる道徳性の体現者でもなければ、「学んで至る」ことができるような存在ではありません。いっさいの人智を超越した絶対的人格です。そういう人格が制作した礼楽＝道ですから、人間はそれにしたがわなければならないとされるわけです。このように、絶対的超越的人格としての先王＝聖人を想定することによって、「作為」の論理が、儒教的範疇（言葉）を使いながら、近世日本にはじめて明瞭な論理をもって登場したわけです。

こうした徂徠の論理は、士農工商という身分あるいは職分が「たれとりたつるともなく」自然発生的にできてきたという熊沢蕃山や、「民は天地の気を得、其の理を受けて生々する」という山鹿素行の論理をはるかに越えていきます。徂徠にとって、先王＝聖人が登場する以前の社会は、なんの制度も存在しないわけですから、「洪荒の世は只畜類の如く」であったとホッブス的「自然状態」に近いものとしてえがくことになりました。周知のようにホッブスは自然状態を「万人が万人に対して闘争する」アナーキーな状態としてえがきました。徂徠の場合、もちろんそこまで徹底していたわけではありません。聖人が礼楽制度をたてるときに、「人の生《うまれ》つき相応に建立」したとされていますから、徂徠が人間性の内部に秩序にむかう性向をみとめていたと考えてよいでしょう。

しかし、徂徠のこうした論理の不徹底性や、丸山が「不真理」——蕃山や素行のように、士農工商という身分秩序が、人間が社会生活をおくるうえでの必要性から漸次的に形成されてきたというそれなりに説得力のある歴史的説明に対して、聖人が作ったという証明しようのない徂徠の論理をいう——とよんだ非合理性に重要な思想史上の意味があるわけではありません。重要なのは、徂徠が、自然的秩序観を否定して、作為の論理を提示し、作為の主体の問題を提起したことにあります。「作為する」つまり「作る」という行為は、必然的に誰が「作る」のかという主体の問題をともないます。そして、その主体の問題が重要なのは、その問題が、近代から現代にいたる政治思想上の根本問題——民主主義とは何かという問題——につながる重大な問題だからです。

作為の論理と主体の問題

近世日本儒教思想史における自然的秩序観から作為的秩序観への転換は、ヨーロッパにおけるゲマインシャフトからゲゼルシャフトへ、あるいは有機体論的社会像から機械論的社会像への転換とある程度の共通した性格をもち、そのことが丸山によって普遍的意味をもつとされていることは、以上に検討してきたとおりです。その共通の性格を、丸山は「自然」から「作為」へという言葉で表現しているわけですが、その転換を作為の主体という問題の角度からみたらどうでしょうか。作為の論理は、作為する主体を設定してはじめて成立しますから、主体の問題を避けるわけにはいきません。機械論的社会像の場合は、さきのホッブス『リヴァイアサン』からの引用からもわかるとおり、国家（リヴァイアサン）を作る主体は「人間」であり、その方法は「契約」であることははっきりしています。それに対して、作為的秩序観を提示した徂徠の場合は、先王＝聖人でした。先王＝聖人は、歴史的に実在した（あるいは実在したと考えられた）人間ですが、人智を超えた特別の人格として絶対化されていました。そして、秩序を作りだすのは、絶対化された先王＝聖人の「超人的な能力」とされていました。

このヨーロッパと日本、あるいはホッブスと徂徠の作為（制作）の主体と方法についての相違には、どれほどの距離があるのでしょうか。それは簡単には越えられないほどの深淵によってへだてられているのか、あるいは一定の歴史的条件がととのえば追いつくことができるほどの距離なのか。この問いに関する直接的な解答は、残念ながら丸山のこの論文のなかには見出せません。もっといえば、現在にいたるまで、その距離を埋める必要があるかどうかという問題も含めて見出せていないというべきかもしれません。

そういう大きな問題はともかく、丸山は、この距離を縮めるべく、あるいはその深淵に架橋すべく二つの論点について検討をくわえています。一つは、徂徠の先王＝聖人作為の論理が、王朝の開祖の作為の論理に接続しているという論点であり、もう一つは、ヨーロッパにおいても、機械論的社会像の形成の前提として、神を超越的・絶対的人格へと上昇させる過程があったという論点です。それでは、最初の論点から検討をはじめましょう。

徂徠が、作為の主体を先王＝聖人にもとめたということは、これまで述べてきたとおりです。そして先王＝聖人による作為が、始原的性格をおびていたということも指摘されていました。先王＝聖人が、無から作りだしたかどうかはともかくとして、道＝礼楽制度は先王＝聖人がはじめて作ったと、徂徠によって主張されていたことは事実だからです。しかし、その始原的作為が、過去のある時点で一回的におこった、あるいは一回しかおこらなかったとすると、その作為された結果は、固定され、絶対化され、永遠に妥当すべき理念（イデー）としてとらえられる危険性が生じます。丸山が「一旦聖人が道を作為した後は、かく作為された道が、その作為主体から離れ、客観化されたイデーとして自から妥当するというのでは結局、自然的秩序観への復帰」（p.218-9）にしかならないと論じていることは、そういう危険性を指摘しているのです。

元禄期にいたって弛緩した幕藩体制を建てなおすことをみずからの使命とした徂徠が、そのような危険を甘受するわけがありません。徂徠が、そういう危険を回避するためにもちだしたのは、「皆其代其代の開祖の君の料簡《りょうけん》にて世界全体の組立に替り有之《これあり》候故、制法有之候」（『徂徠先生答問書』）という、「徂徠に於て聖人の道は時代と場所を超越した普遍妥当性を持っている。しかしそれは決して自ずから実現されるイデーではなく、各時代の開国の君主による、その度ごとの作為を媒介として実現さるべきものである」（p.219）という開祖の君主による再創造の論理でした。その開祖の君主を、徂徠にとってもっともリアリティーをもって語りうるのは、彼が生きた幕藩制社会を創設した徳川家康という確実に実在した「人間」でした。

徂徠が、開祖による再創造の論理をもちだしたのは、崩壊の危機に瀕していると彼が認識した幕藩制を、未来にむかって建てなおすための論理を組み立てるためであったかもしれません。また、自然的秩序の論理に回帰する危険性を回避するためであったかもしれません。おそらく、そのように位置づけた丸山の分析は正しいでしょう。しかし、その論理に、作為の主体を「人間」に近づける第一歩を、その巨大な距離にくらべてほんのわずかに縮めたにすぎないとしても、小さくても一歩にはちがいない第一歩を見出してもよいのではないでしょうか。すくなくとも、古代先王より、徳川家康のほうが、はるかに現実の普通の人間に近いわけですから。

日本において作為の主体としての人間を発見する可能性がどこにどのように存在していたかという問題は、丸山のこの論文を読むという課題からは離れてしまうことになりますので、その問題は脇において、二つめの論点の検討にうつりましょう。

丸山は、作為の主体として人間を設定する、つまり社会契約説の論理が、スコラ哲学的自然法思想に基礎づけられた自然的秩序の論理の解体過程において、直接的に、あるいはまっすぐに出てきたものではないことを指摘します。「自然的秩序思想乃至《ないし》有機体説が一挙にして作為的秩序思想の完成形態としての社会契約説乃至機械観にとって代られたわけでは決してなかった」(p.233) と。

それでは、社会契約説あるいは機械論的社会像は、自然的秩序の論理を解体するどのような迂回路を経て登場したのでしょうか。丸山は、その迂回路を、歴史的現実世界における絶対君主の登場と宗教改革における絶対的かつ超越的かつ不可知の神の「復活」に見出しています。丸山によれば、前者の意味は「絶対的君主こそは自己の背後になんらの規範的拘束を持たずして逆に一切の規範に対する主体的作為者の立場に立った最初の人格である」(p.234) ということです。ここで問題にしているのは、現実の歴史過程において絶対君主がどのようにして登場したかということではありません。「朕《ちん》は国家なり」と豪語したルイ一四世を典型とする絶対君主が現われたことの政治思想的意味が問題とされなければならないということです。いい換えれば、王権神授説や家父長制説であろうと、ホッブスの社会契約説であろうと、絶対的権力として正統化された君主が、地上の現実世界においてはいかなる法も作りうる万能の君主としてふるまうことができたということの政治思想史上の意味です。

中世においては、神の理性によって裏づけられた有機的共同体そのものが、唯一の実体であり、あらゆる人間は、その共同体のなかにうめこまれ、それぞれ身分に応じた機能を担うにすぎませんでした。君主といえども例外ではありません。その共同体を律する法は、丸山が引用している (p.234) バーカーの言葉を借りれば、「神の声の厳しき娘」であり、「神の心を宿せる人間理性の不可避的産物」であって、「普遍的かつ永久的」であり、「あらゆる人間社会に浸透しその妥当性にはなんらの限界も」ない規範でした。したがって、中世はそういう法が支配する世界であり、君主を含むすべての人間がそのもとにおかれる時代でした。これが、中世ヨーロッパのキリスト教普遍共同体の論理です。そして、この普遍的共同体のなかから民族国家・主権国家が現われてくるわけですが、その国家は、普遍的共同体の「法の支配」に抵抗して、みずからを独自の法をもつ国家として自立させることが必然的にもとめられます。普遍共同体の普遍的永久的法に対して、自己の支配領域内において絶対的服従を要求する独自の法を制定する立法者、これが必要になるのです。丸山が、「一切の規範秩序内在性から解放され逆に一切の規範秩序を自己の自由意思から制定し、之に最後的妥当性を賦与する人格」(p.235)というのは、そういう自己の支配領域内では絶対万能の立法者たる君主をさしているのです。したがって、作為の主体は、ヨーロッパにおいてまず、このような絶対君主として現われたということになります。

こうして、ヨーロッパにおける絶対君主の登場が、作為の論理を成立させる決定的契機になったことを指摘したうえで、丸山は、絶対「君主と、彼の作為し支配する秩序とのこの様な関係に模範的な映像を提供したのが、外ならぬ神と世界との関係であった」(同)と、神観念の変遷を中心としたヨーロッパ哲学史上の問題の検討にうつります。三ページほどにまとめられたその問題についての要約は、簡潔かつ的確で、さすが丸山と思わせるものですが、それに注釈をつける――たとえば、スコラ哲学、後期スコラ哲学、カルヴィニズムなどの用語やそれにともなう人名について――とすると、それだけで相当な量にならざるをえませんし、本論文の論旨を理解するうえでそこまでは必要ないと思いますので、出発点と結論の部分にだけ解説をくわえることにします。

出発点は、「中世神学に於ては自然と超自然とは連続的関係に於て把握され、世界秩序はその肢体の隅々まで神的理性の刻印を受けそれ自身のうちに善性を内在した有機体と観念され、全ての人間はその理性的行為を通じて神の恩寵行為に協力するものと考えられる」(p.236)というスコラ哲学の神と世界と人間についての考え方です。誤解をおそれずに平易に表現すれば、「宇宙万物および世界秩序は、神の理性によって作られ、その神の理性を理解する能力(人間に内在する理性)を与えられた人間は、その能力によって神の秩序に参加(それぞれの「分」に応じた努力)し、神の恩寵にあずかることができる」ということです。したがって、神あるいは神の理性は、宇宙万物と人間に分散して内在することになります。

それに対して、結論は、カルヴィンによって与えられます。カルヴィンは「創造主の本体を分解し、どの被造物にもその一部を与えるなどということ」は絶対に認められない、神は人間の理解を超えた唯一絶対の存在であり、人間に恩寵を与えるか否かは神だけが決定するのであって、信心や徳行という人間の行為に対する報いなどではない、と神の唯一・絶対性を主張しています。そしてこの論理を極限にまでおしすすめたのが、デカルトです。デカルトは、神の全能性について「所謂永遠の真理と呼ばれている数学上の真理も実はほかのあらゆる被造物と同じく神によって制定され、神に全く依存している」(p.237)、つまり、1+1=2が正しいのは、神がそうきめたからであって、もし神が1+1=3ときめたら、それが正しいというほど全能なのだと主張したということです。

こうした神観念の転換を論じた最後に、丸山は、デカルトのつぎのような言葉に注目せよといいます。すなわち「神は恰度《ちょうど》、国王が自分の領土に法律を制定する様に、自然界にこれらの法則を定めて置いたのである」（同）という言葉にです。そこでは、神と国王（絶対君主）は、比喩として同格の立場におかれています。「世界に対して絶対無差別に超越する神の映像がはじめて、秩序に対して完全な主体性をもった政治的人格の表象を可能にしたのである」（p.238）というのが、丸山の結論です。

以上のように、ヨーロッパ史におこった変化を分析したうえで、丸山は、その変化を「いわば最初の人格が絶対化されることは、作為的秩序思想の確立に於ける殆ど不可避的な迂路である」（同）と一般化し、徂徠における先王＝聖人の絶対化が不可避であったことの証明にしています。さらに、徂徠の聖人の絶対化は、キリスト教的創造神の観念がそもそも存在しない日本の宗教的・思想的風土において構想せざるをえなかったという点に、徂徠のはたすべき思想史的使命がはるかに困難であったと、丸山はまとめています。たしかに、宗教改革と絶対君主の登場という二つの過程を、たった一人で担わなければならなかったとすれば、その困難さは丸山のいうとおりかもしれません。

しかし、作為の論理における作為主体の問題の観点からすると、徂徠の作為の論理の射程は、宗教改革以後のヨーロッパ思想史の展開にくらべて、きわめて短かったということも指摘しておくべきであったように思います。宗教改革の結果、神が絶対化されたということは、人間がすでにできあがった神の秩序（自然的秩序）のなかで、あたえられた「分」を誠実につくすことによって恩寵を与えられるという可能性は否定されることになりますから、救いをもとめる人間は、みずからの責任においてみずからの判断で恩寵にあずかれるかもしれない行動を選択する以外になくなります。選択し、決断し、責任をとる個人的主体としての人間が登場せざるをえません。そういう人間像こそが、社会契約説あるいは人作説の基礎にあるはずです。丸山は、そういう自立した個人の登場を阻止していたのは、あまりにも強靭な封建制とそれによる市民（ブルジュア）階級の未成熟というういわば下部構造的要因にあるとみていたようですが、いままでも指摘してきたように、それは、近世社会の評価として問題がありますし、下部構造的要因に帰着させるという思想史方法論上の問題もあるように思います。

いずれにしても、主体の問題は、ここではそのもっとも重要な部分がぬけてしまったといったらいいすぎでしょうか。もっとも、この論文のテーマは、作為の論理の登場とその意味を考えるところにあり、主体の問題は、「論理」それ自体の問題に関するコロラリー（系、関連事項）として触れられているにすぎないとすれば、仕方のないことかもしれません。

第17講

「作為」の論理の破壊性とその継承

「作為」の論理の破壊性

前講では、徂徠による朱子学的自然秩序思想の破壊と作為の論理の提示、そしてその普遍的意味について検討してきました。ここからは、その作為の論理が、現実の徳川幕藩制という「封建制」に対してどれほどの破壊的作用をおよぼす可能性があったか、そしてその論理がどのように継承されたかについて論じていきます。

丸山は、第五節の冒頭で、作為の論理登場の経緯を簡単にふりかえったあとで、その論理のもっとも徹底した帰結は、人間によるいっさいの秩序の自覚的変革の論理つまり人作説あるいは社会契約説的論理にあるとし、そこにたどりついた日本における一例として明治初年の「万国叢話」に掲載された一文を紹介しています（p.242）。そこでは、政治について天造説と人作説の二説の対立が論じられ、その対立の意味がほぼ正確に把握されていたことが理解されます。つまり、日本においても、作為の論理のもっとも徹底した帰結にたどりついていたということです。

しかし、この帰結への到達は、残念ながら、丸山もそれについての注1（p.250）で認めているように、ヨーロッパ思想の翻訳ないし翻案によって達成されたものでした。徂徠以後の思想の内的・自立的展開の結果としてたどりついたのではないということです。それでは、なぜ内的・自立的にそこに到達できなかったのか、そのことが最終的帰結としての社会契約説の受容にどういう限界を画してしまったのか、という問題が出てくることは当然に予想されるところです。丸山は、この論文を執筆している段階では、近世日本における産業資本の未成熟、商業資本の寄生性など、社会構造的問題にその原因をみているようですが、はたしてそのようなとらえ方で十分かどうかは検討を要するところです。しかし、その問題は、独立に論ずるべき大きなテーマになると思いますので、ここでは問題点の指摘にとどめておきます。

さて、丸山がいうように、日本近世思想史においては、作為の論理の継承・展開は、そのまままっすぐに人作説・社会契約説に連続していったわけではありません。また、作為の論理が、徂徠的段階にとどまっていたのでもありません。それは、作為に対する自然――もちろん朱子学的自然ではありませんが、その内容はあとで検討します――の立場からの反撃という逆説的かたちで展開され、幕藩制（封建制的秩序）の絶対性の論理を内側からほりくずすという、表現は悪いかもしれませんが、隠微な破壊作用をおよぼしつづけました。丸山は、その隠微な破壊作用が、徂徠学のなかでどのように準備されていたか、さらにそれが安藤昌益と本居宣長というある意味では対極に立つ二人の思想家によってどのように徹底されていくことになったかを論じています。

まず、徂徠学です。徂徠は、第一章でも検討してきたように、封建的身分秩序や五倫五常というそれをささえる価値観自体を否定したわけではありません。それを根拠づける仕方を、朱子学的自然の論理から聖人作為の論理へ変えただけです。その意味では、徂徠は、あくまで儒学者の枠内にとどまっています。また、徂徠の提起した改革策は、徳川絶対主義への傾斜をふくんでいるという側面もありますが、基本的には武士土着論を中心とした原始封建制への復帰を説く、その点では反動的と評してもよいようなものでした。そうした徂徠学の一面を、丸山は、「徂徠学の体系に於いてはこうした結末（人作説のこと——著者）を避くべき防塞工事にも一応事欠いてはいない」（p.242）といっています。ただ、この表現は、多少誤解をまねくおそれがあります。あたかも徂徠が結末を予想して、それをふせぐために工作したような印象を与えるかもしれませんが、そうではありません。徂徠学の体系のなかに、人作説への展開をさまたげる壁が最初からくみこまれているという事実をいっているにすぎません。念のため。

しかし、丸山は、徂徠学の論理には、封建的秩序を破壊に導く「魔物」がひそんでいることをするどく指摘しています。その「魔物」とは、歴史的相対性の認識であり、規範の形式化・外面化の論理です。

歴史的相対性の認識とは、極端に単純化していえば、あらゆるものは、歴史すなわち時間の経過とともに変化するという認識です。歴史の変化が何によっておこるのか、たんなる時間の経過、物体の経年変化という物理現象のような変化なのか、生産力と生産関係の矛盾あるいは階級闘争に原因があるのかというようなことはここでは問題になりません。問題なのは、ものごとの変化と時間の経過が必然的に結びつけられているかどうかということです。もしその必然的な結びつきを承認するならば、時間の経過を超越した不変の絶対的「真理」は存在しないことになります。

朱子学の自然的秩序思想は、〈天地自然－社会規範－人間の道徳性〉を永遠不変の「理」が貫通しているという論理によって成立していました。これは、これまでくりかえし説明してきたとおりです。そこでは、時間の経過は本質的意味をもちません。ですから、朱子の『通鑑綱目』のように、歴史的要因を無視して、あらゆる過去の事跡を同一の基準（勧善懲悪）で裁くことが可能になります。この朱子学の論理に対して、徂徠は「時変ノコトワリヲ知ラズ百世ヲ一定シテ朱子通鑑綱目ノ如クニ論」（『経子史要覧』）ずと明確に批判していますし、なによりも徂徠の方法論的基礎となった古文辞学は、言語は時代よって変化するという認識からスタートしています。徂徠に歴史的相対性の認識があったことは、否定できない事実です。

たしかに、徂徠は、五倫および士農工商という封建的秩序を先王＝聖人の作為によるとすると同時に、それをいかなる時代にも適用すべき基本的秩序原理として承認していました。他方、徂徠は、

「去共《されども》礼楽制度一タビ定マレハ、数百年ノ後ニハ聖人ノ制作ニテモ必弊生ジテ、コノ弊ヨリ世ハ乱ル、事」（『太平策』）と、時間経過の宿命論としか言いようがない程度ですが、歴史的相対性の認識をしめしています。これは、明らかに矛盾です（丸山はこれを、「退却」つまり先王＝聖人の超越性・絶対性の論理からの退却と表現しています）。丸山が紹介している尾藤二州からの「先王ののこした六経といっても、御成敗式目とおなじように人が作ったものにすぎず、聖人もたんに王朝開祖の君主にすぎないことになる」という批判（p.244）をうけることにならざるをえなかったわけです。

このように、徂徠の論理には不徹底なところや限界がありましたが、「五倫乃至《ないし》士・農・工・商という封建社会の基本的秩序も、それが『天地自然の理』ならざる限り、よし遠く先王の作為に基礎づけられようとも、他のあらゆる制度と同じく究極に於て『時間』の相の下に置かれる」（同）こと、そして、そのことによって「封建社会のための変革が封建社会に対する変革に転化しないための絶対的な保証」（同）は徂徠学の体系には見出すことができないということになります。まさに、徂徠学は、幕藩制の絶対性・永久性を否定するにとどまるという点で消極的とされるかもしれませんが、その論理には決定的な破壊性＝「魔物」をひそめていたというわけです。

つぎに、もう一つの「魔物」について検討しましょう。丸山は、この二つめの「魔物」について、封建的社会関係の「内面的価値を吸いとって内部から之を空虚にする」（p.245）と書いています。それは、さきにあげられていた規範の形式化・外面化の論理のことです。この論理が、「魔物」である理由を明らかにするには、すこし封建的社会の特質についての説明が必要です。

封建的社会関係すなわち身分制社会は、社会全体の身分編制——たとえば士農工商のような——だけで成立しているわけではありません。近世の日本でいえば、大名をはじめとする武士の家の内部編制、町や村における家を単位とした上下の序列、さらに家族のなかの上下の序列など、社会を構成するあらゆる単位、集団、組織に縦の序列が存在し、その序列を身分として意識する関係が支配しています。その縦の序列をきめる基準は、将軍大名など武家の場合は、石高および武家官位制による位階・官職であり、武士一般は基本的に石高で表示される奉禄や家格であり、主従関係です。商家の場合であれば、主人と使用人の関係は、主従関係と意識され、番頭・手代・丁稚《でっち》という身分序列に編制されています。また、村においても、百姓身分のなかに大人《おとな》・平・小前（地域によって呼称は変わります）などの階層性があります。たとえていえば、封建社会は、社会全体が一つの大きなピラミッドで、そのなかに幾層にもそれぞれの身分に応じた小さなピラミッドが「入れ子」状に組み込まれているようなものと考えてください。そして、その大小さまざまなピラミッドは、身分・階層・地域ごとに閉鎖的に組織されると同時に、同一の人間関係の原理（たとえば「五倫」）によって構成されており、それが相互に支え合う構造になっています。また、その社会を構成する人間が、その構成原理を道徳・倫理規範（「五常」）として内面化しているときにその社会秩序は安定することになります。

このような封建社会の構造を、丸山は、「内在的価値の階層的体系」（p.245）と称し、「全社会秩序の価値が個々の閉鎖的な社会圏に個別的に内在し分散し、それによって夫々《それぞれ》の社会圏が全秩序の不可欠の担い手となっている」と述べています。

ここで、『大学』の「修身斉家治国平天下」という命題を思いだしてください。修身という個人の道徳的修養が、そのまままっすぐに平天下までつながっているのは、ここで述べてきたような封建制の社会構造とみごとに対応しているわけです。朱子学の自然的秩序観は、その究極的真理としての「理」が全宇宙に貫徹しているとすることによって、もっとも体系的かつ徹底的な封建制のイデオロギーを提供してきたといってよいでしょう。

封建制の構成とそれにもっとも適合したイデオロギーを以上に述べてきたように理解すると、第二の「魔物」の正体が明確にとらえられます。自然界から人間の内面まで貫徹するとされている「理」の観念が否定され、あらゆる規範が聖人という特定の人格の創造物とされること、それを丸山は、「規範の形式化、外面化」といっています。規範が、人間に内在する本然の性（理）によって基礎づけられるのではなく、人間を超越した絶対者の意思にのみ根拠づけられるわけですから、規範は人間の内面とはなんのかかわりもなく、人間の外側から決定されたものとして与えられることになります。これが外面化ということの意味です。さらに、規範が規範でありうる根拠は、その内容がいかなるものであれ、絶対的存在が決定したという事実にあるとすれば、規範の妥当性の根拠は絶対者の決定という形式だけにあることになります。内容ではなく、決定したという形式だけが意味をもつという点で、それは形式化といわれるわけです。

それでは、そういう「規範の形式化、外面化」は、封建的秩序に対していかなる意味で「魔物」として作用するのでしょうか。さきに述べたように、封建的秩序は、社会のあらゆる単位に規範的価値が内在していることによって成立しているわけですが、その単位である各レベルの組織あるいは小社会およびその構成員たる人間の内面から規範的価値を奪い取って、それを絶対的人格にのみ独占させてしまえば、単位社会はそれ自身の自立する根拠を奪われることになります。封建的秩序の基礎を構成する単位社会の価値的自立性が失われることが、全社会秩序の崩壊をみちびくことは、すでに明らかにしたような封建社会の構造的特質からして必然的なことといわざるをえません。もちろん、「規範の形式化、外面化」が、ただちに秩序の崩壊をもたらすわけではありません。また、五倫五常というような倫理規範が、実質的な有効性を喪失するということでもありません。あくまでそれは、思想上のことであり、論理的な可能性にとどまります。しかし、論理的可能性としてであっても、封建的秩序と倫理規範の成立の根拠が、自然と人間の内面から切断されたことによって、確固たる安定性を失い、次第に現実の秩序そのものが崩壊にむかうようになることは否定できないといってよいでしょう。これが、第二の「魔物」の正体です。

以上のように、徂徠の「作為」の論理には、封建的秩序を根底においてゆるがす力を秘めた二つの「魔物」が仕込まれていました。この徂徠の論理について、丸山は、デカルトの超越的絶対的神の観念、ホッブスの「権威が法をつくる」というホッブスの法実証主義の二つの要素をふくむものとして高く評価し、「その封建社会に対する『危険性』をヨーロッパ絶対主義に比して些《いささ》かも減ずるものではない」(p.246) と断言しています。たしかに、徂徠の論理を、封建社会への危険性という政治的帰結にむけて推論を重ねて解釈すれば、ホッブスやデカルトに比することもできるかもしれません。しかし、その哲学とくに人間それ自身に対する透徹した体系的考察という点で比較した場合、徂徠といえども大きな落差があることも事実です。その意味で、丸山の徂徠評価は、過大であるといわざるをえないと思います。ただ、近代、それもヨーロッパ近代批判が声高に叫ばれ、日本主義が高唱される当時の時代状況への反発が、そのような過大評価を招いたと考えられるということも指摘しておきます。

それはともかく、丸山は、徂徠の「魔物」をさらに展開した事例として、徂徠の弟子太宰春台の議論をあげています。丸山は、「凡《およ》そ聖人の道には、人の心底の善悪を論ずること、決して無き事なり。聖人の教《おしえ》は外から入る術なり。身を行ふに先王の礼を守り、事に処するに先王の義を用ひ、外面に君子の容儀を具へたる者を君子とす。其の人の内心は如何にと問はず」という『聖学問答』をはじめ、春台の著作からのいくつかの言葉を引いて(p.247)、五倫五常のような儒教規範が、人間の内面性と完全に切断されるにいたった状況を指摘します。そのうえで、その切断が、規範の拘束力を弱め、やがて「内的自然性の全能へと導く」と、つぎの思想史的展開の方向をしめしています。つまり、倫理規範が人間の内面性から切断されたとき、外から倫理規範を守っているようにみえればいいのだといってしまえば、外面だけをかざればよいというニヒルな態度を容認することになるわけで、そのようなニヒルな態度をとる者にとって規範の拘束力は弱まらざるをえないでしょう。また、その切断は、情や欲として否定されてきたものを人間に本来自然にそなわっている性質としてその全面的な解放へと向かう可能性をきりひらきます。その可能性が現実に主張されるようになることを「内的自然性の全能」と、丸山はいっているわけです。

ここで「内的自然性の全能」といっているのは、のちに論じられているように安藤昌益や本居宣長の思想の特質をさしていますが、それを論じる前に、丸山は、作為の論理の政治的機能と日本近世におけるその展開の限界について、さらに論点を整理しています。丸山が指摘する政治的機能は、「封建的秩序の変革、新秩序の樹立の論理的武器たりうること」（積極的作用）と「封建的社会関係及びその観念的紐帯（五倫、五常）から実質的妥当根拠を奪って之を形骸化すること」（消極的作用）の二つです（p.247-8）。その二つのうち、日本近世思想史においては、消極的作用すなわち封建的社会の「胎内に喰い入って之を内面から腐食しつづけ」（p.248）ることになった、あるいはとどまることになったと、丸山は思想的限界のあったことを指摘しています。そして、その限界を規定した要因として、近世後期社会は、経済的に衰弱し、一揆・打ちこわしの頻発にみられるように解体過程をたどっていたにもかかわらず、「新たなる生産様式を担う勢力」（産業資本家）が十分に成長できなかったことをあげています。この丸山の議論は、これまでも指摘してきたように、下部構造的要因に原因を帰着させるという欠陥のある議論です。ここでもその議論に深入りすることはしませんが、当時の丸山の議論に不十分さがあったことだけは指摘しておきたいと思います。

「自然世」の論理からの思想的抵抗——安藤昌益

「自然」を拠りどころにした思想的抵抗の最初の例として検討されているのは、東北地方の一隅にあって、徹底した封建制批判を展開した安藤昌益の思想です。安藤昌益は、いまでこそ全集（農山漁村文化協会刊、全二一巻・別巻一）が刊行され、教科書にも登場するほど有名な思想家になっていますが、丸山が論文を執筆していた当時は、まだまだ「忘れられた思想家」（カナダ人の日本近代史研究者ハーバード・ノーマンが、一九五〇年に同じタイトルの岩波新書を出しています。それが、戦後、昌益を広く知らしめるきっかけになりました）でした。昌益は、その「過激」な思想ゆえに、その著述も世に知られることなく少数の弟子のあいだに伝えられただけで、明治の末に狩野亨吉《こうきち》（一八六五～一九四二）によって、偶然古書店から手に入れた反古のなかからその著述が再発見されるまで忘れられていました。さらに、再発見された著述も、関東大震災の被害にあい、主著の稿本『自然真営道』九二冊のうち一二冊（のちに別のところから三冊が発見された）を残して焼失するという悲劇にみまわれました。したがって、先行研究としても狩野亨吉の論文と狩野に協力して研究を進めていた渡辺大濤《だいとう》（一八七九～一九五八）の『安藤昌益と自然真営道』、三枝博音《さいぐさひろと》（一八九二～一九六三）、永田広志（一九〇四～四七）などの論文くらいしかなく、資料的にも限界がありました。実際、丸山は、参照できた原典は、東大図書館蔵稿本『自然真営道』一二冊と刊本『自然真営道』（この三巻本は、現在の研究では、昌益の比較的初期の著述で、思想としては未成熟な点が少なくないというのが定説になっています）および渡辺の前述の書中の引用だけであったと注記（p.264）しています。そのため、引用には出典がしめされていませんし、丸山の昌益論にも、いくつかのまちがいや不十分な点がみられます。しかし、ここでの論及は、論旨にかかわる点のみにとどめておきたいと思います。

さて、その昌益ですが、確実な資料に登場するのは、延享元（一七四四）年以後のことで、同三（一七四六）年の八戸藩の人別帳によって、四四歳であることが知られています。出生地は不明ですが、出身は秋田県大館市の仁井田で、代々つづいた豪農の家系であったようです。一七四四年まで、どこで、どのように成長し、どのような学問を身につけたかは、昌益の著述に現われる断片的な情報から推測するしかありませんが、京都や長崎とも関係があったと推測されています。職業は医者であったことは確実ですが、どういう学統に属したのかなどはいっさい不明です。著述を読むかぎり、医学、儒学、仏教、老荘など広範な知識・教養を身につけていたことはまちがいありません。世代的には、荻生徂徠と本居宣長のちょうど中間に位置しています。

そういう昌益を論じるにあたって、丸山は、享保の改革以後の時代状況の概説からスタートします。そこで語られているのは、これまでも指摘してきたような典型的な近世像です。いわく、頻発する一揆・打ちこわし、横行する間引き、飢饉の上に加重される領主の苛斂誅求《かれんちゅうきゅう》、人口の八割以上を占めたとされる農民の困窮。このような状況認識が近世中期の実態を確実にとらえているかどうかについては、これまで指摘してきたように問題があるといわざるをえません。

しかし、問題は、もう一つあります。昌益の思想の中核的概念の一つである「直耕」という概念を導きだすにあたって、そのような時代状況を前提にしているという点です。たしかに、一般的にいって近世中期の農民、とくに昌益が接していたであろう東北地方の農民のおかれた状況が、それほど楽なものでなかったことは疑うことはできないかもしれません。昌益が、丸山の状況認識と同じような認識をもっていたかもしれません。しかし、そのことが、ただちに「直耕」という概念を発想させたかのような論じ方は、問題があります。基底還元論——思想を下部構造といった実体的概念あるいは個人的体験から説明してしまう発想——を否定した丸山らしくない議論の仕方ではないでしょうか。丸山の論法を借りて丸山を批判しているようで気がひけますし、「直耕」概念の発想の源について十分な説明ができていないにもかかわらず、あえていうべきでないかもしれませんが。それはそれとして、丸山が、まず「直耕」という概念に着目したということは正しいと思います。たしかに、昌益の思想は、「直耕」を起点にして展開されているからです。

昌益は、「直耕」に対して「不耕貪食」という概念を対置して、彼の生きた時代状況を把握しようとしています。「直耕」とは、まず、直接みずからの肉体を動かして土地を耕すことと理解しておきましょう。「不耕貪食」とは、みずから耕さずして、直耕する衆人の労働の結果をただむさぼり食うだけの行為をいいます。そのような行為をしている最たるものは、昌益によれば、君主であり、その配下たる武士です。彼らは、みずから何も生産せず、衆人をおどして、その直耕の成果を奪い、あまつさえ、「仁政」と称して衆人に恩恵をたれているような顔をしている。そういう〈支配 - 服従〉の関係によって成立している社会を、昌益は「法世」とよび、そこにいっさいの害悪の根元を見出しました。そして、その「法世」をもたらしたものこそ聖人であって、昌益の批判の矛先はなによりも聖人にむけられることになります。昌益の著述『自然真営道』、『統道真伝』には、きびしく、辛辣な聖人批判の言葉が枚挙にいとまないほどみちあふれています。

丸山が引用している（p.256）ところ以外の言葉をいくつか紹介してみましょう。「伏羲・神農・黄帝・堯帝・舜帝・禹王・湯王・文王・武王・周公・孔丘、世世十一人ノ聖人、九マデ上ニ立チテ帝王ト為リ、五常・五倫・四民ノ政事ヲ立テ、民ヲ慈シミ、種種ノ教ヘヲ為スコト、……皆、己ヲ利シ、推シテ上ニ立チ、栄花ヲ為ス、私制ノ法言」（『稿本自然真営道』「私法儒書巻三」、昌益は法を「こしらへ」と読ませているので、最後の一句は、「わたくしごとで勝手に作った虚偽」という意味になります。なお、以下、昌益の引用は農山漁村文化協会刊『安藤昌益全集』による）とか、「聖人ハ不耕ニシテ、衆人ノ直耕・転業ノ穀ヲ貪食シ、口説ヲ以テ直耕・転職ノ転子ナル衆人ヲ誑《タブラ》カシ、自然ノ転下ヲ盗ミ、上ニ立チテ王ト号ス」（『統道真伝』、昌益は、「天」の字に「転」をあてる）という具合です。さらに、『統道真伝』では、聖人について五逆十失（五つの罪悪と十の誤り、支配、不耕貪食、欺瞞的思想、蓄妾、刑罰、階級制度、商売など）を数えあげ、その罪を糾弾しています。

丸山は、このような昌益の聖人観について、徂徠の「作為の論理」の残響を聞きとっています。まさに、評価は正反対ですが、制度・文物は聖人が作ったと認識している点では、徂徠の論理と昌益の論理は完全に一致しています。昌益が、徂徠の学問をどのように学んだかは明らかではありませんが、徂徠を重視していたことは、『稿本自然真営道』から、丸山が引用している（p.257および注10）とおりです。その引用は、二か所とも『稿本自然真営道』第二四「法世物語ノ巻」からの引用ですが、そこで世世の聖賢学者として名があげられている日本の学者は、羅山と徂徠のみであり、二度も言及されているのは徂徠だけです。また、この「法世物語」は、鳥や獣が「法世」のありさまについて問答するという風刺文学といってよい形態をとっており、大衆啓蒙を目的とした表現であることも考慮にいれると、徂徠がいかに重視されていたかがわかると思います。

昌益の「法世」批判の根拠は、「直耕」という概念をたてたところにありました。昌益は、万人が直耕して、支配・服従の関係もなく、不耕貪食の徒もいない、平等にみずからの労働の成果を享受しうる世界を「自然世」と名づけ、聖人が登場する以前の世界がそうであったとすると同時に、それこそが人間本来の活動にもとづいたあるべき世界の姿であると主張しています。それは、過去にあったたんなるユートピアではなく、本来の自然の運動に合致した世界でもあるということです。したがって、「直耕」という概念は、人間にとっては土地を耕すことを基本とした生産労働をさしますが、それは自然界全体の運動をさす概念としてもつかわれます。むしろ、人間の「直耕」は、自然界全体の「直耕」の一部を形成しているにすぎないと認識されているといったほうがよいかもしれません。

昌益は、『稿本自然真営道』の「大序」において、「日月ニ気和シテ転（天）ニ回《めぐ》リ、降《くだ》リテ定（地）ヲ運《はこ》ビ、八気、互性ヲ備《そな》ヒテ、進気ハ四隅《しぐう》、退気ハ四方ニシテ、四時《しいじ》・八節《はっせつ》、転ニ升《のぼ》リ、升《しょう》降《こう》、央土《おうど》ニ和合シテ通《つう》・横《おう》・逆《ぎゃく》ヲ決シ、穀《こく》・男女《だんじょ》・四類《しるい》・草木《そうもく》、生生《せいせい》ス。是活真、無始無終ノ直耕《ちょっこう》ナリ」と書いています。昌益独特の言い回しで理解しがたい表現ですので、『全集』の見事な現代語訳をあげると、「活真の気は、太陽と月の運行とともに天空をかけめぐり、降って大海の潮をはこぶ。八気は相互関係をもちながら、進気は北東・南東・南西・北西にはたらき、退気は東・西・南・北にはたらいて、四季や初春・晩春など八季節を生じ、天に昇り、昇ってはまた降り、中央にある大地と結合し、そこで『通横逆《つうおうぎゃく》』という運行方式をとって、穀物・人間男女・鳥獣虫魚・草木をつぎつぎと生み分けていく。これが活真の永遠無限の生成活動である」となります。つまり、天地万物は、「活真、無始無終ノ直耕」を本質としており、穀物を生みだす人間の「直耕」も、その一環をなしているということです。

ここにみられる発想は、天地万物あるいは自然の総体は運動――この運動を、昌益は「活真自行」といいます――して止むことのない自己運動であるという、きわめて動態的な発想です。そういう発想からすれば、理とか気のような抽象的な概念を固定的に設定する朱子学的発想を否定するのは当然といえます。それどころか、老荘思想をもやり玉にあげています。さきにあげた「大序」で、老子や荘子が「大道廃《すた》れて仁義起こる」といったり、聖人を「大盗」としたりしているのは、聖人をそしることはなはだしいが、自分たちが不耕貪食して、転道をぬすんでいることを自覚していない点では、聖人と同罪であると批判しています。そのうえで、昌益は「予《われ》、転定一体、男女一人、自然・互性ノ妙道ヲ以テ上下・二別無キノ言ヒハ聖人ヲ謗ルニ非ズ、自然・活真・互性ノ妙道ヲ見《あらわ》スノミナリ。聖人、上下・二別ノ私法ヲ立ツルハ、偏知ニシテ、互性ノ真道ヲ知ラザル故ナリ。何ゾ之ヲ謗ルニ足ラン」と、自分の見解を述べ、問題の本質が「上下・二別ノ私法」（これを「二別ノ教門」ともいっています）をたてたことにあると指摘しています。

「上下・二別ノ私法」とは、本来、対立・矛盾しているようにみえても、相関し、不可分に結合して運動している（この運動する相関関係を、昌益は「互性」という言葉で表現しています）実態を、二つに固定的に分離し、上下の差別をつけることをいいます。天地・貴賤・尊卑・君臣・父子・男女・生死・善悪・明暗・軽重・清濁など、世界を固定した二項対立の図式あるいは論理のなかに落とし込んでしまう発想が、聖人作為の根底にあると昌益は論じているわけです。昌益にとって、大道＝規範に対して無為自然を対立させる老荘思想も、「二別ノ教門」におちいっている点では同じだということになります。そして、昌益は、仏教や神道、さらには医学までも批判の俎上にのせていますが、その批判の基本的発想は同じです。この「二別ノ教門」は、世界を認識する方法としてまちがっているばかりではなく、世界に対立と抗争をもたらす原因にもなっていると、昌益は主張します。なぜなら、善悪を排他的かつ固定的な対立関係におくことによって、どちらか一方が他方を完全に抹殺する以外には対立関係を消しさることはできなくなるからです。

こういう昌益の議論を読むと、神と悪魔、正義と不正義という二項対立の論理によって動かされている現代の政治の貧困が思い起こされてなりません。正義の戦いであるはずの「対テロ戦争」があらたなテロを呼び起こしてしまうという矛盾のなかでわれわれ現代人は生活しているのではないでしょうか。二項対立的発想から、どのように脱却できるのか、われわれに課せられている問題は、深刻かつ重いといわざるをえません。

閑話休題。丸山の昌益論にもどります。昌益は、「二別ノ教門」を批判する根拠として「互性」という概念を提示します。「互性」とは、『全集』別巻の用語解説によれば、「互に対立し、かつ依存する二つの要素が、相手の性質を内包しあい、規定しあい、『性ヲ互ヒニス』ることで一つの事物の働きをなす、対立と統一と転化の矛盾関係・矛盾運動のこと」をいいます。昌益は、たとえば生死についてつぎのように述べています。「生死ノコトハ、無始無終ナル活真ノ自行、進退・互性ハ生死ナリ。活真進メバ生ナリ、退ケバ死ナリ、生ノ性ハ死ナリ、死ノ性ハ生ナリ。生死ハ互性ニシテ無始無終ナリ。故ニ転定モ生死ナリ。日月モ生死ナリ。回ト星モ生死ナリ。穂穀《ほこく》・莢穀《きょうこく》モ生死ナリ。男女モ生死ナリ。雄雌モ生死ナリ。（以下、さまざまな事象があげられていますが省略します）」と。要するに、生死というもっとも対立すると思われる現象ですら「対立と統一と転化の矛盾関係・矛盾運動」としてとらえられるとすれば、他のあらゆる対立するかにみえる現象も「互性」の相のもとにとらえられるということです。

「互性」の概念については、これ以上うまく説明する言葉が思いつかないので、これくらいにしておきますが、その思惟方法の特徴を、丸山は、「一種の機能主義的論理」（p.259）にあるとみています。その思惟方法は、ものごとを具体的作用（機能）から切り離して、その背後になにか抽象的・固定的実体あるいは観念——朱子学における理や気という観念を思いだしてください——を想定する発想と対極にたちます。その「互性」の原則が認識されず、「具体的統一が『分別知』の抽象的対立に変じたところ」(p.261) から、人間社会の「自然世」より「法世」への転換がはじまる。「二別ノ教門」こそ、〈支配 - 服従〉関係を生みだす元凶だというわけです。

こうして、「法世」と「法世」をもたらすに至った聖人作為の論理を否定した昌益は、人間社会本来の姿である「自然世」への回帰を主張します。「無欲、無上・無下、無尊・無賤、無富・無貧、無聖・無愚、無盗・無刑、無貪、無知・無説、無争・無乱、無寛・無楽・無苦、無色、無軍・無戦、無事・安平ノ世」これが「自然世」です。その具体的様相については、丸山が二六一ページから二ページで長々と引用しているとおりです。

以上のような昌益の思想は、「自然」から「作為」へという丸山の思想史展開の枠組みのなかでどのように位置づけられることになるのかを検討しておきましょう。

丸山は、昌益の思想を、「江戸幕府開けてより百五十年、茲《ここ》にはじめて近世封建社会は奥羽の僻地に生れた一思想家のうちに、ささやかな——しかしその内容に於ては徳川時代を通じて比を見ぬ程徹底した——敵対の声を聞くこととなった」(p.262) と高く評価(「ささやかな」というのは、社会的影響の範囲をいっているのであって、思想内容についていっているわけではありません。念のため)したうえで、つぎのように書いています。すなわち、「近世初期の朱子学乃至朱子学的思惟に於ては封建的階統制はそれ自体『古《いにしえ》モ今モ天地ノ間ニアル』自然的秩序であった。しかるにそれが徂徠学に於て聖人の作為に根拠づけられるに至って自然的秩序は封建社会から疎外された。安藤昌益はまさにこの阻害された『自然』をもって聖人の『作為』としての封建社会を否定したのであった」（同）と。

こうした昌益の思想を徂徠学の前提の延長上に位置づけるという見方は、昌益の独自性と画期性を強調する熱烈なファンからはきびしい批判を浴びるかもしれません。徂徠学の論理は、なによりも昌益が批判した聖人による「二別ノ教門」をたてる論理そのものですし、徂徠学をどのように学んだかすらはっきりしていないわけですから、批判が出るのも当然といえば当然でしょう。しかし、問題はあくまで論理の上にあります。敵対する思想家によって、批判すべき論点が明確になってくることもすくなくありません。その意味で、徂徠学が、昌益にとって、否定すべき論点を明確にし、自己の思想の論理を構築する前提となっていたとすることは、まちがってはいないのではないでしょうか。また、すぐれた思想家は、敵対者からこそもっともよく学ぶものだ、ということも申し上げておきたいと思います。

さて、丸山は、昌益の思想を論じる最後に、その思想的限界について指摘しています。「法世を自然世に転換さすべき主体的契機は一切の『人作説』に対立する彼の理論のなかには見出されない」（p.263）とか、「『直耕』という自然世に於ける論理はあっても自然世を齎《もた》らす論理は出て来ない」（同）と書いているのがそれです。もちろん、丸山は、その限界について、昌益という急進思想家に課せられた「歴史的社会的条件」のきびしさを指摘することをわすれているわけではありません。しかし、この点は、もうすこし検討する余地がありそうです。医者であり、思想家であった昌益に「革命家」でもあることを要求している、つまり、ないものねだりに近いような感じもしますが、それよりも「主体的契機」にかかわる問題です。昌益は、自然世への転換を実現する主体として「正人」の出現を期待していました。「聖人」ではなく、「正人」すなわち活真自行の原理を理解・体得した人間の出現を、です。丸山が、「法世の打倒による自然世の回復について論ずる代りに彼が詳細に述べた」(同)とあまり評価していない「私法盗乱ノ世ニ在リナガラ自然活真ノ世ニ契《カナ》フ論」のなかで、昌益は、「後後年ヲ歴《ふ》ル間ニ、正人、上ニ出ヅルコト之レ有リ、下ニ出ヅルコト之レ有ル則《とき》ハ、無盗・無乱・無迷・無欲、活真ノ世ニ帰スベシ」と、「下」いいかえれば直耕する衆人のなかからも「正人」が出現する可能性を、たとえはるかな未来であったとして認めています。

たしかに、昌益の「自然活真ノ世ニ契フ論」の大半は、武士や儒者・僧侶・神官あるいは遊民に土地を与えて直耕させろとか、華美な生活の禁止とか、徂徠の武士土着論とそれほどちがいがないようなことでしめられています。しかし、徂徠の土着論と決定的に異なるのは、徂徠が武士を土着させることによって村落住民を完全に掌握することを構想していたのに対して、昌益は直耕させること自体に意味を見出していた点です。また、昌益は、直耕する衆人が構成する村落に一定の自律性を認めていました。それを、昌益は、「邑政」という言葉で表現しています。直耕する衆人が行なう「邑政」から、「正人」が出現する論理を昌益が展開しているわけではありませんから、過大に評価することはできませんが、法世から自然世への転換を担う主体の問題に発展させる可能性は、まったくなかったとはいいきれないと思います。すくなくとも、そういう可能性に丸山がまったく言及していないのは、残念な気がします。それは、丸山が、社会契約説とその理論を形成せしめる基礎となったブルジュア階級の台頭という西欧の「歴史」にとらわれていたせいであるといったら、丸山ファンからの批判をまねきそうなので、昌益についての検討はこのくらいにしておきます。

「内的自然」の論理からの思想的抵抗——本居宣長

宣長の思想を、自然から作為へという思想史的文脈のなかであつかうにあたって、丸山は、「国学の複雑な構成内容に於てその現実的な政治社会思想は最も脆弱な一環を構成しているといってもさしたる過言ではない」（p.266）とし、さらに宣長についても、その政治的「見解は概ね当時の常識的政治論の水準を多く出ていない」（同）と、ほとんど評価していません。にもかかわらず、宣長の思想を、政治思想史上の問題として検討しようとする意図はどこにあるのでしょうか。その意図は、「逆説的ではあるが国学はその本質的性格が非政治的であるが故にこそ、換言すればその封建社会の肯定が非政治的立場からなされているというまさにその事に於て、かえって一つの政治的意味をもちえたのである」（p.268）という一文にしめされています。これは、政治というきわめて即物的行為を、美意識や心情の世界の問題に還元し、そのことによって天皇制ファシズムあるいは超国家主義にからめとられることになった日本浪漫派に対する批判を念頭においた議論だと思いますが、まず丸山の宣長論を追っていくことにしましょう。といっても、宣長の思想については、すでに前章において論じられていることですから、ここでの説明は、できるだけ重複をさけた簡潔なものにとどまることをおことわりしておきます。

国学の出発点は、古代文学の文献学的研究にあり、その研究の結果、後世の精緻な、それゆえにわずらわしい理論およびその理論によって裏づけられた倫理道徳の強制のない、心情のままに素直におおらかに生きる古代の人間の姿を見出したことにあります。その素直なおおらかな心情を、人間の「内的自然」として肯定し、「もののあはれを知る心」として人間から奪うべからざる本質にまで高めたのが宣長です。しかし、宣長は、その「内的自然」を、人間がなすべき当為として規範化することを拒否しました。当為として規範化すること自体が、作為的強制をもたらすことになり、それは自然に反することになるからです。それでは、「内的自然」が人間の本質であることを保証する根拠はどこにあるのでしょうか。宣長は、その根拠を「超人間的な絶対的人格」である神、より正確にいえば、日本の古典にその事跡がしるされた神々にもとめました。丸山の言葉では、「神の作為した自然」という立場です。

そういう立場にたってしまえば、この世でおこるどんな出来事もただ黙って受け入れるしかないことになります。古代には、どんなに穏やかで、楽しく暮らせる生活があったとしても、その生活が、後代に「漢心」の浸透によってかきみだされることになったとしても、それはすべて人間を超越した神々の「御《み》しわざ」の結果であって、人間の「私智（さかしら）」ではどうにもすることができないことです。高皇産霊・神皇産霊二神や伊邪那岐・伊邪那美、天照、さらには禍津日、直毘などの諸神が、宣長の論理のなかでどのような役割を担わされていたかについては、すでに述べてきたのでくりかえしませんが、古代にあった理想的社会に無理にひきもどそうとすることも、これら諸神の「御しわざ」にさからうことになるとして否定されます。

この宣長の神の所為への絶対的帰依の論理は、どういう政治的態度に帰結することになるでしょうか。その答えはこうです。「されば今の世の国政は、又今の世の模様に従ひて、今の上の御掟にそむかず、有来りたるままの形を頽《くず》さず、跡を守りて執行《とり》ひたまふが即ちまことの道の趣にて、とりも直さずこれ、かの上古の神随《かんながら》治め玉ひし旨にあたるなり」（『玉くしげ』）と、現状を無条件にうけいれよ、という主張に帰結することになったわけです。そして、この論理は、一見、「今の世の国政」の絶対性を主張しているようにみえますが、それは、神の「御しわざ」の結果である限りそういえるのであって、神の「御しわざ」が変わって、別の「国政」が登場したとしても、それもまた神の「御しわざ」として絶対服従を要求することになります。

また、宣長のいう「今の世の国政」すなわち、幕藩制という具体的制度については、「今の御代と申すは、まづ天照大御神の御はからひ、朝廷の御任《ミヨサシ》によりて、東照神御祖命《アヅマテルカミノミオヤノミコト》より御つぎつぎ、大将軍家の天下の御政をば敷行《しきおこな》はせ玉ふ御世にして、その御政を又一国一郡と分て、御大名たち各これを預かり行ひたまふ御事」（同）という「御任（みよさし）」という論理によって正統化しています。この「御任」という論理は、一種の大政委任論ですが、宣長は委任の事実——もちろんそんな事実はありませんが——を根拠にしているわけではありません。宣長は、天孫降臨の際、天照が降臨しようとする皇孫に「地上世界を統治せよ」と命じた「事依（ことよさし）」の「故事」になぞらえて、東照神君すなわち徳川家康に皇孫の子孫である天皇から委任があったかのように論じている、ないしは家康による政権掌握を「神意」によるものとみたということを「みよさし」という言葉で表現しているにすぎないとみるべきでしょう。したがって、この論理は、明らかに「あとづけ」の論理であって、権力者が替わっても、また同じ論理がその権力を正統化するために使われることになるわけです。

さて、以上のような「内的自然」の立場から時の権力への絶対的服従を説くにいたった宣長の思想と、徂徠の「作為」の論理との連関について、丸山がどのように論じているかをみてみましょう。丸山は、宣長の主張について、「現秩序に対する反抗が否認されると同時に、その絶対性の保証もまた拒否される」（p.272）とか、「第一義的なのは『神のしわざ』それ自体であって、その所為の内容ではない。内容としての封建制は肯定されることに於て同時に否定される」（同）と述べています。すこしばかり逆説をふくんだ難解な表現ですが、現秩序すなわち封建制は、朱子学の自然秩序思想のように自然界と人間界をつらぬく究極の真理である「理」によってその絶対性と永遠性を保証されるものではなくなったということです。なぜなら、それは神の所為であるという一点に根拠づけられており、神が作ったという形式——神がいかなるものを作るかについては、人間はいっさい関与できない——にのみ依拠しているからです。ひらたくいえば、神の気が変わって別の制度を作ったとしても、それはそのまましたがうしかないということです。「拒否」とか「否定」というのは、そういう意味でつかわれています。この現秩序を位置づける仕方＝論理構成は、宣長の神を徂徠の聖人におきかえても、そのままあてはまります。それを丸山は、「宣長の神と徂徠の聖人との体系的地位の類似は掩《おお》うべくもない」（p.273）といっています。

そのうえで、丸山は、両者の思想について、その形成動機および内容の相違を論じます。徂徠の作為の論理は、徹底的に政治支配の観点＝上からの観点につらぬかれており、個人の「内面の自由」はその反射として現われてくるのに対して、宣長にあっては、「内面的心情」の世界こそが第一義的位置をしめており、その心情の純粋性をつらぬくために「神のしわざ」＝神の作為という論理を構成したというのが、丸山の分析です。この論理構成においてきわめて類似した、しかし動機・内容において正反対の方向をしめす二人の思想を、徂徠の絶対主義的支配の主張を宣長が被支配的地位から仰ぎみるという裏腹の関係にあると丸山は位置づけています。

こういう両者の関係には、まださきがあります。すでに述べた徂徠の作為の論理がよびだした「魔物」がどうなったかということです。丸山は、「すべて下たる者は、よくてもあしくても、その時々の上の掟に従ひ行ふぞ、即ち古《いにしえ》の道」（『初山踏』）と「下たる者はただよくもあれあしくもあれ、上のおもむけにしたがひをる物にこそあれ」（『玉勝間』）という二つの文章を引き、「よくてもあしくても」、「よくもあれあしくもあれ」という言葉に強調の傍点を付して注意をうながしています。それは、その言葉にあの「魔物」とくに第二の「魔物」（規範の外面化・形式化）のすがたが明瞭に現われてきたと、丸山がみたからです。

宣長の主張は、よかろうがわるかろうが、上が定めた掟にはだまってしたがいなさい、ということです。つまり、掟の内容が問題ではなくて、だれが作ったのかだけが問題であって、それが「上」つまり支配者（近代の用語では主権者）が定めたという形式だけが、被支配者を服従させる根拠になるというわけです。この宣長の言葉を、丸山は「秩序の妥当性が純粋に主権者の形式的実定性に由来し、その内在的価値——真理性乃至正義性——と全く無関係だというホッブス的実証主義」（p.274）を表わすものだと断じています。そこまで断定できるかどうか、問題なしとはしませんが、宣長が、徂徠学に「思われざる結果」として現われた「規範の外面化・形式化」——徂徠は、五倫五常のような倫理規範の真理性・実質的価値への信頼を依然として維持していた——の論理をより明確化したとはいえると思います。

「自然」から「作為」へという文脈で宣長の思想を分析してきた丸山は、「東照神《あずまてる》の命の安国《やすくに》と鎮めましける御世は万代《よろずよ》」という宣長の当代をたたえる歌をひきながら、その当代賛美の背後で、国学の「思惟構成を通じて『作為』の論理は既に不気味な発酵を開始しつつあった」（同）と宣長論をむすんでいます。

第*18*講

内憂外患時代の思想状況

近世後期の「状況と思想」

さて、昌益と宣長の「自然」による「作為」への「反撃」について論じてきた丸山は、一八世紀後半以後の政治・社会情勢を検討しつつ、徂徠が切り開いた「主体的作為」の論理の展開の先を追っていきます。その考察をすすめるにあたって、丸山は、ドイツの社会民主主義者であり、法哲学者であるラートブルフからの引用からはじめています（p.276）。その引用の意味は、「理念は、利益から生まれる。しかし、それは生後、成長をつづけ、自分を生んだ利益から自立した力をもつようになる。それどころか、利益が、それを利用しようとする瞬間から、利益はそれにひきずられることになる。理念は独自の論理によって発展し、自分を生みだした利益に反する結論をみちびくこともある」ということです。この引用文中の理念に、丸山は、徂徠の「主体的作為」の論理を重ねています。前講で検討してきたように、動揺しはじめた封建制に確固たる基礎を与えようとして構想された「主体的作為」の論理が、一方で昌益という徹底した反封建思想を生みだし、他方で宣長という封建思想を内面から掘り崩す思想を登場させたわけですが、その過程は、まさにラートブルフのいうとおりの経過をたどったといってよいと思います。

それでは、昌益・宣長以後の展開はどうでしょうか。その点については、丸山の叙述の仕方は、それまでと若干印象が異なります。一人一人の思想家の論理や思惟様式を緻密かつ内在的に分析するというよりは、その提起する政策提案を状況との関連で叙述していくというスタイルになっています。その意味では、普通の通史的な叙述の性格が強くなっているといえますし、思想史としてみた場合、正直にいっておもしろみに欠けるところがあります。ただ、これは、丸山の分析に問題があるというよりも、検討の対象にしている思想そのものの性格によるところが大きいのではないかと思います。

一八世紀後半以後、幕藩制に内在していた矛盾は、ますます深刻の度合いを強めてきます。また、外部からの要因も無視しえないほど大きくなってきます。ここで、幕藩制に内在していた矛盾というのは、単純化していえば、農山漁村の「自然経済」に依拠しながら、武士の城下集住という都市化と都市生活において「貨幣経済」への依存が増大するという構造的矛盾がその一つです。もう一つは、徳川将軍家が、大名中の最大の大名として圧倒的軍事力と経済力をもちながら、その権力の正統性根拠を朝廷にもとめ、支配階級である武家の身分的秩序を石高という実力の論理と朝廷のもつ官位のシステムとの二重構造によって編制したという政治構造上の矛盾です。しかし、その矛盾は、矛盾として意識化されることはありませんでした。一応安定した政治支配――天下泰平――の実現は、幕藩制初期の儒学者たちに儒教的原理による封建的秩序の実現と「誤認」せしめることになりました。この幕藩制成立当初から内在していた矛盾こそ、徂徠をして、「主体的作為」の論理による改革を提起させる根元にあったもののように思います。

しかし、その矛盾は、一八世紀後半以後になってくると、支配体制の安定をおびやかすほどに激化してきます。災害・飢饉は頻発し、一揆・打ちこわしの数も増加し、規模も拡大し、もはや徂徠が構想した原始封建制への復帰のための改革も、その可能性はまったくなくなってしまいました。例によって図式的にすぎるとは思いますが、宝暦・明和・安永・天明以後の状況について、丸山が略述しているところは、おおよそそんなところでしょう。

外部からの要因というのは、いうまでもなく外国からの日本への接近です。その実態は、イギリス、ロシアなどの外国船が日本近海に出没し、日本との接触をもとめるようになってきたことと、外国からの情報の増大です。いうまでもなく、一八世紀後半、西洋列強は、東アジアにきそって進出しはじめていました。一九世紀にはいると、外国船出没の頻度が増すだけではなく、その要求も正式の通商をもとめるというようにレベルアップしてきました。西洋列強によるアジア・アフリカ地域の植民地化の情報もはいってきます。また、その背景にある軍事力、経済力、技術力の高さについての認識も次第に浸透していきます。蘭学が、西洋への関心の高まりとともに、新しい学問の潮流として明確にそのすがたを現わしてきます。もっとも、丸山は、この論文では、作為の論理の展開を追うという課題に限定して、蘭学それ自体についてはほとんど論じていません。したがって、これからの検討も、その角度からの分析に限定します。

いずれにしても、一八世紀後半以後、幕藩体制は、「内憂外患」になやまされる状況に突入していきます。そのような状況において、思想の世界の雰囲気にも変化がおこってきます。思想の基礎となる経典や主要な概念、論理に関する解釈や方法論についての綿密な考察・実証・批判――すでに検討してきた朱子学から徂徠学・宣長学への展開過程にみられたような思想史を思いおこしてください――を中心とした思想的営為から、転変する状況にいかに対応するかという状況的あるいは政策論的思考が優位になるという変化がおこったように思います。状況的あるいは政策論的思考は、当面の問題解決のための方策の提起を優先させることになりがちですし、そのため長期的視野や根本的視点を欠きがちになることは現在でも普通にみられることです。丸山が、分析の対象にした宝暦明和事件、寛政異学の禁という思想的事件、あるいは本多利明（一七四三～一八二〇）、佐藤信淵《のぶひろ》（一七六九～一八五〇）、海保青陵《かいほせいりょう》（一七五五～一八一七）などの思想には、時代状況への政策的対応の側面が優位しているという印象がぬぐえません。

もちろん、検討にあたいするほどの思想には、その背後に時代状況への真剣な対応の過程があることはいうまでもないでしょう。その意味で、あらゆる思想は状況的であるといえるかもしれません。しかし、概念を彫琢し、論理を研ぎ澄ませ、より根底的であろうとする「余裕」が思想家に与えられているか、どうかという問題があります。一般的にいって、状況がきびしさを増すにつれてそういう余裕はうばわれていくでしょう。もっとも、状況が本当にきびしさを増し、その状況を突破するためには、たんなる方策の提起にとどまることができなくなったとき、状況を突破する主体の問題が浮上してきます。幕末の開国以後の状況がそういう問題に直面することになったといえます。吉田松陰(一八三〇~五九)が直面したのは、まさにそうした主体の問題でした。

いろいろ丸山が書いてもいないことについて述べてきましたが、それは、さきに指摘したように丸山論文の調子が変化していることの原因を私なりに考えた結果ですので、ご容赦いただきたいと思います。ついでにもう一言だけいわせていただければ、思想と状況の関係において、状況が優位する、いい換えれば、思考が対策的になって状況の背後にあって状況を動かしている根底的なものにまでとどかないという傾向は、現代日本の思想状況においても克服されていないということです。その問題の根はどこにあるのかは、簡単には解明できそうもないほど深刻ですが、ここでも、問題の指摘にとどめておきます。

宝暦明和事件から寛政異学の禁へ

ところで、一八世紀後半におこった思想史的に注目すべき事件は、いわゆる宝暦明和事件と寛政異学の禁の二つです。丸山は、この二つの事件を「作為」の論理との関連において分析していますが、まず事件の概要の簡単な紹介からはじめます。宝暦明和事件は、幕末の尊皇運動の先駆けとして、戦前には歴史教科書にもとりあげられていましたが、「それは客観的に成熟した反幕運動というよりは、むしろ幕府自身の神経過敏が自ら事を大がかりにしたために、結果的に幕末勤皇運動の濫觴《らんしょう》となった如き観のある事件であった」(p.278)と丸山が評しているとおりで、実際には具体的な行動をともなわない、小さな事件でした。事件の経過は以下のとおりです。宝暦六(一七五六)年ころから、竹内式部が朝廷に出入りするようになり、一部の公家に『日本書紀』を講じたり、武術の訓練をしたという風評がたったりしたために、朝廷が幕府の意向をおそれ、式部を京都所司代に訴えたことが発端です。式部は、所司代の取り調べはうけたものの、結局、朝廷から追放という処分ですみました。ところが、明和三(一七六六)年、式部と交流のあった藤井右門と右門を寄宿させていた山県大弐が、江戸で捕縛されました。大弐が出入りしていた小大名の家中騒動を口実としたものでしたが、翌明和四年、大弐・右門に反幕の言動ありということで両名は死罪に処せられました。また、式部もこれに連座し、八丈島に流され、翌年そこで没しました。

　事件は、いかなる意味においても反乱をくわだてたわけでもなく、思想的扇動をこころみたともいえないほどのものでした。ただ、彼らの思想が危険性をはらんでいるとされ、それゆえに予防的に処罰されたというのが実態です。では、彼らの思想のどういうところが危険視されたのでしょうか。式部の場合、「糾問次第」にあるように「朝家之衰微を歎《なげき》申《もうし》候《そうろう》而《て》、武家繁盛をソシリ候」(朝廷のおとろえをなげいて、武家がさかえているのを非難した)という嫌疑をかけられたことにあります。この点は、大弐の場合には、もっと明確に主張されていました。大弐は、『柳子新論』（大弐が、柳子という架空の人物に託して、自分の見解をのべた書）において、まず、「我が東方の国たるや、神皇基を肇《はじめ》、緝熙《しゅうき》穆穆《ぼくぼく》、力《つと》めて利用厚生の道をなしたまふ。明明たるその徳、四表に光被すること一千有余年。衣冠の制を立て、礼楽の教を設く。……綿綿たる洪祉《こうし》、日に盛んに月に隆《さか》んなり。郁郁《いくいく》たる文物、三代の時に譲らざるに幾《ちか》し」（以下、『柳子新論』からの引用は、岩波文庫版による）と、皇祖がはじめ、代々の天皇が受け継いだ制度・礼楽さかんだった様子を、中国古代の理想とされた三代の世にも負けないほど立派だったとほめたたえます。そのうえで、保元・平治の乱（一一五六年および一一五九年）以後、朝廷がおとろえ、源頼朝が政権を奪って以来、「万機の事一切武断、陪臣権を専らにし、廃立その私に出づ。この時に当つてや、先王の礼楽、蔑焉《べつえん》として地を掃《はら》えり」と武家政治を非難しています。

この武家政治非難の根拠の第一に大弐があげているのは、官制において「名」と「実」が分離していることです。「それ文は以て常を守り、武は以て変に処するは、古今の通途にして、而して天下の達道なり。如今《いまのごとき》、官に文武の別なし。則ち変に処《お》る者を以て常を守る、固《もと》よりその所に非ざるなり」であり、武家が公家の官名を称し、「尊卑の序を失ふ」にいたってしまったということです（大弐は、この「尊卑の序を失ふ」という現象が、武家社会のみならず庶民も含んだ全社会におよんでいることも指摘しています）。この議論の基礎にあるのは、君臣の別を正すという名分論であり、徳にもとづいた王道政治を理想とし、武力による統治＝覇道を例外的な変時に対応するためのやむをえざる一時的な政治とする王覇の弁という朱子学において主要な問題とされた論理です。

朱子学の名分論や王覇の弁を原理主義的に理解すれば、幕藩制は矛盾にみちているとせざるをえないシステムです。幕藩制の頂点に立つ将軍は、天皇によって任命される地位にすぎません。その意味では、将軍は天皇の臣下であることになります。しかし、実態は将軍が天皇・朝廷をコントロールしています。また、大名たちも、将軍に忠誠を誓わなければならない立場ですが、朝廷から何位とかなんとかの守《かみ》とかの官位を授与されています。徂徠が、『政談』で発していた警告——武家官位制度をそのままにしておけば、天皇を本当の君主と考える者が出てくるという警告——を思いだしてください。実力によって統治が実効性を保っていたときには表面化しなかった問題が、統治の実効性がゆらぎはじめるとともに現われてきたというべきでしょう。

実際、式部も大弐も、朱子学の系統、とくに名分論にやかましかった山崎闇斎系の朱子学の学統に属していました（ただし、大弐は、若年のころ徂徠学の系統をひく学者からも学んでいました）。したがって、彼らの反幕府的立場が、朱子学的原理主義からきていることはまちがいないと思います。しかし、その主張は、名分論や王覇の弁までであって、秩序観においては朱子学的自然的秩序観ではありません。丸山が指摘しているように、大弐の秩序観は、徂徠的秩序作為論に立っていました。大弐にとって、聖人が現われるまでの人類は「禽獣と以て異なる無し」でした。それどころか、「強は弱を凌《しの》ぎ、剛は柔を侮《あなど》り、相害《そこな》ひ相傷け、相虐《しいた》げ相殺し、攘奪劫掠《じょうだつきょうりゃく》、固《もと》より親疎をこれ論ぜず、また何ぞ少長をこれ問はん」と、まるでホッブスの「万人が万人に対して狼である」自然状態を思わせるようなことをいっています。しかし、人間は「万物の霊」だから、かならず「傑然たる者」が現われ、衣食住の方法を教え、貴賤尊卑の別を教え、礼を制作し、官制を立て、衣冠をただした。そして「これを作る者これを聖」というと主張しています。この議論は、まぎれもなく徂徠の聖人作為説です。ただ、ちがいがあるのは、礼楽制度の制作を、徂徠が中国古代の先王・聖人の作為にのみに求めていたのに対して、大弐が日本の皇祖および古代朝廷にも制作者をみていたという点です。丸山は、この日本古代の制作についての大弐の見解について、「こうした社会発生論の具体的適用にほかならぬ」(p.280)と徂徠の秩序作為論の適用という面を強調しています。大弐といえば、幕末尊皇倒幕運動の先駆とする評価が一般的であった当時、幕府絶対主義者の徂徠との共通性を前面に出した評価には、大弐の思想に「日本精神」や「尊皇」観念の発現をみる論理の空虚さに対する批判がこめられているように思います。

さらに丸山は、大弐と徂徠の共通性について論をすすめます。大弐の「今の政に従ふ者、自らその謀を出すこと能はず、自らその慮を発すること能はず。率《おおむ》ね先世の事に因循《いんじゅん》し、可と不可を問ふことなく、輒《すなは》ちいはく、故事のみ、故事のみと」という状況認識が、徂徠が『政談』で主張した「今の世の格と制度とは本質的に異なる。今の世の格は、今の世の風俗であり、自然とできた慣習にすぎないのであって、本当の制度ではない」という制度なき「当世」への批判と一致していることを指摘します。そのうえで、大弐が、彼の時代の為政者が「つねに自己の行為準則を既に前提せられた規範秩序から受取っていて、秩序に対する自由な働きかけを欠いでいること」(p.281)を慨嘆している点をとりあげ、そこに「主体的作為の本来の面目が生々しく脈打っている」（同）と評価し、作為の論理が大弐にいたっていちじるしく政治的能動性をおびてきたと述べています。

この大弐の思想の政治的能動性は、当代の為政者すなわち幕府に向けられていました。貴賤・尊卑の別という名分論に立つかぎり、為政者批判は幕府にむけられても、封建的身分秩序そのものにはむくはずはありません。しかし、その批判は、天皇・朝廷を包括してなりたっている幕藩制秩序にとっては、危険性をはらむものであることはまちがいありません。幕藩制の建てなおしを課題とした寛政の改革において、支配秩序再確立のためのイデオロギー統制が課題にのぼってくるのは、その意味では当然だったといえるでしょう。もちろん、宝暦明和事件が直接のきっかけになったわけではありませんが、そういう事件を生みだすような社会的素地が存在したこと、朱子学、陽明学、仁斎学、徂徠学、折衷学派、国学、心学、蘭学などさまざまな思想潮流がいりみだれ、機軸となる思想の姿がみえなくなったこと、これらのことが幕府の当局者に思想統制の必要性をより強く意識させたことは明らかです。

その幕府は、寛政二（一七九〇）年に、林家に命じて湯島聖堂において朱子学以外の異学を講究することを禁止しました。これが、いわゆる「寛政異学の禁」です。法令の命ずるところは、幕府の学問所にかぎる措置ですが、幕府が幕府の正統教学は朱子学であることを公式に宣言したことの影響は全国諸藩におよんでいきました。実質的な思想統制です。柴野栗山《りつざん》（一七三六〜一八〇七）・頼《らい》春水（一七四六〜一八一六）・西山拙斎（一七三五〜九八）らの朱子学者が、老中松平定信にはたらきかけたのがきっかけですが、その意義について、丸山は「本来的に静態的構造をもつ朱子学が、その社会的照応性の故にでなく、そのいとなむイデオロギー的機能の故に、民心安定に焦慮する封建支配者によって再び登場を命じられた」（p.283）、さらに「それは畢竟《ひっきょう》、自然的秩序思想の強制的復興であり、既に自然法としての一義的な妥当性を夙《つと》に失った封建社会規範を、強力を以て自然法として通用せしめんとする試みだ」（同）と解説しています。

この丸山の解説に異論はありませんし、自然的秩序観の強制的復活が失敗におわったこともすでに明らかなことですが、「寛政異学の禁」にいたった幕府当局の意図について若干の説明をくわえておきます。「寛政異学の禁」を宣言せざるをえなかった状況の根底には、詳述はしませんが、幕藩制の全般的危機や幕府そのものの弱体化があったことはいうまでもありません。そのうえで、寛政（一七八九～一八〇一）期には、将軍権力の正統性根拠、身分制秩序の基礎づけ、「鎖国」政策の維持などの重大問題が問われていました。「鎖国」政策を「祖法」として恒久化し、将軍権力の正統化に「大政委任論」をもちだしたのは老中松平定信でした。また、皇位についたことのない実父に上皇位を贈ろうとした光格天皇の要求を、名分が立たないとして拒否したのも定信でした（この事件を「尊号一件」といい、朝廷と幕府の関係に相当の緊張をもたらしました）。幕藩制維持・将軍権力の再確立を至上命題とする以上、祖法・大政委任・名分の三点セットでいくしかなかったといってよいかもしれません。定信が、丸山が指摘しているとおり徂徠の聖人作為説に深く影響されていたとしても、幕府老中という政治的立場が、三点セットに適合的な朱子学的立場をとらせることになり、朱子学者たちの献策をうけいれさせることになったのではないでしょうか。

幕府は、もともと一つの思想を正統教学とし、その思想のもとに統治してきたわけではありません。むしろ思想は、統治のために役に立つかぎりで利用するものでした。その意味で、つねに政治的配慮が優先されてきたのです。「寛政異学の禁」は、その点、一歩踏み込んだことになりますが、政治的配慮が優先されるという基本姿勢には重大な変化があったわけではありません。ただ、事態の深刻さが、一歩を踏み出させたとはいえるでしょう。しかし、その一歩、つまり朱子学を支えにした三点セットの採用は、その目的とは逆に幕府を自縄自縛においこみ、幕府倒壊の原因の一つとなったことは、歴史は逆説にみちているとはいえ、なんとも皮肉なことでした。

新しい制度改革論の登場

近世後期の思想動向で、つぎに注目すべきは、いわゆる経世家と称される一群の思想家の登場です。彼らの特徴は、蘭学あるいは蘭学者の提供する情報から、ある程度同時代の世界情勢についての知識をもち、封建制の枠をはみだした制度改革論を提起しているところにあります。そういう経世家のなかから、丸山は、本多利明、佐藤信淵、海保青陵の三人の思想家をとりあげ、彼らの思想がどのように徂徠の作為の論理を発展させていったかを検討しています。この三人をとりあげた理由を、丸山はとくに明らかにはしていませんが、三人が、なんらかのかたちで徂徠学の系譜につながっていること、またその制度改革論が海防論のような個別的課題への対応を超えた全体制的改革への展望をもっていることなどにあるように思われます。なお、とりあげる順番は、利明、信淵、青陵の順になっていますが、これは生年によるものではありません。利明は寛保三（一七四三）年の生まれ（丸山は翌年の延享元年としていますが、最近の研究では寛保三年と推定されています）、信淵は明和六（一七六九）年、青陵は宝暦五（一七五五）年で、信淵と青陵は順番が逆になっています。これは、あとで検討するように、利明と信淵の思想傾向がちかく、青陵は思想的性格が異なるためそのようなあつかいになったと思われますので、この順番でやります。また、丸山自身も「詳述する余裕は到底ここにはない」と書いていますが、主題に即した検討にとどめ、できるだけ簡略に要点をまとめたいと思います。

まず、利明の場合です。利明は、近世の有名な数学者関孝和（一六四二?～一七〇八）の正統な学問を継いだ数学者でした。しかし、その生涯は現在でも不明な点が多く、当時にあってもあまり知られることのない思想家でした。これは、彼が、ほとんど大名などに出仕せず、市井にあって算学・天文学の私塾を開くにとどまり、自身の思想の危険視されることを自覚してその著述を公刊しなかったことによると思われます。注目されるようになったのは明治末以後のことで、本格的な思想史的研究は丸山のこの論文がはじめてといっていいほどでした。

丸山が、まず注目したのは、利明の同時代認識でした。利明は、商人が財貨を集中し、国産の一六分の一五を独占しているとし、そのため武士や農民は開国以来といっていいほどの艱難困窮の状態におかれている、その原因は、海運交易を商人だけにまかせたことにあると主張していたことを指摘します。そして、その利明の主張を「『立《たつ》べき制度も立ざる』ところに時代の病弊を見出す」(p.288)とまとめています。「立べき制度も立ざる」という一句を、丸山は傍点をほどこして引用していますが、そこに丸山が利明をとりあげた意図がしめされています。つまり、利明が、「様々の達識も多く出たる中に経済に長じたりとて世の賞を得たるは、熊沢・荻生の二子の外なし」としていることを引用し(同)、熊沢蕃山とならべてですが、徂徠を高く評価していること、そしてそれが徂徠の作為の論理の系譜に属していることを証明しているというわけです。

もちろん、丸山は、利明の制度の構想が徂徠のそれとはまったく異なっていることを指摘することも忘れてはいません。徂徠が、商業や貨幣経済の抑圧に傾斜していたのに対して、利明は商業活動の積極性を認めています。さらに、海運の国営制度や海外貿易と植民地経営による経済振興の必要性すら論じています(利明の主著『経世秘策』で詳細に展開されているこの主張によって、彼は重商主義の先駆とみなされているわけです)。蕃山や徂徠の改革策に対して、利明が「元来際限ある土地より出産する産物を用《もちい》て際限なく増殖する万民の衣食住の用に達し、猶有余《ゆうよ》あらしめんとするの計策の外なし、是無理なり」と批判していることも指摘しています(同)。しかし、利明が、『西域物語』において、彼の海外知識のなかで最大に評価したイギリスを論じて「国土の貧富も剛弱も皆制度教示にありて土地の善悪に非ず」(p.289)とか、「此制度建立《こんりゅう》あらば、前にいふ如く東洋に大日本島、西洋にエゲレス島と、天下の大世界に二箇の大富国大剛国とならんことは慥《たしか》なり」（同）と論じていることを証拠として、「彼の思惟方法が自然的連続観のそれでない事だけは推知しうる」（同）としていることは多少強引という印象はあるものの認めてもよいのではないでしょうか。

つぎに、佐藤信淵です。信淵の学問は、儒学・国学・蘭学・兵学・天文学・地理学・農政学から土木・治水・鉱山・冶金・漁業などきわめて広範囲にわたっており、まるで雑学の大家というおもむきがあります。そのなかで、儒学はあきらかに徂徠学の系統に属しています。ただ、世界観あるいは哲学的基礎は、平田篤胤の国学思想の影響を色濃くうけています。実際、篤胤に師事していたこともありました。丸山が論文を執筆していた当時は、帝国主義的対外政策を提唱した先駆者あるいは国家社会主義の先駆者として広く喧伝されていました。

そのような信淵について、丸山は、近世後期の農民、とくに東北地方の農民が間引きせざるをえないほどの惨状にあったことに信淵の注意がむけられていた（ちなみに信淵は東北秋田の出身でした）ことの指摘から論じはじめています。そして、信淵の『経済要録』から引用しつつ、そのような惨状をもたらしたのは、「神意を受けて蒼生《そうせい》を救うべき任務を帯びた為政者が『経済道』を知らず、『天工開物の法』の実施を怠」ったことにあるという信淵の議論を紹介しています（p.290）。経済とは「国土ヲ経営シ、物産ヲ開発シ、部内ヲ富豊ニシ、万民ヲ済救スル」ことであり、開物とは「百穀・百菓ヲ始トシテ、種々水陸ノ物産ヲ開発シテ境内ヲ豊饒ニスル」（『経済要略』）ことをいいます。そして、こうした経済や開物の政策は古代先王によって開始されたとされます。丸山が引用している『薩藩経緯記』によれば、「商湯（殷の湯王）は僅《わずか》七十里の君にして貨財充満せしものは、天より商国に金穀を雨したるに非ず、只是れ伊尹（湯王の賢臣）制度を精妙にして法律を厳粛にし、通移開闔《かいこう》（流通開放）の法を行ひしを以てなり、是故に制度を精《くわし》くし、法律を明にし、財用を節にするを国基を立ると名《なづ》く、国基を立ざる国は、何程広大の領地なりと雖ども、必ず財用の足らざるを困《くるし》むものなり」（p. 290–1）ということです。ここで丸山が注目したのは、信淵が「制度の樹立」をなによりも重視している点です。利明とおなじ作為の論理をみているわけです。

さて、信淵は、中国古代先王の制度の建立を一瞥して、日本の歴史と現状を観察します。信淵によれば、日本には、伊尹が建てたような根本的な制度はいまもないといいます。上代には、産霊大神や皇祖神によってすぐれた最上の国として創生されたので、それでもよかったが、荘園制ができ、武士の世になって格別のよい制度が作られなかったために商人への富の集中と武士・農民の貧窮という事態にたちいたってしまった、というのが信淵の認識です。そして、信淵の時代には、国内の貧窮にくわえて、外からの圧力が現実の力となってくわわってきました。信淵が、そのような状況への危機意識から提起したのが「垂統法」という大規模な制度改革の構想でした。その改革構想は、『混同秘策』や『垂統秘録』などの著作にしめされていますが、丸山の要約によれば「三台・六府・五館の全国的政治組織によって、生産・分配・流通の機能を悉《ことごと》く中央政府に集中し、進んで国家をして貧民救済及び国民教育の積極的担当者たらしめ」（p.292）ようという「一通りの叙述すらも不可能」（同）なほど壮大な構想でした。ちなみに、三台とは教化台・神事台・太政台、六府とは本事府・開物府・製造府・融通府・陸軍府・水軍府、五館は広済館・療病館・慈育館・遊児厰・教育所をいいます。いちいちの説明は省略しますが、名称からみても行政全般にわたる官僚組織・機構であることがわかると思います。さらに、信淵は、「皇大御国ハ大地ノ最初ニ成レル国ニシテ世界万国ノ根本ナリ。故ニ能ク其根本ヲ経緯スルトキハ、則チ全世界悉ク郡県ト為スベク、万国ノ君長皆臣僕ト為スベシ」（『混同秘策』）と、垂統法の実施によって強化された日本による世界支配すら夢想していました。

このような信淵の構想について、丸山は「徳川時代に於ける徂徠以来の一連の制度的改革論にピリオドを打つところの、最も大規模な観念体系であった」（p.292）と評しています。そして、その観念体系は、平田篤胤の国学における天御中主《あめのみなかぬし》神・高皇巣霊《たかみむすび》神・神皇巣霊《かみむすび》神三神の「無からの創造」の立場に立ち、「政治的君主はまさに此の世に於ける創造神の代理人として、万物を統括する地位に立」（p.293）ち、「このペルゾーンの優位が、理想国家に於ける最高支配者に、『日本全国を我手足のごとく自由にす』（混同秘策）るという絶対主義的性格を賦与している」（同）と、信淵の構想した国家が、ヨーロッパの重商主義的中央集権国家と類似していることを指摘しています。

しかし、丸山の信淵への最終的評価はこうです。すなわち「畢竟彼の理想国家は国内的分裂と国際的重圧に喘《あえ》ぎつつあった幕末日本の現実が彼の脳裡に於て完全に顚倒された姿にほかならなかった」（p.294）と。改革の主体を見出しえず、危機意識だけを昂進させた構想力が、誇大妄想としか評しえないような制度改革策を提唱させることになったことは、思想上の「悲劇」ではなかったでしょうか。ところが、戦前期日本において、信淵は国家社会主義的軍国日本の先人として高くもちあげられていました。そこまでいくと、これはもう悲劇をこえて喜劇になったというしかないような気がします。

最後に海保青陵です。青陵は、丹後宮津藩の儒者として学者生活をスタートしましたが、のち致仕し、全国周遊の旅に出、最後は京都で開塾し、市井の学者として生涯をおわりました。そして、青陵は、徂徠学派の宇佐美灊水《しんすい》（一七一〇〜七六）に師事したことからわかるように徂徠の系統に属していましたが、全国周遊以後、経済学を中心に独自の思想を主張するようになりました。

独自の思想といっても、徂徠の影響は大きく、青陵は「徂徠《そらい》ハナルホド古今沢山《たくさん》ニナキヨキ学問ノ人也。有徳院様《ゆうとくいん》（吉宗）ヨリ命ヲウケ政談ヲカキタル。政談ヲカキテ見レバ、コレイキタル天下ヲトラヘテ云《いう》ユヱニ、実話デナケレバナラヌ也。実話ヲ語リテ見レバ、儒者ノ論トハ違フ也」（『稽古談』）と、その生きた現実観察にもとづく帰納的思考を高く評価しています。また「一体、天下中ノ仕掛《しか》ケ理ニタガハネバ、民ノ心ニ自然ニ理ガウツリテアル也。民ノ心ニ理ヲ入ヨフトスルハ、触《ふ》レゴトヤ、カキ付デハトントユカヌ也。唯、天下中ノ仕掛ガ理ナレバ、民ハ理ガクセニナルユヱニクセツク也」（同）と、徂徠の口ぶりを思わせるようなこともいっています。

さて、問題は、青陵のいう理とは何か、仕掛けとは何かということです。青陵は、その理について「田モ山モ海モ金モ米モ、凡ソ天地ノ間ニアルモノハ皆シロモノ（代物、商品のこと）也。シロモノハ又シロモノヲウムハ理也。田ヨリ米ヲウムハ、金ヨリ利息ヲウムトチガイタルコトナシ。山ノ材木ヲウミ、海ノ魚塩ヲウミ、金ヤ米ノ利息ヲウムハ天理也」(同)と論じています。ここでは詳細には検討できませんが、生産・流通・金融などいっさいの経済活動を、青陵は理という概念でとらえ、それこそが人間活動の基本にあると論じています。したがって、「一体、天地ハ理ヅメ也。ウリカヒ利息ハ理ヅメ也。国ヲ富サントナラバ、理ニカヘルベキコト也」(同)という主張がなされるわけです。また、「古ヘヨリ君臣ハ市道ナリト云也。臣ヘ知行ヲヤリテ働カス、臣ハチカラヲ君ニウリテ米ヲトル。君ハ臣ヲカイ、臣ハ君ヘウリテ、ウリカヒ也。ウリカヒガヨキ也」(同)と、儒者が聞いたら目をむきそうなドライな君臣関係観が語られたりすることになります。

では、仕掛けとはなにか。青陵によれば、それは「ウリカヒ算用ハッキリトキメル」ことであり、「興利ノ法」をたてることになります。その支配階級である武士に具体的に適用した方法が「まきあげ」という政策・制度です。この「まきあげ」について、丸山は、その目的はもっぱら武士階級の救済にあるとしていますが、これは少しせますぎる理解だと思います。たしかに、「まきあげ」とは、民から「お上」(武士が構成する統治機構)へ、利すなわち貨幣を取り上げることを意味していますが、それは同時に貨幣の循環を正常化し、富国を実現する方法としても考えられている点を見逃すべきではなかったと思います。

それはともかく、青陵のいう「まきあげ」の法というのは、具体的には、武士が国産を利用した商売をはじめること、家中の内職を奨励すること、大名を引き受け手にした無尽講や頼母子講を組織することなどの政策です。青陵は、さらに、売爵（爵位を売ること）や贖刑《しょくけい》（金銭で罪をつぐない、刑罰をまぬかれること）すらすすめています。これは、青陵が、まきあげについて、まきあげらていると気づかないやり方が最上だともいっていることに関係するかもしれません。また、その言い方に「マキアヴェリズムの臭いすら感じられる」（p.296）という丸山の評価があたっているといってもよいでしょう。しかし、一面からいえば、青陵の危機意識が、そんな方法まで提起しなければならなかったほど深かったということでもあったのではないでしょうか。

実際、青陵は、丸山が引用しているように（p.296）、泰平の世には官僚的ことなかれ主義がはびこり、それが事態をますます悪化させることを憂い、「深い水をわたる」心構えで、果断に改革に着手することを、丸山の表現によれば「切々」と説いています。こういう改革の必要性を説いているところを、「ここにもまた主体的作為の志向が露わな肌を見せている」（p.297）という丸山の評価は正しいと思います。

青陵を論じる最後に、丸山は、さきに引用した青陵の君臣関係観をしめして、「嘗《かつ》ては人間が入り込むべき自然的＝先天的秩序なりし君臣関係はいまや明白に当事者の自由意思に基く結合と同視されるに至った」として、ゲゼルシャフトの論理を説いたテンニースの引用（同）でしめくくっているのは、さすがとしか言いようがありません。

制度改革論の限界

以上、近世後期の新しい制度改革論を検討してきた丸山は、それらの改革論が、徂徠的作為の論理の発展であり、封建的秩序の枠内にとどまらない内容を含んでいることを認めたうえで、それらの改革論にはのりこえがたい限界があったことを指摘します。その限界とは、封建的支配関係そのものの変革には一指も触れられなかったところにあるということです。

シロモノ・ウリカヒを天理とまでいい、君臣関係すらウリカヒ関係にあると喝破した青陵も、君臣関係そのものを否定しているわけではありません。武士・農民・商人という身分上の区別の撤廃を要求しているわけでもありません。封建的身分秩序そのものは当然の前提として、それぞれがシロモノ・ウリカヒの原理にもとづいて活動せよといっているにすぎないのです。また、青陵には、丸山が指摘しているように、ぬきがたく愚民観念がありました。利明の場合にも、国産開発・海運交易・植民地経営など明らかに封建的自然経済の論理をはるかに超えた政策を提起していますが、その目的は「士農工商・遊民と次第《しだい》階級立《たて》て釣合《つりあい》程よく、世の中静謐」(『経世秘策』)な状態を作りだすことでした。また、その政策実施の主体は武士階級にもとめられていました。

さらに、信淵の場合、三台・六府というような中央集権的統治組織の整備や、士農工商という四民の制にかわって、諸産業の分科に応じた八民八業の制度を提案するなど、封建的秩序の大規模な変革を要求しているようにみえます。しかし、大名の封地の存続は認められていますし、三台・六府は支配階級たる武士・貴族を主要な担い手とし、庶民は「抜擢」されることもある程度の位置づけでした。さらに八民は「厳しく他の業に手を出すことを禁ずる」（『垂統秘録』）という厳格な身分的枠組みのなかで管理される存在にすぎません。丸山がいうように「その反封建性の限界は明瞭」（p.299）でした。

丸山は、以上のように三人の改革論の限界を論じて、その結論としてつぎのようにいいます。「畢竟するに、こうした近世末期の一連の制度改革論の変革性を制約した共通の特色は、それらがいずれも上から樹立さるべき制度であり、庶民はそこでなんら能動的地位を認められていないという事である」（同）と。たしかに、それは徂徠以来執拗につきまとってきた制約でした。徂徠の改革の主体は徳川将軍でした。利明や信淵も、主体は武士階級であり、終局的には「天下の英雄」や「絶世の英主」の登場を待つという空想の世界におちいるしかありませんでした。

この問題は、別の言い方をすれば、作為の論理における「主体の問題」です。作為の論理は、近世末にむかって作為すべき制度の構想においては一定の「近代性」をもつにいたりましたが、作為の主体の点においては「人作説」（典型的には社会契約説）へと展開する可能性を切り開くことができなかったという問題です。丸山は、当然、その問題にも分析のメスをいれます。以下、その分析の結果を検討してみましょう。

丸山は、まず、自然的秩序観と農業との相関性を指摘し、「農業はつねに自然的秩序観の保塁となっていた」（p.300）と主張します。そして、「工業生産は本来的に人間の主体的作為の表象と結合する」（同）という命題を対比させます。これは、さきに検討したように産業資本の未成熟が作為の論理の停滞の原因であったという論理を、農業との対比という論点もふくめながら一般化したものとみることができるでしょう。丸山は、そういう観点から、本多利明の勧業政策を再度とりあげ、その主張が、しょせん工業生産物を「奇器」としてしか認識していないとその限界を指摘し、当時の日本には工業製品を普通の人々の日常生活に必要なものとしてひろく普及させるまでの産業機構ができていなかったことの表われだとしています。そして「そこに『作為』の論理の順調な進展を阻んだ歴史的秘密の潜んでいることはもはや見誤るべくもないであろう」（p.302）とむすんでいます。

これは、典型的「下部構造規定論」で、農業＝自然的秩序観と工業＝作為の論理という対比など、丸山とも思えないほど単純な議論といわざるをえません。しかし、注2（p.308-9）において、報徳思想で有名な二宮尊徳（一七八七〜一八五六）をとりあげ、天道と人道を明確に区別し、「人道に於ける『作為』の不可欠性を力説した」ことを評価し、「幕末の荒廃に瀕した農業が尊徳をして人間の主体的作為の評価に馳り立てたことは少からず興味がある」としていることは注目すべきです。ただ、「彼の立場の本来的な私経済的狭隘性からして、直接吾々の考察の系列に入って来ない」として、注で触れるにとどまったことは、きわめて残念なことだと思います。すくなくとも、私経済的狭隘性があったとしても、農業を主とする立場から作為の論理にたどりつく可能性があったことを認識していたことは明白だからです。

第*19*講

攘夷から開国へ——維新前後の思想的転換

攘夷論と自然的秩序観

前講でお話ししたように、近世後期の制度的改革論について検討してきた丸山の考察は、ここで反転して幕末における自然的秩序観の復活にむけられます。作為の論理の停滞が、自然的秩序観が延命する余地をのこしてしまったという消極的条件のほかに、「外国勢力の脅威に対する国内的一致の要請」(p.302) という深刻かつ現実的事情がその復活をうながしたと丸山は論じています。「国内秩序の無条件的な承認を以て『夷狄《いてき》』に対する思想的武器と考える方向をとった」(同) と丸山がいう攘夷論の沸騰です。

外国勢力の脅威がある場合、なぜ「国内秩序の無条件的な承認」という態度をとることになるのか、という問題がまず論じられなければならないと思いますが、丸山はその問題にはここでは立ち入っていません。一般的にいえば、人が、未知のもの、あるいは異質なものに出会ったとき、警戒し、反発し、拒否する態度をとることはよくあることです。まして、その異質なものが軍事的脅威をともなっているとしたら、拒否的になることは理解できます。また、その脅威が、自己の階級的・身分的立場をおびやかすものであれば反発もより強くなるでしょう。さらに、その反発は、自己の属する社会秩序・文化の価値を異質なものに対して絶対的に優越したものとする自己主張に転化することも容易に想像できます。

攘夷論の心理的基盤は、簡単にまとめればそういうことだと思います。攘夷論の担い手の多くは、いうまでもなく武士ですから、彼らの支配階級としての立場からは封建的身分制否定の論理は出てきにくいですし、それどころか封建的身分制こそがまもるべき秩序として価値づけられることになります。まして、脅威を与えている「敵」は、すでに市民社会を基礎とした近代国家ですから、そこは秩序なき「野蛮＝夷」が支配する社会であり、君臣関係という名分が確立した「文明＝華」である自分たちの社会を防衛するという論理が成立するわけです。「華夷内外の弁」という儒教的論理が、きびしい現実の国際社会に直面して、観念的性格をよりつよめながら世界認識の枠組みとして機能したといってもよいでしょう。

このような攘夷論の典型的な例が、大橋訥庵《とつあん》（一八一六〜六二）や正志斎会沢安《やすし》（一七八二〜一八六三）の議論です。訥庵は、公武合体政策をすすめる老中安藤信正暗殺計画にくわわり、坂下門外の襲撃直前に捕縛され、事件後釈放直後に急死するほど過激な攘夷思想家でした。その訥庵の攘夷の根拠は、丸山が引用しているように「戎狄《じゅうてき》」には武士と商人との区別もなく、みな利潤ばかりを図り、したがって義も恥もない、それに対して日本は武士と商人の区別は正しく、義も恥もある尊貴な国である、とするところにありました（p.302）。

正志斎は、後期水戸学を代表する思想家であり、その著『新論』は、尊王攘夷派の必読書とされるほど大きな影響力をもっていました。水戸学は、もともと朱子学系の学派で、水戸藩主徳川光圀《みつくに》が『大日本史』編纂のために集めた朱舜水《しゅんすい》（一六〇〇〜八二）や安積澹泊などが中心になっていましたが、天保期以後、藤田幽谷《ゆうこく》（一七七四〜一八二六）・東湖《とうこ》（一八〇六〜五五）父子、会沢正志斎らが尊皇攘夷をかかげ政治性をつよめてきました。この国学的尊皇論と朱子学的名分論を接合した尊皇攘夷論を主唱した段階を後期水戸学といいます。その立場は、正志斎の『迪彝編《てきい》』の「天子は、天工（皇祖神）に代りて天業を弘め給ふ。幕府は天朝を佐けて天下を統御せらる。邦君（大名・領主）は皆天朝の藩屏（守護者）にして幕府の政令を其の国に布く。是が臣民たらん者、各々其邦君の命に従ふは、即ち幕府の政令に従ふの理にして、天朝を仰ぎ天祖に報ひ奉るの道なり。其理、簡易にして其の道明白なり」（カッコ内は筆者）という言葉に端的にしめされています。さらに正志斎の主張の根底には「人倫には君臣・父子・夫婦・長幼・朋友の五品あるは天然の道なり」とか、「君の臣を使ひ、臣の君に事《つか》ふる事、上下各々其の義あり。是天然の大道にして人の造作する所にあらず」という発想がありました。要するに、朝廷－幕府－大名という封建的統治体制、君臣・父子などの上下の人間関係を、「天然の道」という観念によって永遠化しようとしているわけです。丸山がいうように、まぎれもなく自然的秩序観が根底におかれています。

ただ、正志斎の場合、事情は若干複雑です。『新論』には、「天祖は神道を以て教を設け、忠孝を明にし以て人紀を立て給ふ」とか、「神聖万世を維持するに、其の典常を為す所以のもの、固より既に胸中に審《つまびら》かなり」という徂徠の聖人作為説を思わせるような表現が散見されます。これは、「天然の道」という観念と矛盾するようにみえます。この問題は重大な問題をふくんでいると思いますが、詳細な検討をくわえる余裕がないので、結論的感想を述べるだけにします。すなわち、正志斎にとってなにより重要な目的は、野蛮かつ狡猾な「外夷」とそれにだまされ同調する「奸民《かんみん》」に対して封建的秩序を防衛することでしたから、その政治的目的を達成するために論理的一貫性を犠牲にしても使えそうな思想・論理をとりこんだ結果である、ということではないでしょうか。また、正志斎が守ろうとした封建的秩序とは、徳川将軍を実質的な頂点とした幕府と諸藩による全国統治の体制であり、武士を最上位におく身分制でした。いい換えれば、「あるべき幕藩制」の維持です。したがって、尊皇攘夷の主張も、反幕閣——水戸藩主徳川斉昭《なりあき》を蟄居においこんだ幕府の首脳部——であっても、反幕府ではありません。それどころか、国学的尊王論をもちだすことによって幕藩制そのものを正統化しようとしたとみることも可能です。丸山が、「皇室と臣民との間柄を封建的君臣関係と同じ延長線上に置くことによって、前者の永遠不易性を後者にも推し及ぼさんとすること」(p.304) と書いているのも、当時の天皇制にかかわる雰囲気を考慮したかのような微妙な言い方ですが、水戸学のそういう性格をとらえてのことだと思います。

それにしても、朱子学的自然秩序観は、しぶとく生き残りつづけます。当時にあっては、もっとも豊富な西洋に関する知識をもっていたと思われる佐久間象山（一八一一～六四）の例を、丸山はあげています。「東洋道徳西洋芸術」というのは、象山の有名な言葉ですが、西洋の優秀な技術を意味する「西洋芸術」の移入を説いている点はともかく、「東洋道徳」は問題です。「貴賤尊卑の等は、天地自然礼の大経に有之《これあり》」つまり天地自然の礼に根拠づけられた大原則として尊卑貴賤の身分差別を東洋の道徳として価値づけているわけですから、依然として象山は自然的秩序観のなかにいることになります。近代の技術は合理主義的世界観を基礎としていますから、それを前近代的世界像のうえに接ぎ木することには無理があります。すでにできあがっている技術を移植することはできても、新しい技術を創造することはほとんど不可能だということです。「東洋道徳西洋芸術」という発想にはそういう限界がつきまといます。丸山が、この言葉について「近代ヨーロッパ文化が封建末期の日本に浸透したとき逢着せねばならなかった重大な限界を象徴的に指示している」（p.304）と書いているのは、そういう問題を意識してのことだと思います。

ともあれ、西洋通の象山にしてそのような限界をもっていたとすれば、自然的秩序観の克服という課題がいかに困難なものであったかが、理解できるでしょう。実際、外圧が強まれば強まるほど、拒否反応も強くなります。さきにあげた大橋訥庵のように、あらゆる西洋的なものを憎悪の対象として拒否するような極端な攘夷論者が跳梁跋扈《ちょうりょうばっこ》するようになりました。象山も、そういう攘夷論者の手によって暗殺されるという悲劇にみまわれることになったわけです。

緊迫する内外情勢と攘夷論の新展開

攘夷論は、一方で「一切の伝統的所与のヒステリックな擁護」(p.305)——丸山がこの論文を執筆していた当時の排外主義・自民族優越主義が横行していた状況からみて、そうとう大胆な表現だと思いますが——に走る極端な傾向を強めていきますが、他方では、リアルな状況認識にもとづいて幕藩制的秩序をのりこえる方向をめざす思想家も現われてきました。ペリー来航の衝撃は、リアルな状況認識能力をもつ思想家にとっては、観念的あるいはヒステリックな攘夷論の狭隘性、非現実性を否応なしに自覚せざるをえないほど大きなものがあったからです。丸山は、そういう思想家として広瀬旭荘《きょくそう》(一八〇七~六三)と吉田松陰をとりあげて論じています。

広瀬旭荘は、豊後国日田(大分県日田市)で、兄の淡窓《たんそう》(一七八二~一八五六)とともに民間の学塾咸宜園《かんぎえん》を主宰した儒学者です。ちなみに、咸宜園は豊後日田という地方の山間部の小都市にある私塾でしたが、全国から門弟三千といわれるほど人材があつまってくる学塾でした。近世の地方には、そういう高い知的文化的活力があったということです。それはともかく、旭荘は、徂徠学派の亀井南冥《なんめい》(一七四三~一八一四)に師事していますから、徂徠的な現実感覚をうけついでいることがあったかもしれません。

その旭荘の状況認識は、つぎのとおりでした。丸山が引用している文章（p.305-6）を要約しておきましょう。「現在もっとも心配しなければいけないのは、外国からの脅威である。ところが、朝廷、幕府、大名、旗本およびその家臣、あるいは農民も工商もみなそれぞれの立場で意識のもち方はばらばらである。平時においては、それぞれの身分に安心してそれでもよいが、いまはそうはいかないのに、朝廷・幕府は戦をきらい、大名は戦をのぞむが、家臣たちはばらばら。上にいるものは財政の逼迫をなげき、下のものは負担をきらう。武士は、米価があがるので凶作をこのみ、工商は、米価がさがるので豊作をこのむ。農民は貧富によって対応が異なる。このように、人心は一定しない。こんなにばらばらでどうして外国とたたかえるのか」と、封建的身分制が身分・状況に応じて多様な利害・意識を生み、それが外敵を前にして、意識・意思の一致をさまたげているという認識です。

このように自分が属している社会についての客観的認識をもつにいたった旭荘は、対立すべき「敵」の社会に対しても開けた認識をもつようになります。「近頃西洋諸国ハ。商ヲ重ンズ」という場合、そこには訥庵のような商人への蔑視はない。それどころか、「利ノ為メニハ命ヲ捨ツル故。我邦モ。商兵ヲ始ムルモ亦可ナリ」と、利益、商売を基礎とした軍事力の必要性すら説いています。武士身分による武力の特権的独占も否定されているといってもよいでしょう。

旭荘のような状況認識は、行動的には激しい尊王攘夷論を主張していた吉田松陰にも共有されていました。松陰は、西洋では貧者・病人・孤児などを救済するための制度・施設があるのに、日本では十分な民政が行なわれていないことを重大な欠陥とみていました。外患に対応するには、内憂をなくすことが重要であることを、「敵」から学ぶことによって認識できたわけです。訥庵のような観念的夷狄観から完全にまぬがれていたといってもよいでしょう。

さらに松陰は、武士は、「君意を奉じて民の為めに、災害禍乱を防ぎ、財成輔相をなす」(p.307) ことを職分とするという武士職分論――このかぎりでは一般的武士職分論から出ていない――から支配身分に安住する武士の現状を批判するという立場をのりこえ、一君万民論的立場に前進していきます。「普天率土《ふてんそっと》の民、皆天下を以て己が任と為し、死を尽して以て天子に仕へ、貴賤尊卑を以て之れが隔限を為さず、是れ則ち神州の道なり」という言葉を丸山は引用しています(同)。「天下のすべての人民は、天下にかかわることはすべて自分の任務として死力をつくしてただ一人の君主である天子＝天皇に仕えなければならないのであって、その場合貴賤尊卑などの身分・格式などはいっさい関係ない。これが日本の道というものである」ということです。前に指摘したように封建性は、社会のすみずみまで身分・格式によって階層的に編成され、それぞれの身分内部も同質の階層制につらぬかれた閉鎖集団の重層的複合体となっていました。そういう閉鎖性こそ、松陰は外国に対する国内の一致をさまたげる最大の要因とみていたことになります。そして、その閉鎖性をうちやぶる論理として一君万民論がもちだされているのです。

松陰が、このような一君万民論をとなえるようになった背景には、外国との対応に右往左往する幕府・諸侯への不信があったことも事実ですが、攘夷の意味についての転換があったことも見逃すべきではないと思います。松陰にとって攘夷とは、神聖な国土をけがれた夷狄に踏ませないとか、伝統的・封建的な価値の保守というような観念的なものではなく、一国の独立をいかに維持するかという現実的な問題でした。松陰は、山鹿流兵学の家を継いだ兵学者でしたから、「敵を知り、己を知れば、百戦危うからず」という孫子の言葉の重みをひしひしと感じていたかもしれません。密航をくわだてても外国の事情を知ろうとしていた松陰ですから、西洋列強の現実的な力を知れば知るほど危機意識を強めていったとしても不思議ではないでしょう。だから「那波列翁《ナポレオン》を起してフレーヘードを唱へねば、煩悶医《いや》し難し」、つまりナポレオンのような人物の登場に期待し、フレーヘード＝自由をとなえなければ、この苦悩は晴れないとまでいいきらせているわけです。

そういう松陰がたどりついた結論が、有名な「草莽崛起《そうもうくっき》論」です。幕府・大名さらには身分的特権にいないおり、藩という狭い世界にとじこもる武士に対して、もはや何も期待できない、「草莽崛起の人を望む外頼みなし」ということです。草莽とは、在野・民間の大衆のことをいいます。松陰が、「草莽崛起の人」としてどのような社会層や人物を想定していたのかは明確ではありませんが、幕末期には、非武士身分の社会層にも内外の危機についての認識が浸透し、尊王攘夷運動に共鳴し、参加する「草莽崛起の人」が出現したことは事実です。また、松陰の影響をうけた高杉晋作らによって農工商身分の出身者を組織した奇兵隊が、倒幕戦争のための戦力として重要な役割をはたしたことは周知のとおりです。さらに、「農兵」徴募の動きは幕府側もふくめてひろがりました。しかし、それも内乱のための戦力として利用されただけにとどまったことも否定できません。偽《にせ》官軍として断罪されることになった相良《さがら》総三と赤報隊のたどった運命は、「革命」としての明治維新の限界を端的にしめしています。ここには、政治と戦争の論理が思想的に論点を深めることをさまたげるという深刻な問題が潜在していると思いますが、自然的秩序観と作為の論理の対立と展開を追うという丸山論文のテーマからははずれることになりますので、このくらいにしておきます。

明治維新後の展開

維新以前の二つの秩序観の対立とその展開過程を論じてきた丸山は、論文の最後に維新後の思想状況について一瞥しています。一瞥というのは、朱子学対徂徠学というかたちではじまった二つの秩序観の対立は、維新をもって完全に決着がついたはずであったので、それ以後はいわば余話となってもおかしくなかったからです。しかし、その対立は維新以後もくりかえし現われてきます。そのくりかえしが、丸山をして「自然と作為」という思想的対立の歴史的展開過程に注意をむけさせた根拠であったと思います。しかし、くりかえしといっても、単純に同じことがくりかえされるわけではありません。社会が複雑化すれば、思想問題も複雑化してきます。西洋においてブルジョアジー（市民階級）の勃興とともに発展してきた作為の論理は、資本主義社会の成熟によって民主主義として完成するはずでしたが、そうはなりませんでした。まして、後発の資本主義国である日本ではなおさらのことでした。なぜそうなってしまったかを考えるには、「自然と作為」という枠組みだけでは十分とはいえません。なぜなら、「自然と作為」という枠組みは、封建制社会から近代資本主義社会への転換期の思想問題を分析する枠組みとして有効であったとしても、そのつぎの段階を構想するには十分とはいえないからです。丸山が、そういうことをどこまで自覚していたのかは、この論文のかぎりではは っきりしませんし、維新以後の状況についての論述を「一瞥」という言葉で表現したのは、丸山のあとの時代を生きている筆者の観点をもちこんだことの結果にすぎないのかもしれません。

それはともかく、丸山の論述にしたがって維新以後の「作為の論理」がたどった運命について検討することにしましょう。

丸山は、まず、維新以後「作為の論理」がその論理的帰結である人作説に到達し、社会的に大きな影響力を発揮するようになったことを指摘しています。明治維新は西洋諸国をモデルとして近代的中央集権国家建設のための改革をつぎつぎに断行していきます。版籍奉還、秩禄処分、廃藩置県、徴兵制、武士の身分的特権の廃止、四民平等、職業選択の自由、地租改正、断髪令、混浴の禁止など政治・経済制度から社会生活上の習慣に関することまで封建制度の改革が急速に実施され、時代はあげて近代化あるいは欧化の荒波にもまれることになりました。「封建的階統制が決して『古モ今モ天地ノ間ニアル』自然的秩序ではない事は茲《ここ》に、いかなる論議をも超えて現実の事態によって証明されたのである」(p.310)という事態がおこりました。その「文明開化」思潮の高まりのなかで、「自然的平等論」が勃興してきたと丸山はいっています。「自然的平等論」とは、生物あるいは動物としての人間はみな同じではないかという見方をいいますが、その程度の平等論であれば近世にもいわれていることにすぎません。問題は、その自然的平等論が、社会的立場の平等あるいは権利としての平等の主張に転化しはじめたということです。福沢諭吉（一八三五～一九〇一）の大ベストセラー『学問のすすめ』開巻冒頭の「天は人の上に人を造《つく》らず、人の下に人を造らず」という言葉は、まさにその時代思潮を象徴する言葉だったのです。

こうした平等思想の広がりは、当然、作為的秩序観の新しい展開をもたらしました。また、社会秩序が人間の作為によって作りだされたものという考え方は、規範と自然法則を同一のものとみる自然的秩序観に固有の考え方の明確な否定をともないました。自然を、われわれが考えるような科学的方法によってその法則性をとらえることが可能な独自の分析対象とするような科学的自然観がどのように形成されてきたかという問題は、この論文ではほとんど触れられていませんが、自然観の転換と自然から作為の論理への転換は、相互作用の関係にあることを補足的に指摘しておきたいと思います。自然を規範から分離することによって自然の法則性の科学的認識が可能になり、規範を自然の拘束から解き放つことによって人間が主体的に作ったものであるという認識が可能になるということです。

この規範と自然法則の明確な分離の例として、丸山は、明治初期啓蒙思想を代表する結社であった明六社の同人津田真道《まみち》の二つの文章を引用しています（p.310）。「天象地理人事一トシテ規律ノ其間ニ存セサルハナシ。然リ而シテ此規律ハ天然ノ規律ニシテ絶テ人ノ制スル所ニアラズ」と「人ノ土地万物ヲ有シ相聚《あつ》マリ相保ツ者ヲ邦国ト謂フ。邦国其秩序ヲ紊《みだ》ラス治安ヲ保ツ為ニ規則ヲ定ム。是人造ノ法律ニシテ天造ニアラズ」の二つです。前者では、天体現象、地理、人の生死などには法則があるが、その法則は自然法則であって、人間が作ったものではない、と人間がかかわらない法則の世界があることを認めています。それに対して後者では、人が土地をはじめいろいろなものを所有し、集まって、互いに維持しようとする集団を国家といい、その国家は秩序・治安をまもるために規則・法律を制定する、それは人が作ったもので天が作ったものではないと、規範の人作によるものであることを主張しています。

このような自然界の法則と人作による法規範の世界とを峻別する論理は、「作為の論理」の理論的帰結ですが、それは自由民権論において一つの頂点をむかえることになります。丸山は、福沢諭吉や植木枝盛《えもり》（一八五七～一八九二）を引いていますが、もっともラディカルな自由民権派の思想家であった枝盛の文章についてだけ検討しておきましょう。枝盛は、きわめて平易な言葉でつぎのようにのべています。「畢竟自由と申すものは箇様《かよう》に尊いが故、十分十全に之を守り行かんと思ひ、仍《よっ》て国を建て政府などといふ会所を置き又法律を設け、役人を雇って愈々《いよいよ》この人民の自由権利を護らしめ以て幸福安楽を得る様にする訳じや」（『民権自由論』）と。つまり、国は「建て」るもの、政府は「置」くもの、法律は「設け」るもので、その目的は人民の自由権利を守り、人民の幸福安楽を実現することにある、ということです。これに「政府は民の立てたもの、法度は自由を護るため」という言葉をかさねれば、民・人民を主体とする人作説すなわち民主主義的社会契約説に到達したといってもよいでしょう。

ここまで人作説の展開を追ってきた丸山は、一つの問題に注意を喚起しています。それは、自由民権論の基礎にある自然法という観念に関する問題です。自由民権運動が人間の自由民権を主張する根拠としたのは、いわゆる天賦人権説でした。人間は、生まれながらにして天から与えられた自由平等な権利をもっているという天賦人権の主張は、人権を自然権であるという主張と同じで、その背後には啓蒙的自然法（スコラ哲学的自然法観念と区別して、ロックやルソーなど啓蒙思想家が構成しなおした自然法）の観念をもっています。その意味で、「自然的秩序思想の系列に属する外観を呈している」（p.311）と丸山は指摘しているわけです。これは、自然的秩序観に対する作為的秩序観の批判と展開およびその帰結としての人作説を近代的秩序観として評価してきた丸山としては、触れないわけにはいかない問題だったと思います。

ただ、近代的あるいは啓蒙的自然法観念の成立過程の問題は、西洋啓蒙思想の形成史上の問題で、簡単にまとめることもできないほどの大問題ですから、その問題自体については述べられてはいません。論じられているのは、自然法と実定法との関係の問題です。その問題について、丸山は、「そこで人権と云われているのは、なんら実定的秩序の中に於ける権利ではなく、却って、逆に実定的秩序を形成すべき人間の主体性を具象化したものにほかならない。従ってその『自然法』の先天性の主張は、逆に一切の実定法は人間の制定によってはじめて妥当するという理論を必然的に包蔵しているのである」（p.311-2）と書いています。ちょっと抽象的でわかりにくい表現ですが、いいたいことはっぎのようなことです。「天賦人権あるいは自然権という言葉で表現されている人権は、それが直接的に法律上の権利になるわけではない。それは、人間が実現すべき理念としてみずから主体的にえらびとったものであって、制定される法律は、その理念を実現するためのものでなければならないという論理をふくんでいる。したがって、人権を『自然法』に根拠づける主張は、その権利が、法律を制定するという人間の行為によって実現する、あるいは人間が制定した法律によって実効的な権利になるという論理を最初から前提にしている」ということです。

ここで問題にされているのは、直接には啓蒙的自然法の観念のもとでも、人間による法の制定＝実定化が前提になっているという点だけです。分析視角を「作為の論理」の展開過程にしぼっている丸山からすれば、それで十分ということかもしれません。しかし、この問題には、だれが、どのように法を制定するか、という問題が当然付随してきます。たった一人の絶対君主なのか、人民あるいは正当な手続きを経て選出された議会なのか、命令なのか法律なのか、実定法による人権の制限には限界があるのか、などの問題です。丸山はこの問題には明示的には触れていません。しかし、「信仰ノ如キニ至テハ固ヨリ各自ノ思想ニ属スルモノニシテ政府ト雖モ之ヲ厳制スルコトヲ得ズ」という児島彰二の言葉を引き、そこに徂徠の「私的内面性と公的制度との分離」の近代的発展形態を見出したり、福沢諭吉が「君臣の倫」の先験性を否定している議論を紹介したりしていることをみれば、この問題を十分意識していたことはまちがいないと思います。明示的に論じていないという事実は、丸山の論文執筆当時の言論の自由がいちじるしく制限されていた思想状況の表われとみるべきでしょう。さらに、つけくわえれば、権利は国家によって与えられ、保障されるものだと、人権より国家を上に置く発想が少なからずみうけられる現在の人権意識の状況を考えると、この問題は依然として重みをもっているといわざるをえません。これには、自然法という観念について、十分に理解し、定着させることができなかったという日本近代の思想史上の問題がからんでいると思います。

さて、また横道にはいりかけてしまいましたが、本文にもどります。丸山は、自由民権論のみならず、その敵対者の思想にも作為の論理が浸透していることを、民権派と加藤弘之（一八三六〜一九一六）との天賦人権論争をとおして検証しています。加藤は、初期には明六社に参加し、民権派に肩入れするような論説を発表していましたが、明治一四（一八八一）年、それまでの著作を絶版にし、翌年『人権新説』を出して天賦人権論への攻撃をはじめました。いわく、「余ハ物理ノ学科ニ係《かかわ》レル彼《かの》進化主義ヲ以テ天賦人権主義ヲ駁撃セント欲スルナリ。進化主義ヲ以テ天賦人権主義ヲ駁撃スルハ是実理ヲ以テ妄想ヲ駁撃スルナリ」と。加藤は、当時西洋でさかんであった進化論をいちはやくとりいれ、人間の進化の結果として成立した国家の主権者が制定したものが権利であって、天賦人権などというものは妄想にすぎないと主張したわけです。これに対して、自由民権派は猛然と反論しました。丸山は、馬場辰猪《たつい》（一八五〇〜一八八八）と矢野文雄（龍渓、一八五〇〜一九三〇）の反論をとりあげています。その反論の趣旨は、加藤のいう権利というのは、法律上の権利のことだけであって、法律上の権利であれば、それは政府が人為的に制定するのは当然であって、わざわざ天賦人権の有無について論じるにはおよばない、ということです。

この両者の主張は、多くの点でくいちがっていますが——その詳細については省略します——、「現実の規範が人間の作為によって始めて妥当するという命題」(p.312) を前提にしているという点では完全に一致している、と丸山は論じています。つまり、自由民権運動が最盛期をむかえていた明治一〇年代には、自由民権派もそれに敵対する藩閥政府擁護派も、ひとしく「作為の論理」の上に立っていたということです。その「作為の論理」の氾濫は、近世幕藩制下で徂徠以来、隠然と積み重ねられてきた思想的営為の累積があってはじめて出現したものであると、丸山は総括しています。

ここで、この論文が完結できたならば、日本の民主主義発展史として、めでたしめでたしとなるところでしたが、残念ながらそうはいきませんでした。自然的秩序思想は、簡単には消滅しませんでした。維新からまもない時期の封建的反動による反乱もありましたし、元米沢藩士雲井龍雄の抵抗運動もありました。しかし、それらの反乱・抵抗は、富国強兵・殖産興業を掲げ、文明開化を推進する政府によって鎮圧・弾圧され、後退を余儀なくされました。しかし、自由民権運動の高揚によって危機感を深めた政府とその周辺で、自由民権運動に対抗する思想として自然的秩序思想が息を吹き返してきました。丸山は、その例として伊藤博文のブレーンの一人であった金子堅太郎(一八五三〜一九四二)と鳥尾小彌太《こやた》(一八四八〜一九〇五)らの保守党中正派をあげています。金子は、イギリスの保守思想家エドマンド・バーク(一七二九〜九七)の思想を借りて著した『政治論略』において、その保守思想を飾る言葉として「天地自然ノ気象ニ法《のっと》リ」とか「天地自然ノ道理ニ法ル時ハ」というように、政治の世界にふたたび自然の論理をもちこんでいます。また、保守党中正派は、「必ずや人類の理想を之に加へんとする前に既に魏然《ぎぜん》として国家の存在を見るべし」とか「国家は人に属せずして、人悉く国家に属する」と、人間を超越した国家の存在を称揚する国家主義を鮮明にしています。

こうした動きは、自由民権運動が衰退するにつれて次第に大きな流れになっていきます。丸山がこの論文を執筆していた時代は、まさにその流れが極大化していたといってよいでしょう。丸山は、結び近くで「この様にして維新の身分的拘束の排除によって新たに秩序に対する主体的自由を確保するかに見えた人間は、やがて再び巨大なる国家《レヴァイアサン》の中に呑み尽され様とする。『作為』の論理が長い忍苦の旅を終って、いま己れの青春を謳歌しようとしたとき、早くもその行手には荊棘《いばら》の道が待ち構えていた」(p.316-7)としるしています。この文章には、まさにその荊棘にからみつかれた丸山の無念さがこめられているのではないでしょうか。

いま、この荊棘は完全に根絶やしにされているでしょうか。たぶん、荊棘を根絶することは不可能に近いでしょう。辛抱強く芽のうちに刈り取りつづけるより仕方がないのかもしれません。丸山の無念を共有することがないようにしたいと願いつつ、第二章の検討をおわります。

第20講

日本近代思想におけるナショナリズムの問題

いよいよ最後の第三章の論文を検討する段階にきました。「国民主義の『前期的』形成」と題されたこの論文は、前二章の論文と成立の由来、内容ともに若干ちがいがありますので、「あとがき」にしたがって、その点を確認しておきましょう。

論文が執筆されたのは、一九四四年です。丸山は、当時東大助教授でしたが二等兵として招集され、その入営日の朝までかかって論文を仕上げ、入営地の松本にむかう汽車が出発する新宿駅で同僚の行政学者辻清明に手渡したそうです。一九四四年というのは、七月にはサイパン島が陥落し、東条内閣も総辞職においこまれ、日本の敗勢が決定的になった時期でした。国内の言論統制もきびしさをくわえ、前線も銃後もない異常な戦争体制にはいっていきます。そのような状況において、「とくに時局的な学問対象であった日本思想史に対しておよそ非時局的なアプローチをすること」(p.375)の困難さは、想像を絶するものがあります。「時局的」というのは、戦意高揚のために「日本精神」や

「尊皇思想」あるいは「大和魂」などの観念が鼓吹され、そういう観念が時間を超越した「民族の本質」として存続してきたことを証明するということを研究の目的とするような思想史のあり方をいいます。時間を超越した何か「本質的なるもの」の存在を前提にし、それが状況に応じて現われるという発想を、丸山は、のちに「本質顕現論」と規定して、きびしく批判しています。「非時局的アプローチ」とは、そういう「本質顕現論」的発想を極力排して、思想を歴史的状況のなかで客観的に認識しようとする方法であって、丸山はそういう方法に依拠して日本の国民意識のあり方を分析しようとしていたのではないでしょうか。

ただ、丸山といえども、「時局的」といわざるをえないような表現を完全に排除することはできなかったようです。「長く輝かしい国民的伝統を担った我が国」(p.325)とか、「我が国家体制に基く神国観念乃至民族的自恃《じじ》は建国以来脈々として国民の胸奥の裡《うち》に流れ続けて来た」(同)、あるいは「神国日本の意識及《および》それと不可分の尊皇観念は近世を通じて脈々と伝えられた」(p.339)というような文章が散見されます。これを、時局に迎合したとみるか、そうした表現をいれざるをえなかったとみるかは、意見の分かれるところでしょう。しかし、この論文の趣旨が、日本における国民意識の形成を、幕末期に内憂外患にせまられ、維新後に達成されるべき課題として提起されたという特定の歴史状況において考察するところにあることは、全体の論旨をみれば明らかです。その意味では、丸山は「非時局的アプローチ」をつらぬこうとしていたといってよいでしょう。

それからもう一つ、この論文は、「明治以後のナショナリズム思想の発展を、それが国民主義の理論として形成されながらいかにして国家主義のそれに変貌して行ったかという観点で把《とら》えようという意図の下に執筆したもの」（p.373）であったという点にも注意が必要でしょう。結局、その意図は、諸般の事情から実現されることなく、いわば本論にはいる前の序論の部分だけが、出征を控えて最後になるかもしれないという思いもあってと推測されますが、独立の論文として発表されたわけです。したがって、論文として不十分といわざるをえない点があります。

以上のような点をふまえつつ、内容の検討にはいります。

国民および国民主義の概念

丸山は、日本における国民主義の形成過程を論じるにあたって、「国民」と「国民主義」の定義の問題からはじめています。「国民」はネイション（nation）に、「国民主義」はナショナリズム（nationalism）に対応する日本語あるいは翻訳語といっていいと思いますが、英語にしても日本語にしてもこの言葉の定義はそう簡単ではありません。

まず、英語の場合を考えてみましょう。普通、日本語で国家と訳される場合のネイションの類似語には、ステート（state）やコモンウェルス（commonwealth）あるいはカントリー（country）という言葉があります。ちなみに、これらの語を、英和辞典でひいてみると、それぞれニュアンスのちがいはありますが、どの語にも国家という訳語がふくまれています。また、国民あるいは民族と訳される場合のネイションの類似語をしらべると、ピープル（people）やレース（race）、フォーク（folk）、エスニシティー（ethnicity）などの語が出てきます。これらの多様な類似語相互の関係を、語源や用例などによって厳密に確定するという作業は簡単ではありません。また、その語を日常的につかっている人も、明確に意識してつかい分けているわけでもありません。英語の世界だけでそうであるのに、そこに英語以外の言語の問題がからめば事態はいっそう複雑になります。まして、歴史も文化も相当に異なる日本語の世界との関係となれば、ほとんど問題点の整理すらもきわめて困難であるといわざるをえません。

ここで、これ以上、言葉、概念の問題に深入りするつもりはありません。本格的に検討しようとすれば、かなり長い論文を書かなければならないでしょうし、それをする準備ができているわけでもありませんから。にもかかわらず、わざわざ混乱させかねないようなことをいったのは、国民や国民主義という言葉がいかに多義的かということを理解していただきたいからです。多義的な言葉は、それを論じる者がきちんとした定義をしないと、議論が恣意的になってしまうおそれがあります。その点では、定義をすること自体に意味があるということです。

それでは、丸山の定義を検討してみましょう。丸山は、最初に「国民とは国民たらんとするものである」という定義をかかげます。その意味は、ただたんにある一つの国家的共同体に属している、あるいは一つの統治機構のもとにあるというだけでは、国民とはいえない、ということです。また、言語・宗教・風俗・習慣その他の文化的伝統の共通性が客観的に認められる集団であっても、それを国民ということはできないと丸山はいっています。その具体的例として、丸山はドイツとイタリアの場合をあげています。ドイツは中世以来、ラント（領邦国家）とよばれる小国家群に分かれていましたし、イタリアは都市国家が乱立するような状態でした。政治的な統一国家の形成は一九世紀なかごろまでまたなければなりませんでした。しかし、そのような分裂状態にあっても、ドイツ人やイタリア人としての文化的共通性の自覚は存在していました。そういう統一国家形成以前の国民意識のありようを文化国民という概念で表現したのがマイネッケ（一八六二〜一九五四）です。それに対して、丸山が問題にするのは、あくまで一つの国家を形成しようという政治的意欲を共有する集団としての国民です。丸山の言葉で表現すれば、「政治的一体意識にまで凝集するに至」（p.321）ったとき、近代的意味での「国民」を語ることができるということになります。そして、その国民としての自覚が国民意識であり、それを「背景として成長する国民的統一と国家的独立の主張とをひろく国民主義」（p.321-2）とよんでいます。

丸山が国民や国民主義の定義を試みた理由は、つぎの一文にしめされています。すなわち「政治的範疇としての『国民』及びその自己主張としての国民主義が一定の歴史的段階の産物であることは明瞭であろう」（p.322）ということです。明瞭であるかどうかはともかくとして、丸山が主張しているのは、国民とは政治的範疇であり、国民主義とともに一定の歴史段階――具体的には近代という歴史段階――に固有に成立する概念であるということです。いい換えれば、歴史を超越した国民とか国民主義というものはありえないということになります。いまでは、あたりまえだと思うかもしれませんが、日本という国家の起源を天孫降臨神話やカムヤマトイワレヒコの即位神話にもとめるという発想がいぜんとしてのこっていることを思えば、あたりまえだとはいいきれないのではないでしょうか。

それはともかく、国民がみずからを政治的統一体として意識することの歴史性を強調するために、丸山は、「郷土愛」と国民意識の関係について論じています。丸山によれば、郷土愛とは、「人間が一定の土地に代々定着していたことによって自然にその土地乃至風俗に対して懐くに至った愛着の念」(同)のことです。この郷土愛が、国民意識を培養する基礎となることは認めていますが、それが直接的に政治的国民を作りあげる力にはならないと丸山は主張します。そして、その根拠を二つあげています。一つは、郷土愛――環境愛ともいっています――は、自己の外部にあるものに対する「伝習的な依存」であって、「決断的な行為」を不可欠とする国民の国家への結集とは異なるということ、もう一つは、郷土愛は自分を中心とした直接的な親近性を基礎としているために、抽象的性格を帯びる国家的環境とはかならずしもなじまないということです。

すこし抽象的いい方ですが、要するに郷土愛は慣れ親しんでいるという習慣的感情に依拠しているのに対して、国家への結集は程度には大きな差があるにしても、参加するあるいは義務を負うという主体としての選択に依拠しているということです。また、郷土愛は基本的には自分の日常的に接している具体的かつ親密な関係(親密圏)から生まれるのに対して、国家的環境あるいは国民意識は、個人的に親密な関係をもたない知らない者同士の広範な関係において成り立っている、その意味で抽象的性格をもっているということです。

したがって、郷土愛を同心円的に拡大していけば、必然的に国民意識へと成長することはないことになります。そこには、国民的結集のためには「決断的行為」と「抽象性」という質的に飛躍をもとめられる契機が必要になるからです。それどころか、郷土愛は、その質的飛躍をおしとどめ、国民意識の形成の桎梏《しっこく》となる場合すらあると丸山は指摘しています。郷土という狭い地域の利害が、より広い国家的利益の阻害要因になることは十分に考えられますし、親密な関係にない者を「よそ者」として排除することもあるかもしれません。丸山が、「近代的国民主義は伝統的郷土愛の揚棄を通じてのみ自らを前進せしめうる」（p.323）といっているのは、郷土愛の要素を含みこみつつも、その阻害的側面を克服することによって国民主義は前進できるということを意味しています。

また、丸山は、近世日本の状況を念頭において、「全国民を包括する国家的秩序が一応存在していても、それは自然必然的に国民の間に政治的一体意識を発酵せしめるとは限らない」（同）とも書いています。その国家的秩序が、たとえば封建的身分制という内部構造をもっていれば、政治的決定から排除されている被治者は自然的非人格的——非人格的というのは決断する主体ではないという意味でつかわれています——な存在にとどまらざるをえないからです。したがって、国民主義は、国家的秩序（統治機構）と国民（被治者）との直接的な結合をさまたげている勢力あるいは機構（システム）を排除しようとすることになります。

以上のように国民意識の問題を論じてきた丸山は、第一節の結論として「国民主義がこの様に国民の伝習的な生存形態との矛盾衝突をも賭して自らを形成するということはとりもなおさず、政治的国民意識が自然的自生的存在ではなく、その発生が一定の歴史的条件にかかっていることを示している」（同）と述べています。ほんの三ページほどの短い文章のなかで、同じようなことをくりかえしているところをみると、丸山が主張したかったことはここにあったのではないかと思わざるをえません。実際、これから検討するあとの二つの節では、その一定の歴史的条件の分析に終始しています。

ただ、その歴史的条件のなかで、「外的刺激」の契機——幕末期における「外患」——のみを重視しているのには疑問があります。とくに、ここは国民と国民主義の一般論について論じている節ですから、全国市場の形成とか、交通・情報網の発達とか、諸産業の担い手の成長とか、いわば内的条件についての言及があってもしかるべきではなかったのかと思います。注2で「ナショナリズムは一定の段階に於てまさに個人的自主性の主張と不可分に結合している」（p.324）という認識がしめされていますが、その個人的自主性は対外的要因よりも内的要因によるところが大きいはずですから、よけいそうです。

また、おなじ注2で、日本には「我国の様に昔から民族的純粋性を保ちいわゆる民族問題を持たなかった国」という記述がみられますが、それも問題です。「昔から」などという曖昧な言葉をつかっているのも丸山らしくありませんし、民族問題をもたないという認識は、事実としてまちがっています。ナショナリズムの翻訳語として民族主義ではなく、国民主義の語を採用するという文脈でいわれていることですので、国民主義の歴史性を強調する意図もあったかもしれません。また、論文の対象としている幕末期の思想家に日本の民族問題が意識されていなかったということもあるでしょう。しかし、アイヌ民族や沖縄の問題はその当時でも存在していたわけですから、問題意識の欠落を問題にする必要はあっても、民族問題の存在自体を否定することをわざわざ記述する必要はなかったと思います。現在でも完全には消えていない「日本単一民族説」にみられる、日本における民族問題についての認識の不十分さを丸山も共有していたといわざるをえないでしょう。

前期的国民主義の諸形態とその限界

第一節において、国民と国民主義の概念について検討してきた丸山は、つづく第二節で「徳川封建制下における国民意識」ついて論じます。この第二節の記述は、次節冒頭で「吾々の叙述はある意味ではあまりに常識的な命題について少しく立入り過ぎたかもしれない」(p.338) と書いているように、従来の通説の範囲を出ているところはほとんどありません。にもかかわらず、かなり長くそのテーマで書いたのは、「封建体制とその下にはぐくまれた意識形態が国民的統一意識に基く国民の国家的秩序への凝集を強靭に阻止した次第」(同) を明らかにするためでした。したがって、その叙述の重点も、徳川幕藩制がいかに強固な縦の身分的隔離（武士階級の支配）と横の地域的割拠（大名領国制）の体制を築いたか、またその体制が、幕末に日本に滞在したイギリス公使オールコックが「これほど巧妙に仕組まれたスパイ・システムは、かつてなかった」(『大君の都』) と驚嘆したほどの監視制度などによって運用されていたか、などその封建制度の固定的側面と、そこに生まれた固陋狭隘な精神態度の暴露におかれています。

そして、そういう固定・停滞した徳川幕藩制の実態を、高島秋帆《しゅうはん》（一七九八～一八六六）、佐久間象山、横井小楠《しょうなん》（一八〇九～一八六九）、福沢諭吉らの著述からの引用で証明しようとしています。たしかに引用の仕方には、さすが政治思想の研究者と思わせるところもありますが、多少問題がないわけではありません。引用されている思想家たちは、ほとんど徳川幕藩制の旧態依然たる状況に対して批判的観点をもち、改革の方向をさぐっていた思想家ばかりです。最初から批判的立場が鮮明な思想家が、批判の対象とした政治体制や社会的意識の問題点を指摘するのはあまりにも当然ですし、そこに一面性がないとはいえないからです。丸山も認めているように、幕末から明治期にかけて、日本が新しい国際環境に比較的容易に――といっても戊辰《ぼしん》戦争（一八六八～六九）という動乱を経ていることを無視することはできないことはたしかですが――適応できたという事実を説明するには、もう少し社会の実態にふみこんだ実証が必要だったと思います。その点も考慮にいれると、丸山の徳川幕藩制についての記述は、一面的のそしりをまぬかれないでしょう。

近世についての丸山のとらえ方の問題点については、これまでもいくつか指摘してきました。その指摘が、現在の研究水準からのないものねだり的側面があることも認めますが、問題は問題として指摘することも、古典的研究を、顕彰のためではなく、われわれがくみ取るべきものを発見するために読む場合に必要です。そういうわけで、第二節については、これ以上の検討は省略することにします。

さて、第三節にはいります。そのテーマは「前期的国民主義の諸形態」の分析です。論文のタイトルが「国民主義の『前期的』形成」ですから、ここが本論ということになります。この「前期的」という言葉が、「海防論―富国強兵論―尊王攘夷論」を論じるにあたって総括的に形容詞としてつけられているという点について、まず考えてみましょう。丸山は、この言葉について、西洋経済史家大塚久雄（一九〇七〜九六）の「前期的資本」という概念から示唆されたと、「あとがき」で述べています。それは、たしかにそうでしょうが、そこにはそれだけではない意味があります。海防論から尊王攘夷論にいたる思想は、まだ本当の国民主義に到達していない、という認識が前提になっているからこそ、それらの思想に「前期的」という形容詞をつけざるをえなかったというべきでしょう。丸山は、第三節のはじめに「真の近代的国民主義思想の形成は維新の変革を俟《ま》たねばならなかった」(p.339）と書いています。ですから、明治維新以前の国民主義的思想は、「真の近代的国民主義」誕生のための「地ならし」をしたにすぎない、つまり「前期的」ということになるわけです。

では、丸山のいう「真の近代的国民主義」というのはどういう思想でしょうか。丸山は、その内容について、直接的にはほとんど何も述べていません。しかし、その内容を推定することは可能です。丸山が、さきに引用した注2（p.324）で、国民主義が「個人的自主性の主張と不可分に結合している」と書いていたことを思いだしてください。また、第二章の最後に、作為の論理――その究極の形が社会契約論です――が、維新後「早くもその行く手には荊棘の道」にさえぎられていたと書いていたことを思いだしてください。個人的自主性や作為の論理（社会契約論）は、近代民主主義の根幹をなす思想です。丸山の真の近代的国民主義とは、その民主主義と結合した国民主義であることにまちがいないでしょう。丸山が、国家主義にのみこまれたナショナリズムが暴虐のかぎりを尽くしていた時代に、民主主義という言葉をつかうことなしに、その内容をどう表現するかということにいかに苦心したかを、想像力をはたらかせて読まなければ、この論文の意味は理解できないと思います。なにしろ、民主主義が敵視され、そんなことを一言でも主張すればアカ、非国民と非難された時代だったからです。

それでは、いよいよ「前期的国民主義の諸形態」の検討にうつりますが、ここでとりあげられている思想家については、前章で登場した思想家が多くふくまれていることは、一読して明らかです。作為の論理の展開過程を追った前章と同じ時代を、国民主義への地ならしという角度からあつかっているので重複するのは当然といえば当然です。できるかぎり重複をさけて、検討します。

丸山が、前期的国民主義の形成の第一段階としてとりあげているのは、海防論というキーワードでくくられた一群の思想家たちです。ここで、まず注意してほしいのは、尊皇論の思想的系譜をたどっていないという点です。尊皇論は、近世においても初期の儒学者の思想にすでに現われていますし、国学思想の登場によって一つの頂点に達していました。したがって、日本のナショナリズムを論じる場合、そこから説き起こすのが、当時は常識であったといってよいと思います。すでに、丸山は前章で、そういう系譜に属する思想家たちの論理を検討していますから、それを知らないはずはありません。ですから、その系譜を意図的に除外したとみるべきでしょう。国民主義の形成を、一定の歴史的段階において生起した思想的事象として合理的にとらえようとした丸山が、当時圧倒的に猛威をふるっていた非合理的日本精神論によって高唱された尊皇論に対して明確に一線を画そうとしたことの現われだと思います。もちろん、さきに指摘したように、国民主義の形成の契機として「外患」を重視した論文構成上から海防論を最初にとりあげたと解釈することも可能でしょう。しかし、国民主義成立の契機を「外患」にもとめたこと――そこに重点をおきすぎてはいないかと批判がましいことをいいましたが、それはあくまで一般論として国民主義の形成を論じることを前提にしての批判です――自体が、逆に非合理的日本精神論から距離をおくためであったとも考えられます。

ところで、海防論は、一八世紀末ごろから蝦夷地周辺でロシアの動きが活発化したことに端を発しています。丸山は、その海防論について、林子平（一七三八～九三）や大原小金吾（左金吾とも。？～一八一〇）の著述を引用しながら、「この頃から対露関係は漸く識者の間に論ぜられるに至った。かくて彼等によって北方武備の問題と関連して対外脅威に対する挙国的関心がまず要請されることとなった」（p.340）とし、その海防論を「前期的国民主義の第一段階」（同）と位置づけています。そして、海防論者の主張のなかに、対外的脅威への対応の問題が、一国（藩、一地域）の問題ではなく、天下（全国）の運命にかかわる問題であるという認識がしめされている点に注目します。しかし、この寛政の改革ころまでの海防論の主要な関心は、主に軍事技術的問題にむけられていました。また、国内の政治体制全体の改革あるいは変革――丸山の言葉をつかえば「縦に身分的隔離、横に地方的割拠」（p.341）の体制の変革——の問題にまでは到達していませんでした。その意味で、海防論は「第一段階」に位置づけられているわけです。

そういう海防論の限界を越えて、前期的国民主義に一歩前進をもたらしたのが本多利明と佐藤信淵らの「富国強兵論」です。利明や信淵については、前章においてその思想の概要について検討してきましたので、第三章で新しく論じられている部分についてだけ検討します。その新しい論点とは、絶対主義との対比の問題です。

丸山は、絶対主義について、近代国民国家に先行し、その登場を準備した過渡的な国家形態としたうえで、その歴史的役割を「封建制の多元的権力を中央に一元化し、政治的正統性を最高の君主が独占することによって、いわゆる仲介勢力を解消し、唯一の国法の支配に服する同質的＝平均的な国民を造り出すことにある」（p.344）としています。また、その際、「行政職の行政手段よりの分離を通じて、近代的な官吏層と軍隊が形成される」（同）ということもつけくわえています。封建制は、重層的な身分制によって編成され、その各身分に特権として権力が分散していますから、それを一人の君主の権力に集中すること、そしてその権力を単一の主権という観念で正統化し、貴族など君主と民衆の間に介在する中間的勢力を排除すること、そして、そのことの反射的効果として一人の君主の制定した国法にのみ服従する同質的な国民が作りだされること、さらに、身分にともなう特権と家産をもち、みずから武装していた中間勢力にかわって、君主にだけしたがう官吏と軍隊が形成されること、これが絶対主義の指標とされていることになります。主権・常備軍・官僚制プラス重商主義政策

（海外植民地政策）という絶対主義の教科書的な説明を解説すればこういうことです。

　以上のような絶対主義の指標をもって、丸山は利明や信淵の思想を評価しています。そして、その評価は、前章での論じ方とくらべるとはるかに彼らの思想を絶対主義に近づけていることがわかります。たとえば、「利明や信淵によって提起された富国強兵論に於ても、むろん甚だ不徹底な形に於てではあるが、多元的政治力を可及的に統合し、一方に於ける『国君』乃至君主と他方に於ける『万民』とに中間勢力を分解せんとする傾向はまごう方なく現われている」（p.344）とか、利明や信淵の国家構想に「人材登用による官僚組織」あるいは「君主に直属する官人と軍卒の組織」がくみこまれていることの指摘、そしてそれを「近代国家構造の部分的模写」と位置づけ、その国家構想を「絶対主義的植民帝国」と規定している（以上、p.346）点をみれば、そのことは歴然としています。

　これを海防論と比較すれば、国家体制の変革の構想をしめしているという点で、前期的国民主義の形成過程の段階が一段あがったということになるわけです。そこで、つぎの段階へ上昇するための問題が提起されます。絶対主義の成立に不可欠なただ一人の「国君」とはだれか、という問題です。その問題に解答を与えたのが、尊皇論あるいは尊皇攘夷論です。その尊皇攘夷論こそ、丸山が前期的国民主義の最終段階と位置づけた思想です。

　この尊皇攘夷論を検討するにあたって、まず気をつけなければならないことは、尊皇といい、攘夷といい、その内容は単純に決定できるものではないということです。たとえば、尊皇をかかげたからといって、ただちに反幕府を主張しているとはかぎりません。尊皇敬幕という立場もあれば、公武合体論もあります。反幕府のなかでも討幕論と倒幕論とは異なります。攘夷と鎖国とは同じではありませんし、開国を認める攘夷論もあります。そういう尊皇と攘夷をくみあわせるわけですから、尊皇攘夷論が、それをとなえる尊皇攘夷論者ごとに異なる意味が付与されていても不思議ではありません。そういう尊皇攘夷論の実状をふまえて、丸山は、「攘夷とか尊皇とかの主観的な用法が問題なのではなく、その客観的な意味が重要なのであり、幕末の複雑な政治的情勢のさ中に於て、それが如何なる社会層の如何なる社会的立地に於て主張されているかということが具体的に分析されてはじめて、尊皇攘夷思潮はその歴史的全貌を露わにする。『尊皇攘夷』を単純に国民的統一と国民的独立という近代的国民主義の命題と直接的に連続するものとなしえない所以もそこから自ずと理解されるのである」(p.348)と論じています。

丸山が、前期的国民主義の最終段階としての尊皇攘夷思想を検討するにあたって、わざわざこのようなことわり書きをつけたのは、もういうまでもないと思いますが、国民主義の形成過程をあくまで客観的に分析する立場を鮮明にしておこうとしたからにちがいありません。また、幕末の尊皇攘夷論を、「建国以来の国民精神の発露」だとか、「日本精神の本質のあらわれ」だとかの、当時さかんに喧伝された粗雑な日本主義者の神話的言説への批判の意味がこめられているとみてよいでしょう。

以上のように尊皇攘夷論を分析する視角をさだめた丸山が、分析対象として主要にとりあげているのは会沢正志斎、藤田幽谷・東湖父子に代表される後期水戸学と吉田松陰の思想です。まず、後期水戸学です。これも前章ですでにとりあげられていますが、正志斎の『新論』の分析をつうじて、その攘夷論が愚民観を払拭することができず、その根底には「非支配層に対する根本的不信、庶民層が外国勢力の支援を恃《たの》んで封建的支配関係を揺がすことに対する恐怖感が絶えず流れていた」(p.350)ことを指摘し、尊皇論も敬幕論を随伴し、結局は封建的身分関係の最上位に天皇をおいて身分関係の安定性を確保しようとしたものにすぎないと、それが「諸侯的立場」に立つものであることが明らかにされます。これは、幽谷も東湖もおなじです。幽谷は、その『正名論』で幕府が皇室を尊べば、諸侯は幕府を崇敬するようになると幕府の尊皇は諸侯から崇敬を得るために主張されていますし、東湖はこれも有名な『回天詩史』で「姦民狡夷《かんみんこうい》(よこしまな民とずるい外国人)」への警戒感をあらわにしています。

ただ、それだけであれば、後期水戸学は、国民主義の方向に逆行することになりかねません。『新論』は、「国体の尊厳から説き起して、世界情勢と欧米列強の東亜侵略の方策を述べて、之に対する防衛体制を緊急措置と根本対策の両面から論じた頗《すこぶ》る組織的な論作」(同)であり、尊皇論と攘夷論的富国強兵論をむすびつけ、まがりなりにも農兵論をふくむ一種の挙国的国防国家体制をといている点で、前期的国民主義の範疇にかろうじていれられているわけです。また、この点こそ、『新論』が当時の攘夷論者たちにあたかも聖典であるかのように広く読まれるにいたった根拠でした。しかし、この現象について、丸山は、「その尊皇論なり富国強兵論なりの具体的内容が問われるより先に、一つの政治的パローレ(言説)として人心を吸着したから」(p.353)と、きわめて冷めた見方をしめしています。

いずにしても、後期水戸学が国民主義として重大な限界をもっていたことは否定できない事実で、その限界は、現実に諸外国とのあいだで条約が締結され、水戸藩主徳川斉昭や正志斎が開国論に転じると、だれの目にもあきらかになってきます。そこから、後期水戸学の敬幕論的性格に敵対する「激派」尊攘論が登場し、国民主義へのさらなる一歩を踏みだすことになります。その代表的思想家が吉田松陰です。

吉田松陰とても、最初から倒幕論だったわけではありません。有名な尊皇攘夷派の僧侶で討幕論を説いた月性《げっしょう》（一八一七~五八）との論争において、「天子に請ひて幕府を討つの事に至りては殆んど不可なり」と応えたのは、安政二（一八五五）年三月のことでした。当時、松陰は、アメリカへの密航をくわだてた件で獄中にとらわれていました。その段階では、松陰は、公武合体論者でした。しかし、ペリー来航の際、浦賀でアメリカ艦隊を実見して萩藩江戸藩邸に提出した「将及私言（まさに私言に及ぶ）」と題された上書には、のちの松陰の思想につながるようなことが書かれています。丸山の引用（p.354）は長いので、要約すると、「江戸の防衛について幕府や親藩・譜代が力をつくすべきであって、藩は自分の藩を大事にすべきで協力するにおよばないという俗論があるが、それはまちがっている。天下は天下の天下であって、幕府の私有ではない。天下が外国から侮辱されたら、幕府を筆頭に天下の諸侯は協力して事にあたるべきである。全国の人民もかならずそれに尽力する」ということです。ここには、対外的危機に際して、封建的・地方的割拠性をのりこえた挙国一致が必要なことが説かれています。また、松陰は、同書で「言路を開く」ことの重要性を力説し、身分制による縦の閉鎖性を打破する必要性も訴えていました。

こういう松陰は、大老井伊直弼《なおすけ》が主導する幕閣が、勅許をまたず日米通商条約に独断で調印するにおよんで、いよいよ危機意識を深め、討幕論からさらに倒幕論へと急進化していきます。そして、徳川将軍・幕府の打倒の主体的担い手を、最初は反幕府的諸侯にもとめ、つぎに諸士にもとめ、それも期待できないと知ると、ついに「草莽崛起の人」にまでもとめるようになりました。この草莽崛起論については、前章ですでに検討していますが、国民主義との関連でいえば、その論理が、幕藩制的大名領国制という地域的あるいは横の割拠制と封建的身分制という縦の階統制を同時に打破するところにまで突き進む可能性をひらいたというところに意味があるということです。たしかに、その期待する人間像は「志士仁人」という封建的においの濃いイメージであり、幕藩制に代わる具体的政治体制の構想を具体的にはしめしていないという限界があります。それゆえに、「前期的」という形容詞がつけられることになったわけですが、尊皇攘夷論は松陰にいたってその思想的可能性を展開しつくしたといってよいでしょう。

以上のように、前期的国民主義の諸形態を論じてきた丸山は、第三章の最後で、国民主義の形成過程の一般的な理論的枠組みのなかで、それら諸形態の思想的特質および限界を位置づけようとしています。丸山の国民主義の一般的な理論的枠組みは、国家的独立のための国民的統一の要請は、「一は政治力の国家的凝集として、他はその国民的浸透として」(p.359) 現われるということです。この二つの契機について、丸山は、「集中化と拡大化」(同) とか、「最高主体への凝集と他方国民層への拡大」（同）というような表現ももちいていますが、おなじことです。そして、この二つの契機は、割拠制と階統制を実質的に担っている封建的中間勢力（代表的には封建的領主階級）の解体・排除によって実現され、その場合、両契機が同時に同じ比重で進行することが理想ないし典型であるとしていると考えてよいでしょう。

こうした枠組みを前提として前期的国民主義の諸形態を全体的にみたとき、丸山は「そこでの終始圧倒的な役割を与えられたのは容易にみらるる如く政治的集中の契機であった」（同）と結論づけています。このことは、「国民を従前の国家的秩序に対する責任なき受動的依存状態から脱却せしめてその総力を政治的に動員するという課題」（p.360）が十分にはたされないという反面の事態をもたらし、さらに、「封建的『中間勢力』の強靭な存続を許すことによって、また却《かえ》ってその『集中』契機をも不徹底にした」という逆説的現象すら生みだすことになった、という総括がなされています。

この丸山の総括は、論文執筆当時つかうことがはばかられていた用語をもちいていい換えれば、本来国民の政治参加つまり民主化をともなうはずであった国民主義が、民主化の点で不徹底であったために、華族制度や藩閥のような封建的中間勢力の広範な残存をゆるし、そこから生まれるセクショナリズムの排除に失敗した、ということです。このことは、のちに自由民権論者中江兆民（一八四七〜一九〇一）が「多頭一身の怪獣」と評したように、明治国家体制につきまとった最終的国家意思の決定者がだれかわからない、したがって責任主体が明確ではない無責任体制の問題に丸山が気づいていたことをしめしていると思います。そして、この明治国家体制の問題があの大戦争のさなかですら解消されず、多大な犠牲を生む原因になったことを考えれば、この丸山の前期的国民主義を論じた文章には、きびしい現状批判の意味がこめられていたとしてよいのではないか。そのことを確認して、第三章の検討をおわりたいと思います。

あとがき

本書のもとになったのは、神奈川大学市民講座での講義である。四年前、定年まで三年を残して、私は大学教員の職を辞した。大学では、種々の事情もあって必ずしも専門の日本政治思想史の研究に集中できなかったので、少しでも余力のあるうちに退職して自分がやりたい研究に再挑戦する時間を作りたかったからである。もちろん、神奈川大学でのさまざまな経験は、私の視野を広げるという意味で貴重な機会を提供してくれた。なかでも、神奈川大学日本常民文化研究所の研究員として二十数年間も活動できたことは、古文書や民俗の世界に接し、資料の厳密な扱い方や読解方法を知るなど、歴史研究という同一の土俵にありながら、思想史に限定していたのではうかがい知れない領域に目を開かれたという意味で十分感謝に値すると思っている。

しかし、人はいつまでも組織の一員であることはできない。組織を離れて何ができるのかを考えたとき、まだ若いころに志し、その後も志を捨てたわけではないが、十分には取り組めなかった課題にもう一度挑戦しようという思いが湧いてきた。その再挑戦をはじめるにあたって初心に帰ろうと思った。そこで読み直しはじめたのが丸山眞男著『日本政治思想史研究』である。すでに何度も読んだことがある著作であるが、もう一度読み直してどれほど理解が深まっているかを確認したかったからである。しかし、読み進めていくうちに、理解したことを誰かに聞いてもらう必要が感じられるようになった。独りよがりにならないようにするためには、それが最良の方法と思ったからである。そこで神奈川大学の広報課にお願いして市民講座を開設してもらうことにした。

市民講座は、九〇分の講義を六回で一講座とし、四講座で完結する予定ではじめた。講座には、毎回二十数名の受講者が集まってくれた。たとえていえば、私の研究上のリハビリに付き合ってもらうことになったわけだが、受講者たちの関心の高さは読み直しを進める私の背中を力強く押してくれた。ともすれば時間が足りなくなって、終了時間を越えたり、一部内容を端折ったりという不十分な講義ぶりにもかかわらず、熱心に聴講してくれた受講者の皆さんには感謝申し上げたい。

その講義を、本にしようといってくれたのが、長年の友人であった日本評論社の金田功氏であった。金田氏は、すべての講座を聴講し、録音の労もとっていただいた。講座終了後、その録音をもとに原稿作成の作業をはじめたが、すぐにそのままでは原稿にならないことが判明した。講義が不十分だったこともあるが、何よりも講義は受講者の反応を見ながら行なっているため、そのまま叙述するには内容のばらつきが大きすぎたからである。そこで、ほとんど書き下ろしに近い形で原稿を書くことにした。しかし、もとは講座での講義だから、その雰囲気はできるだけ残すように、文体は「ですます調」にした。講義をしながら、読解した内容を他者に理解してもらうように努めることによって読解作業自体がいっそう深まるという実感があったことも、講義の雰囲気を残そうとした理由である。

ところが、書きはじめると、正確を期さなければならないところや補充したいところがつぎつぎと出てきた。生来のなまけ癖もあって、思いのほか手間取り、結局二年以上の時間を費やしてしまった。その間、金田氏は辛抱づよく叱咤や激励の声を掛けてくれた。彼の協力がなければ、とうていここまではこられなかったであろうことを思うと、また、編集の過程でもいろいろとご苦労をお掛けしたことを思うと、ただただ感謝するしかない。

それにしても、『日本政治思想史研究』を読み直しながら感じたことは、丸山先生の学恩の大きさである。丸山先生の講義とゼミナールは、学生時代に二度ずつ聴講した。一度めは単位修得のため、二度めは自由意思で。また、学部学生であるにもかかわらず、大学院のゼミにも出席させていただいた。学部のゼミでは、福沢諭吉『文明論の概略』、竹越与三郎『新日本史』、大学院のゼミでは太宰春台『経済録』を読んだ。そこで一番印象深かったことは、「本はこうやって読むんだ」ということであった。思想史の研究は、対象とする思想家のテキストを「読む」ということが出発点だから、どのような読み方をするのかがもっとも重要な問題であることはいうまでもない。しかし、その「読み方」は単純ではない。ときには著作者の内面に分け入り、できるかぎり整合的にテキストを読み解き、ときには著作者の意図を越えて客観的状況のなかにテキストを置き直す、そういう複眼的作業を繰り返すことが求められる。その繰り返しの過程は、読む側に新しい発見をもたらすだけではなく、自分のいたらなさに気づかされるという意味で「反省」をも促す。読むという行為は、そういう著者と読者の相互的な行為であるということを教えられたといってもよい。

こういう「読み方」は、研究者だけに要求されるわけではない。ツイッターやラインなど、短い文章をやりとりする新しいコミュニケーション・ツールが発達し、速さと端的さがもてはやされている現代においては、なにをまどろっこしいことをといわれるかもしれないが、そういう時代だからこそ、ときにはそういう読み方をする必要がある。問答無用で、短絡的な情報の氾濫から自分を守り、みずからもそういう情報の発信者にならないためにも、必要なことであろう。このような「解説本」には不似合いなほど大部の本を書いたのは、じっくりと著作を読み、時間をかけて深く読むという行為が少なくなっているようにみえる現代社会への問題提起として意味があるのではないかと考えたことによる。

もちろん、対象とするテキストは人それぞれであって構わない。私の場合は、『日本政治思想史研究』が学問に触れた最初の著作の一つであったことが、それを取り上げた理由であったし、その読解に力を注いだことはきわめて有意義であった。個人的には、研究上のリハビリの目的はほぼ達することができたと思っている。

ただ、このような解説本が丸山先生の意に沿うものであったかどうかが気に掛かる。「君はそんなことをやっていないで、自分のちゃんとした論文を書きなさい」という声がどこかから聞こえてくるような気がしないでもない。本書中にも多少触れているが、自分なりの課題は見えてきている。これからは、その課題に向かってあまり長くもない人生において、「才のともしきや、学ぶことの晩《オソ》きや、暇《イトマ》のなきやによりて、思ひくづをれて、止《ヤム》ることなかれ、とてもかくても、つとめだにすれば、出来るものと心得べし」（『初山踏』）という本居宣長の言葉を支えとして、それなりに努力をつづけるつもりである。なにしろ「暇」だけは十分あるのだから。

それにしても、一冊の本を作るのにどれほど多くの人に恩恵をこうむっているかを改めて思う。『日本政治思想史研究』の著者であり、生前、多大の御迷惑、御心配をおかけしたにもかかわらず、御寛容にも大学への就職にあたっても特別の御配慮をいただいた丸山先生には、お礼を申し上げる言葉もない。本書中、客観化し、距離感を維持するためとはいいながら敬称を略した非礼もお詫び申し上げなければならない。また、三十数年にわたってお世話になった大学、市民講座の聴講者諸氏、なかでも私の教員生活初期の教え子であった中野雄一氏（彼には、毎回の講義で有益な質問・意見をいただき、原稿の一部も読んでいただいた）、そして最後に、再度名前を挙げさせていただくことになるが、定年までにという約束を破った私のわがままを許容し、最後までお付き合いいただいた金田功氏、その他ここに記すことはできないが、私の家族を含めて直接・間接の御助力をいただいた皆様に感謝したい。

二〇一六年四月

橘川俊忠

ま 行

や 行

ら 行

わ 行

さ　行

た　行

な　行

は　行

人名索引

あ 行

か 行

■著者略歴

橘川 俊忠（きつかわ・としただ）

神奈川大学名誉教授。

1945年生まれ。東京大学法学部卒業。専門は日本政治思想史。

著書：『近代批判の思想』（論創社）、『歴史解読の視座』『日本の民俗学者——人と学問』（以上、共著、御茶の水書房）、『奥能登と時国家 研究編２』（共著、平凡社）、『終わりなき戦後を問う』（明石書店）など。

丸山眞男《まるやままさお》『日本政治思想史研究《にほんせいじしそうしけんきゅう》』を読《よ》む

2016年７月15日　第１版第１刷発行

著　者	橘川 俊忠
発行者	串崎 浩
発行所	株式会社　日本評論社 〒170-8474 東京都豊島区南大塚3-12-4 電　話　03-3987-8621（販売）03-3987-8595（編集） 振　替　00100-3-16 https://www.nippyo.co.jp/
印　刷	精文堂印刷
製　本	難波製本
装　幀	橘川 幹子

 Printed in Japan ISBN978-4-535-58663-5